U0330112

第十卷

冯契文集

哲学讲演录·哲学通信

增订版

冯　契◎著

华东师范大学出版社

与挚友邓艾民（右一）在一起，左一为冯契（1943年6月）

1　与华东师范大学政教系部分师生在浙江余姚四明山劳动，
　　后排右三为冯契（1958 年 12 月）

2　与华东师范大学政教系部分师生在上海嘉定县马陆公社参
　　加备战劳动，后排左二为冯契（1970 年 6 月）

1　冯契题辞手迹

2　《冯契文集》（初版）编辑整理人员。自左至右，前排：
　　彭漪涟、丁祯彦、张天飞；后排：高瑞泉、杨国荣、陈卫平、
　　童世骏、徐汝庄、郁振华；图中塑像为冯契铜像

提　要

　　本卷收录的文字均为首次发表,其中包括作者生前所作部分哲学讲演的记录或提纲,以及作者同友人通信中与哲学有关的一些内容。

　　《辩证唯物主义问答录》与收在文集第 9 卷的《怎样认识世界》一书大致同时形成,从中可以看出作者 50 年代中期对马克思主义哲学的理解和发挥,也可以看出作者在处理哲学教学中难点和重点方面所具有的深入浅出的才能。从 50 年代中期系统讲授辩证唯物主义,到 60 年代初主持编写马克思主义哲学教材,一直到晚年撰写《智慧说》,作者一直致力于结合本民族传统文化、本世纪科学成果和我们时代的实践需要来阐述和发展马克思主义哲学。收入本卷的这个问答录和另外一些讲演,较好地反映了作者在这方面的努力和思考。

　　作者的哲学思想发展深受金岳霖的影响。在其最后 10 年中,作者化了大量精力来重新整理金岳霖的哲学遗产,通过为博士生和青年教师讲解金岳霖著作的形式来评价金岳霖的哲学贡献,并进而确定他自己在此基础上做的新的工作。收入本卷的《金岳霖

〈知识论〉讲课提纲》和《金岳霖〈论道〉讲演录》记录了作者这些讲课的主要内容。

收入本卷的 71 封书信基本上都写于 80 年代和 90 年代。这正是作者撰写并完成其哲学史著作和《智慧说》的时期。这些著作的读者或许可以从这些书信中得到很有启发的背景信息。

Summary

In this volume are included records or outlines of some of the author's philosophical lectures, and those parts that are philosophically interesting in the author's correspondence with his friends. All these are published here for the first time.

Answers to Questions on Dialectical Materialism was formed roughly in the same period when *How to Know the World*, a book included in Volume 9, was written. From this *Answers* we can see the author's understanding and elaboration of Marxist philosophy in middle 1950s, and his talent for dealing with difficult points and key points in philosophical teaching. From his systematic lecturing on dialectical materialism in middle 1950s, through his work as one of the editors-in-chief of a textbook on Marxist philosophy in early 1960s, to his writing of *Three Discourses on Wisdom* in his last years, the author never stopped his effort to elaborate and develop Marxist philosophy in connection with the traditional culture of our nation, scientific and technological achievements in this century, and practical demands of our times. This Answers and some of other lectures published here make it easy for the readers to know the author's efforts and thinkings in this aspect.

The development of the author's philosophy was deeply influenced by Jin Yuelin, one of his teachers. In his last ten years, the author spent much effort to review Jin Yuelin's philosophical heritage. In his lectures to his doctoral students and young teachers on Jin's books he reevaluated Yin's philosophical contributions and, on this basis, summarized his own work. *Outlines of Lectures on Jin Yuelin's "A Theory of Knowledge"* and *Lectures on Jin Yuelin's "A Treatise on Dao"* published in this volume tell us the main content of these lectures.

Almost all letters published here were written in 1980s and 1990s. This is exactly the period in which the author wrote his books on history of philosophy and his *Three Discourses on Wisdom*. Readers of these books might find something interesting and illuminating in these letters.

目　录

辩证唯物主义问答录

金岳霖《知识论》讲课提纲

金岳霖《论道》讲演录

专题讲演

哲学通信

PHILOSOPHICAL LECTURES AND CORRESPONDENCE

Contents

Answers to Questions on Dialectical Materialism

Outlines of Lectures on Jin Yuelin's *A Theory of Knowledge*

Lectures on Jin Yuelin's *A Treatise on Dao*

Lectures on Particular Topics

Philosophical Correspondence

辩证唯物主义问答录

....

　　作者于1956年为华东师大马列主义业余大学学员讲授辩证唯物主义，一共讲了4部分：(1)绪论：马克思主义哲学的对象；(2)世界的物质性，物质和意识；(3)唯物辩证法的主要范畴和基本规律；(4)认识过程的辩证法。第一至第三部分讲完之后，作者都为学员进行了专门的问题解答。第四部分讲完之后正值"反右"运动兴起，没有来得及进行答疑。华东师大马列主义业余大学办公室记录了作者的讲课和答疑，并将记录稿铅印成册，供学员参考。我们将所有的问题解答集中在一起，并加上作者于1983年12月15日为华东师大政教系马克思主义哲学专业硕士研究生作的一次问题解答，编成这篇问答录。

一、意识对物质、思维对存在的关系

(1) 同志们问:"思想、思维、概念、观点、精神、意识等等,如何区别?"

精神就是指意识的能力,意识就是精神的活动。所以,这两者是分不开的。严格意义的意识,当然是人类才有的。

意识的活动就是指人类的认识世界和改造世界的活动。

人类在实践的基础上,在劳动生产、阶级斗争、科学实验的过程中间,获得关于客观规律性的认识,这就是认识世界。认识了客观世界的规律,这就要按照规律来订出行动的目的,来规定行动的计划,于是就能够改造自然、改造社会,这就是改造世界的活动。这一个认识世界和改造世界的活动就叫做意识的活动。

我们中国人治理黄河,治理了几千年,我们逐步逐步地把握了黄河的性格、脾气。我们的水利学家研究出了黄河的规律性,我们认识了黄河,于是就按照这个规律性,制订出了改造黄河的计划,即关于根治黄河灾害和开发黄河水利的规划。这就是中国人民的意识的活动。在这样的意识活动里面,一方面包含着对于客观规律性的认识,也就是理性认识;另一方面又包含着人们的意志活动,就是根据规律来做出正确的决定和规划来的活动。

理性认识和意志力量是人类意识活动的特点,是动物没有的。这是我们说的意识。

人们的理性认识的活动就叫做思维。

我们中国人用"思想"这两个字,可以是指动的思想,也可以是指静的思想。动的思想就是指思想活动,这就是思维;静的思想就是指观念。

我们说"某某人思想很敏捷",这是指思维活动。或者说"我正在想着一个问题"。这也是指思想活动。

但若我们这样讲,"这个人他满脑子资产阶级思想"。那就是指他的观念。或者,"他这个思想不合乎唯物主义的观点"。这也是指的观念。

当然,动的思想和静的思想是分不开的。我们的观念总是在思想活动中间展开的,我们的思想活动的结果总是一个观念的结构。例如:我进行了一个小时的思维活动,写出一篇文章来。这文章就是观念结构,而这个观念结构是在一个小时之内的思想活动的结果。

观念包括着表象和概念。

什么叫表象呢?

例如黄浦江,我们都去看过,在我们脑子里面有一个关于黄浦江的印象。

又如关于武松打虎。我们看过《水浒传》,我们在脑子里都能够形成武松打虎这个观念,这是个生动的形象。

什么叫概念呢?

例如我们讲"商品"的价值如何如何,"商品"的价格如何如何。又如我们讲"原素"、"道德",我们讲的都是一些概念。

表象是特殊的、具体的，概念是抽象的、概括的。这两种观念是可以区别的，但是，是不能分割的。

我们可以通过概念的形式来反映客观世界、来把握客观的事物；也可以通过形象的形式来反映客观世界来把握客观的事物。

通过形象来把握客观事物的本质是艺术思维的特性。我们从事艺术创作的时候，就要善于选择那些最足以表现事物本质的感性形象，也就是要创造典型形象。一切艺术都是通过感性的形象、通过想象来反映事物的本质的。

鲁迅先生在"孔乙己"中描写了孔乙己怎样教小孩子写茴香豆的"茴"字；孔乙己怎样偷人家的书，被人家打了；他怎样喝酒……鲁迅先生创造出了一个典型形象，这形象最足以反映中国封建社会没落时下层知识分子的情况。所以，艺术是描写典型的，艺术就是用典型化的方法来揭露事物的本质的。

科学是另一种反映方式，就是通过概念、规律来反映事物的本质的。例如：牛顿的万有引力定律，生产关系一定要适合生产力状况的规律。这些规律都是用概念的形式表达出来的。

其次，什么叫做观点？

观点就是思想体系。观念形成了体系，这就作为人们观察世界的工具。它既经形成体系，这就和个别观念有区别。

在阶级社会中间，在不同的阶级之间，个别的观念是可以相同，也可以不相同的。我们和资产阶级在某些个别观念上是相同的，"黄河"、"牛"、"马"、"战争"、"商品"等等观念，我们和资产阶级是共同使用的。但是讲到思想体系，讲到观点的时候，资产阶级和无产阶级这就完全对立了。

在哲学上,我们是辩证唯物主义的观点,而资产阶级是唯心主义的观点;在美学观点上,我们是社会主义现实主义的观点,而资产阶级是形式主义的观点;在对待道德问题的时候,我们是集体主义的观点,资产阶级是个人主义的观点。

分析以上这些观点,当然都是由许多观念组成的。观点是观念结成的体系。这样的观念体系,就是所谓社会意识形态。社会意识形态是由社会生产关系决定的,就是由人们在生产体系中的地位决定的。在阶级社会中间,思想体系是有阶级性的。

思想体系有科学的体系,有非科学的体系。马克思主义的思想体系是科学的体系,辩证唯物主义的哲学观点、社会主义现实主义的美学观点、共产主义的道德观点,这是科学的体系。它和各门系统的科学理论是一致的。而资产阶级的唯心主义的哲学观点、个人主义的道德观点、形式主义的美学观点等等,则是反科学的思想体系。

以上是对于这许多名词的解释。

(2) 其次一个问题:"为什么意识对物质、思维对存在的关系的问题是哲学上的根本问题?"

因为这一个问题是人们一切活动的最根本的问题。并不是离开人们的活动,另外还有一个什么哲学根本问题。哲学根本问题就是我们的认识活动和实际工作中的最根本的问题。

我们是搞教学工作的。我们要传授科学知识给同学,我们要贯彻全面发展的教学方针,我们要了解同学的实际情况。这样,我们就必须解决主观和客观的关系问题,也就是思维和存在的关系问题。①我们掌握教学内容的程度,是主观的东西,这一门科学的对象则是客观的东西。如果我们的主观能够符合客观,那末我们的教学内容就有科学性。②我们所把握的教学方针,是主观的东西,而这一个全面发展的教学方针,是我们的社会主义发展所提出来的要求,也就是说,这是一个客观的要求。如果我们把握这个教学方针时,能够从社会发展的客观的规律来把握它,也就是说我们的主观符合客观,那我们的教学工作就做得好。③我们进行教学活动是一种主观的活动,学生是我们教育的对象,这是客观的对象。如果我们能够具体地把握学生的情况,针对着学生的情况来进行教学,也就是使主观尽量符合客观,我们的教学工作就会成功。

在上面的例子里,我们的三个问题都是主观和客观的关系的问题。无论是思想工作,或者是科学研究,或者是艺术活动……都包含这一个主观和客观的关系问题,也就是思维对存在的关系问题。

每个人都有一定的观点指导着自己的工作、学习、生活。尽管我们的观点有的人明确一些、有的人不够明确,有的人完整一些、有的人不够完整,有的人比较一致些、有的人比较不一致,但是每个人总是有意无意地拿一定的思想体系,也就是拿一定的观点作为自己的认识活动和实际工作的背景的。这个问题对我们每个人来说是一个根本的问题。就是说,我们有没有一个正确的观点,有没有一个正确的思想体系,这是一个根本问题。如果我们有一个正确的思想体系,而且是自觉地以科学的思想体系作为自己的思想体系,也就是以马克思主义的思想体系作为自己的思想体系,作为自己的科学研究、艺术创作、教学工作、日常工作的指导原则,那么我们就能够进步得快,就能够为社会多贡献一分力量。如果我们的观点不正确,或者我们的观点模糊,那么我们就常常会犯错误,而且犯了错误还要坚持错误,造成许多不幸。所以这是每个人的根本问题,也是哲学的根本问题。当然,关于这个问题的全部丰富的内容,需要我们把哲学这门科学全部讲了之后,才会弄清楚。我们现在只是开一个头,也只是仅把这个问题提出来罢了。

(3) 再有一个问题。同志们问:"为什么只有唯物辩证法才能解决这个哲学根本问题,为什么形而上学和唯心主义不能解决这个问题?"

因为形而上学的特点就在于把事物割裂开来看,孤立起来看。所以在思维对存在的关系问题上,它就把思维和存在割裂开来看,而且把思维的各个部分,也就是这些观念也割裂开来。把存在的各个部分,即物质运动的各种形态也割裂开来。这样当然就不能够解决思维和存在的关系的问题。它不能够从思维和存在的有机联系来把握这一个哲学上的根本问题。我们上次举了那个刻舟求剑的比喻,同志们可以从这个比喻来领会这个道理。

为什么唯心主义者也不能解决这个问题呢?

因为唯心主义者总是主张主观是第一性的,客观是第二性的。所谓物质的东西,照他们看来都是精神的活动而已。因此,即使像朱子、王阳明这样的哲学家,他们也认为主观和客观是一致的,他们也认为是可以把二者统一的。但是,他们所说的只不过是主观和主观的统一，因为客观的东西就是主观的表现，认识等于自我反省。就是人天生来就有一切观念，只是把观念重新唤醒起来，就叫作认识真理了。所以，他们也没有真正解决主观和客观的关系问题。

为要真正解决主观和客观的关系问题，这就必须：

第一，要尊重客观的实在，要尊重事实，坚决而严肃地承认客观世界。

第二，要尽量地使我们的观念符合客观存在，尽量地使我们的思想能够正确地反映客观现实。从而我们的思想就能够起积极的推动作用，来推动客观现实的发展。

我们这里讲的第一点，就是唯物主义的根本态度。我们讲的第二点，就是辩证法。二者统一起来，就是辩证唯物主义。这就是我们科学地认识世界和革命地改造世界的具体的途径，这一个唯一正确的途径，就是辩证唯物主义的道理。孔夫子说过，"吾道一以贯之。"照我想，马克思主义的理论"一以贯之"，就可归结为一句话："在坚决而严肃地承认客观现实的前提下，努力使我们的主观和客观相符合，从而发挥我们的主观能动性，来推动客观现实的发展。"这是马克思主义思想体系的一以贯之的道理，这也就是一切科学的根本的道理。

二、哲学和具体科学的关系

(1) 第一个问题是："哲学概念为什么不能够用形式逻辑的方法下定义？是不是会因此引起概念上的混乱？"

用形式逻辑的方法下定义，就是通过"类"和"种差"下定义。例如说："人是进行生产劳动和有意识的动物。"我们对"人"下了一个定义，就是把"人"归在动物的一类里面，动物是"类"、"人"是动物的一种。"进行劳动生产"和"有意识的"这个特点就叫做"种差"，是说明"人"这种动物和其他动物之间的差别。

又如我们说，"政治经济学是研究生产关系的科学"，我们把政治经济学摆在"科学"这一类里面，作为科学的一种，它研究的对象是生产关系，那是政治经济学这一门科学和其他种科学的差别。这种下定义的方法就叫做通过类和种差下定义。

但是，哲学概念的对象是最高的类。没有比哲学范畴更高的类了。因此，没有办法用上面的方式下定义，那怎么办呢？

哲学家们是用下面的办法来说明范畴的。例如，当我们在说明物质和意识的时候，一方面说，"物质是离开意识独立存在的"，"物质是意识的对象，是在感觉中间给予人的客观实在"；另一方面又说"意识是物质的产物，是物质发展到了高度完善阶段的产物"，"意识对物质具有依赖关系"。这些是不是能够作为形式逻辑的定义来看呢？不能够这样看的。因为在这里，我们只是拿物质来说明意识，拿意识来说明物质。

又如我们讲"现象是本质的表现，本质是现象内部的基础"。我们在这里拿现象来解释本质，又拿本质来解释现象。此外，我们又拿规律性来说明本质，拿普遍性、必然性来说明规律性等等。这样的说明也可以叫作哲学的定义，哲学定义不是形式逻辑定义。哲学不能够用形式逻辑方法来下定义，那么是不是会因此引起概念上的混乱或不够明确呢？这是不会的。

定义都只有有限的效用，一切的定义都是相对的，它的价值都是有限制的。随着人们的实践的发展、科学的进步，科学概念的定义都在变化。所以，我们在科学里面，也是决不能把定义绝对化的。

要对于一个事物下最完整的定义，那就应该把握这一个事物的全部的有机的联系，把握这一个事物的发展的规律。就是说，我们从有机的联系和发展的观点来考察一个事物，把握了这个事物的内在的规律，这就是这一个事物的最完整的定义了。但是，这已经不叫定义了，而是一门科学了。

例如我们对于"人"下一个定义："人是进行劳动生产的有意识的动物。"这当然是不够完整的。如果我们要把握"人"的全部丰富的内容，那是多少门科学所研究的问题，那是生理学、心理学、经济学、历史学、美学、伦理学、哲学等等好多门科学共同研究的问题。

在科学研究上，我们必须使用定义，但是一切的定义都只有有限的价值。科学家必须超过定义。这里面有一个辩证的关系：

我们要使用定义,但是我们又要"过河拆桥",超过定义。

(2) 有的同志问:"为什么不能说哲学是超乎科学之上的'科学之科学'? 为什么科学从哲学分化出来,后来又要进入哲学的领域?"

我们讲过,原来在古代只有一门笼统的学问,就叫做哲学。古代中国人就叫做"道术","道"就是理论,"术"就是技术。道术到后来分化了,一门门科学从道术分化出来了。关于这一个问题,同志们可以参看恩格斯的《社会主义从空想到科学的发展》第二章。

恩格斯说:"当我们对自然,人类历史或我们自己的精神活动进行静心考察时,那末我们首先看到的,便是种种联系和交互作用无限纠缠错综的情景,其中没有任何东西是不动的和不变的,而是一切都在运动着、变化着、产生着和消失着。这样,我们首先看到的就是一般的情景,其中各个细节暂时都多少退到次要地位,我们对于运动、转变与联系注意得较多,而对于发生运动、转变与联系的东西则注意得较少。"①

因此,科学和哲学的第一个时期就是自发的辩证法时期。

后来,人们才把整个世界的情景分析开来、解剖开来,分门别类地加以研究,注意到了其中的各个方面、各个细节,分别地研究每一方面的特点及其特殊的关系。于是一门一门的科学就从哲学中分化出来,首先是力学,而后是生物学、化学,最后是心理学、

---

① 恩格斯:《社会主义从空想到科学的发展》,《马克思恩格斯选集》第 3 卷,人民出版社1995 年版,第 733 页。译文略有不同。

社会科学。这个过程现在还在继续着。例如，美学、伦理学正在形成为独立的科学部门。这个分化的过程是必要的，它促使科学进步，但是同时也使得科学不可避免地要经过一个形而上学的阶段。

我们刚才讲科学的发展有分化的趋势，但是科学又有另一个发展的趋势，就是综合的趋势，概括的趋势。在近代的大工业生产兴起之后，一门一门的科学就陆续地成为系统理论，成为真正科学的体系了。

怎么样才叫作是真正的科学的体系呢？

我想，就是这一门科学领域的基本规律被发现了，于是在这一个领域的各个主要方面，各个主要的过程，可以由基本规律把它们贯串起来了。也就是说，这一个领域的内在的联系基本上被把握了。我们可以这样说：化学成为一门体系的科学，就是门捷列夫提出了元素周期律之后；生物学成为一门体系的科学，就是达尔文的进化论提出了以后；经济学成为一门体系的科学，就是马克思、恩格斯提出了剩余价值法则和生产关系一定适合生产力状况的法则之后。而当科学发展到了这样一个阶段，这一门具体科学领域的基本规律发现了。

而各门科学彼此又是不能分开的。科学越发展，各门科学之间的有机的联系就越来越密切。物理学和化学关联着，化学和生物学关联着，生物学和心理学关联着。这些科学的根本问题，这些科学之间的关联问题都是哲学性质的问题。

我们今天面临着一个伟大的时代，从生产发展方面来说，正如布尔加宁说的，"我们正处于新的技术革命的前夜"；从社会变革方面说,共产主义就要在我们这一代人的手上出现了,人就将成为全面发展的人。在这样一个新的时代,各门科学的综合的发展趋势就越来越加强。例如,我们要解决到月球上去的问题,决不是一门科学可以解决的,这是要好多门科学来共同解决的问题;我们要培养下一代,培养他们成为全面发展的人,这也不是一门科学能解决的问题,而是要好多门科学共同解决的问题;我们将来到了共产主义高级阶段,要有一个强有力的领导经济的机构和领导文化的组织,把全世界的经济文化工作领导起来,那也不是一门科学解决的问题,而是好多门科学共同配合起来解决的问题。因此,科学发展到目前:一方面还在继续不断地分化;可是另一方面,又要求更高度地综合起来。

科学在怎样的基础上综合起来?那就是要在辩证唯物主义的基础上综合起来。

辩证唯物主义并不是外加在这些科学头上的东西,它也不能代替各种科学。可是辩证唯物主义是各门科学、各种艺术以及共产主义道德的基础。它是各门科学的共同的方法,也是各门科学的理论前提。只有在辩证唯物主义的指导之下,各门科学才能够有机地结合,也只有在辩证唯物主义的指导之下,各门科学才能够如马克思所说的,综合成为真正的"人的科学"。

当然,我已经说过,科学还是要分化的,这要辩证地来看:分析和综合是辩证地统一的。

总之,科学经历着辩证的发展过程:第一个阶段是肯定的阶段,自发辩证法阶段;第二个阶段是形而上学的阶段,就是否定的阶段;第三个阶段就是今天的阶段,是否定之否定,它又到了辩证法阶段。但是,不是原来的自发辩证法阶段,而是更高一级的新的阶段。

(3) 同志们还问到:"资本主义国家受唯心主义控制着,为什么科学还很发达?"

我们说哲学对科学的发展有指导的作用,但是,这并不是说哲学能够决定一切。最后决定科学发展的(包括哲学本身在内)是物质生产。

社会物质生产为科学提出了任务,为科学提供了技术条件。当然反过来科学也推动了社会物质生产的发展和社会关系的发展。各门科学又彼此影响着。例如物理学影响到化学,化学又影响到生物学。而在科学的相互影响、相互作用中,哲学有其特殊地位,它对各门具体科学具有指导的意义。

尽管今天资本主义的生产关系已经在束缚着生产力的发展,资产阶级已经是腐朽了的阶级,尽管它在宣扬着唯心主义,但是在资本主义社会里面还有着各种条件,促使物质生产缓慢地上升,生产力还是有一些提高,这就是资本主义国家中科学在一定程度上还可以发展的原因。但是,这个发展是很缓慢的。

资产阶级唯心主义给科学带来祸害,带来不利,但是它决没有力量来完全阻止科学的发展。

唯心主义者对一切科学上的新成就作一种唯心主义的解释。例如,电子计算机,这是现代科学上的一个很大的成就。但是唯心主义者却说电子计算机跟人的脑子是一样的,人的脑子也就是这样一部机器。当然,这种解释是完全错误的,它给电子计算机和有关的数理逻辑等的研究带来极不利的影响。但是这些唯心主义的解释却不能完全阻止电子计算机的科学的发展。为什么呢？因为这个是由社会物质生产的要求决定的。在今天，生产发展要求不断地改进电子计算机，以解决许多复杂的计算问题，而且，像英国、美国这样的国家，也已经具备了制造和改进电子计算机的技术条件。这一切不是唯心主义者可以抹煞的。客观现实的发展要求和物质条件，那是比任何唯心主义哲学家的理论更强有力的。

三、哲学史上的一些问题

同志们在这一方面提的问题最多，不过我今天只能简单地讲一下。

(1) 关于中国哲学史上的问题有很多还不是定论，而只是我个人的意见。先谈关于老子的问题："老子为什么是唯物主义者？"

这是今天还在争论的问题。不过说老子是个唯物主义者却确实是"古已有之"的。韩非子《解老》、《喻老》，王充推崇黄老之学，韩非和王充显然都是把老子当作唯物主义者的。

老子讲世界的根本原理，他是这样形容的："视之不见名曰夷，听之不闻名曰希，搏之不得名曰微。"（《老子·十四章》）这就是说这个世界的根本原理，听，听不到，看，看不见，或说是把握不了它的。但是他说，这是一种"无状之状，无物之象"（同上注），它还是一种"象"，还是一种"物"，不过看不到、听不见、摸不着，是一种很微细的东西。庄子《天下篇》里说老子的学说是"以本为精，以物为粗"（《庄子·天下》），又说，"以深为根"（同上注）。可见是说世界的根本原理是一种精细的深藏的东西。

而从哲学史的发展来看，老子的学派有一个倾向正是往唯物主义发展的。当然,这不是说老子的学说里面没有一点唯心主义。一个具体的哲学家往往不是很单纯的。老子的哲学里面,也包含着一些唯心主义的成分。

有的同志怀疑:"老子讲'无为',是否能够解释成老子反对实践?"

我以为老子讲的"无为"是有两个意义:一个意义是自然。例如老子说:"圣人处无为之事,行不言之教,万物作焉而不辞,生而不有,为而不恃,功成而弗居。"(《老子·二章》)这是一种唯物主义的态度。后来的韩非子、王充讲无为,都是发挥了老子这一方面的意义。

不过老子讲的"无为"又有它反动的一面,例如老子说"绝圣弃智,绝仁弃义,绝巧弃利。"(《老子·十九章》)又说:"小国寡民,使有什伯之器而不用,使民重死而不远徙,虽有舟舆无所乘之,虽有甲兵无所陈之,使民复结绳而用之……"(《老子·八十章》)他主张回到结绳记事的古代去,不但不要文化,而且也不要生产工具和交通工具。这是老子反动的一面。可见老子的学说里包含着反对实践的意思。

(2) 关于荀子:"荀子讲性恶,是不是唯心主义?"

我以为荀子讲性恶基本上是唯物主义。当然,这一种理论是要引导到唯心主义去的。

黑格尔说过了:"有些人当他们说人性是善的,就以为说出了非常深刻的思想,但是他们忘记了人性是恶的这句话,意思要深刻得多。"①我以为黑格尔说得很有道理。说人性是恶的要比说人

_____

① 恩格斯:《路德维希·费尔巴哈和德国古典哲学的终结》,《马克思恩格斯选集》第4卷,人民出版社1995年版,第237页。

性是善的深刻得多。

孟子说性善，人天生来就具备道德原理。孟子以为人的灵魂有先天概念，那是天给我们的。所以说，"尽其心者知其性也，知其性则知天矣。"（《孟子·尽心上》）孟子是个客观唯心主义者。

荀子反对孟子，他以为人生来并不具备道德原理，也没有什么知识。人的道德、知识等等都是后天获得的。所以说"人之性恶，其善者，伪也。"（《荀子·性恶》）礼义等是人为的。

荀子的性恶论代表着战国时代要求发展物质生产的先进阶层。过去的剥削阶级，不论是封建地主阶级，或者资产阶级，当他们上升的时期，要求发展物质生产的时候，都曾提出人性是恶的学说，他们说为人天生贪利，要求满足个人的欲望，"恶"被认为是天性，被认作推动生产发展、推动社会发展的动力。这个看法在一定历史条件下是有道理的。但是这种人性论，在我们马克思主义的观点看起来是非常不正确的。因为他只是一种抽象的看法，而没有从社会关系中来把握人性。

道德、知识这些东西那里来的呢？荀子回答说：那是圣人创造出来的。照这样看来，那还是少数杰出人物提出了道德原理，提出了政治理想拿来教育群众。这一种历史观是唯心主义的。这也是过去的唯物主义者所免不了的结论。他们在谈自然现象、自然的人性的时候是可以是唯物主义的；但是在他们谈到社会现象的时候，却总认为是少数的英雄人物决定了历史的发展。荀子是如此，费尔巴哈也是如此。

(3) 其次关于黑格尔。同志们问:"黑格尔是唯心主义者,为什么他还能掌握辩证法?"

因为黑格尔处于法国资产阶级革命的前夜。黑格尔本人在谈到法国大革命的时候,是满怀热情的。黑格尔代表着当时法国资产阶级,有他的要求进步,要求革命的一个方向。同时经过18世纪的科学的发展,这个时期人们已经有了进化的概念,例如,康德提出了星云学说,歌德提出了生物进化的概念。黑格尔是一个非常博学的人,他把当时的知识综合在他的百科全书里。他是好多门科学都钻研过的,他掌握了当时的科学成就以及哲学上的一切成就。他把这些科学都概括起来,这样当然就要得出辩证法的结论。所以他的辩证法是反映着法国当时资产阶级的革命要求和总结了当时科学的成就而得出来的。

但黑格尔的辩证法当然是有它的局限性的,它不是真正科学的辩证法,因为黑格尔的哲学体系是唯心主义的。黑格尔还是跟过去的哲学家一样,以为他建立的哲学体系是科学之科学,是一部百科全书,应该把所有的科学都包含在里面,这个百科全书就是绝对真理。我们已经说过了,这种观点是形而上学的。他这一种唯心主义和形而上学的体系就是黑格尔的局限性,这也是当时的历史条件决定了的。因为当时法国的资产阶级是软弱的,而当时的科学发展究竟还是有限制的。

(4) 再次关于费尔巴哈。有的同志问:"为什么说费尔巴哈的唯物主义是直观的唯物主义?"

费尔巴哈肯定我们的知识来源于感觉,而且肯定物质是感觉的源泉。在这一点上来说，他是唯物主义的。我们说他是"直观的"，就是说他不懂得革命的实践，不懂得我们的感性经验是在实践中获得的。

生动的直观是在实践中间获得的。我们的双手是劳动的器官，在劳动中间我们获得了关于客观实在的感觉。这个道理是直观唯物主义者不懂的。他们把我们的感性的器官看作是消极的、被动的。他们不懂得我们的感性的活动首先是从事实践。这一点在马克思的《费尔巴哈论纲》里面已给以批判了。

我们刚才在谈到荀子的时候已经说过费尔巴哈和荀子一样，他们在解释自然的时候，是唯物主义者的态度；但是一讲到社会现象的时候，便陷到唯心主义的泥坑里去了。费尔巴哈提倡什么"爱的宗教"，认为爱就可以把人类解放了。这一种看法当然是唯心主义的。

(5) 再其次一个问题："欧文和法国唯物主义如何相联系？"

欧文认为"人性"一方面是遗传来的，另一方面是环境的产物。这是法国唯物主义者的学说。照欧文看起来，现在这个社会环境中间有许多罪恶：有私有财产、有宗教、有不合理的婚姻制度。因此就使得人痛苦、不幸福。欧文跟法国的唯物主义者一样，认为应该按照理性原则来改造世界，应该把这些不合理的东西消灭。于是他就制订出了改造社会的方案，而且自己去实行。他的方案就是办合作社，办劳动商场等。通过合作社、劳动商场来逐步地消灭阶级差别，来建成共产主义社会。所以，从哲学思想来说，欧文的哲学思想是继承着法国的唯物主义的，他的人性论和按照理性原则来改造世界的学说，都是和法国的唯物主义者的思想相同的。

四、马克思主义哲学和旧哲学的关系

（1）"马克思主义的产生是继承前人的思想材料的,为什么它和过去的哲学又有根本的区别？"

我想,这个问题之所以发生,就在于不了解"否定"或"质的变化"的意义。同志们可能以为一说"否定",一说这是"根本的变化",就以为和过去完全不相干了;而如果说是"继承前人的思想材料",那又不能认为没有质的变化了。这是由于还没有把握"否定"这个概念的缘故。

辩证法认为否定之中是有保存的,否定是提高到一个新的阶段。例如,在生物界,一个新的物种产生了,这个新的物种并不是凭空产生的,它是继承着旧的物种来的,但是这新的物种又跟旧的物种有质的不同。这里,否定就有着继承和提高到一个新的阶段的意思。

我们今天在建设社会主义社会,这个社会主义是旧社会的否定,是社会发展到了一个新的阶段,和旧社会有根本的区别。但是在很多方面又是继承着旧社会的,例如生产技术我们必须接受下来;文化遗产,我们也必须加以批判地接受。

（2）同志们又提出："马克思吸取了黑格尔哲学的合理的核心，在我们自己的思想里面，是不是也有一点合理的核心?"

我想是有的。我们知识分子是劳动者，我们很多同志是掌握了科学理论的，甚至在科学上是有了很高的成就的，或者有的是在艺术上有了很高的造诣的。历次的革命斗争，我们有许多同志都曾经参加过。今天我们又都在共产党领导下参加了社会主义建设的工作。这些都使得我们的思想里面包括着唯物主义的成分。而当我们真正掌握了一门系统的科学理论的时候，我们要从这门科学的系统理论里面来领会唯物辩证法的精神是并不困难的。

当然，我们过去或多或少地受了资产阶级思想影响，因此就有一些唯心主义的观点，这也是免不了的。问题在于：我们应该把马克思主义哲学系统地加以学习，同时让理论和实际密切地联系起来，来批判资产阶级唯心主义观点。

五、世界的统一性

(1) 第一个问题：世界的统一性并不在于它的存在，世界的真实的统一性在于它的物质性。请问世界的"存在"和世界的"物质性"有什么区别？

当我们讲到"存在"的时候，仅仅只讲到"存在"的时候，我们只是说对象是有的。中国哲学家所谓"有"（英文里面的 being，德文里面的 Sein）就是存在。

物质现象是有的，精神现象也是有的。所以，当我们仅仅只说到"存在"的时候，我们并没有考虑到这些现象、这些对象之间的差别的问题，而是一个很笼统的说法。如果我们进一步加以考察，就会发现这些存在的现象有着各种各样的差别：有的是自然界的，有的是属于人类的，有的是物质的，有的是精神的。按照唯心主义者来说，这一切存在的现象统一于精神性，都是意识及其产物。而照唯物主义者来说，这一切存在的现象统一于物质性。所以，说"世界的真实的统一性在于它的物质性"，乃是唯物主义者的命题。如果仅仅只说它统一于存在，唯心主义者照样也可以承认。

当然，在我们唯物主义的著作里面，有的时候说"存在"也就是指物质世界。例如，我们讲"思维对存在具有依赖关系"，这个

"存在"就是指"客观实在"。但是,各派哲学家一般地通用"存在"的概念却只是指"有"的意思。

(2) 第二个问题:"世界统一性原理对于实践的指导意义如何? 对于我们科学研究的指导意义如何?"

我们说世界的真实统一性在于它的物质性。更进一步说,则是在于一切的现象都是物质的运动,都是具有客观的规律性的,都是遵照着辩证规律在那里发展着、变化着的。我们有了这样的统一原理作为指导的时候,我们就会从物质世界的变化、发展来考察事物,就会从辩证关系来考察事物。

在不同的运动形态之间,我们要寻求它们之间的共同联系。例如,在社会现象和自然现象之间,在生命现象和无生命现象之间,我们都要寻求它们的共同的物质的联系。因此,这个原理对于科学研究是有重大的意义的。

而在物质和意识的关系问题上,我们说一切的意识现象和物质现象统一于物质性。这就要求我们从物质性来解释意识现象。尽管意识现象可以很复杂,例如小生产者往往一个人有一个人的想法,这一个人想发家致富,那一个人想爬地位,另一个人也许整天幻想成名作专家,还有一个人也许闭门造车,想弄出一点什么发明等等。可是,假如我们把握了他们的共同的物质生活的条件,那末我们说他们这些思想都是小资产阶级的思想,我们就找到了这里面的统一的联系了。

而对于我们工人阶级来说,为要统一我们的行动,便须统一我们的思想,统一我们的认识,我们应该在什么基础上来统一认识呢？应该在共同的阶级立场上面、在共同的物质利益上面、在对客观社会发展的规律的共同认识上面来统一。这就是说，思想认识的统一要归结到物质条件的统一上面。

（3）第三个问题：哲学的"物质"概念是看不见的、摸不着的，那末为什么说它是表明客观实在的范畴？列宁关于物质构造的预见是从那里来的？

一切概念都是看不见的、摸不着的。不仅仅是"物质"概念。抽象的概念不等于感性的材料。但是一切的概念，追溯它的来源，却又都是从感性的材料中间提炼出来的。

我们在实践中间接触一个一个的事物，我们获得了非常丰富的感觉、知觉。我们感觉到这个茶杯是实在的，这个桌子是实在的，山、河、树木、太阳、月亮、人等等都是实在的。我们用一个名词，用一个概念来把它们概括起来，这就叫做物质。所以，这里面是有一个飞跃的——从感性的知觉到理性的概念是有一个飞跃的。

但是，这个概念不外乎是表示我们在感觉、知觉中间所获得的一切事物的客观实在性。这个物质概念指导着我们进行科学研究，就使得我们可以防止陷到唯心主义、不可知论的泥坑里面去。那种什么"物质消灭了"，什么"物质是不可认识的"等等的谬论是完全错误的。

但是，单有这么一个物质概念当然是不够的。列宁对于物质的构造提出了他的预见性的见解，不单靠这个物质概念，还依靠着辩证法。

辩证法说:物质构造是不可穷尽的,而物质世界的各种的运动形式又是有着统一的联系,共同的辩证的规律的。因此,决不能说某个科学领域已经把什么东西都研究完了,决不能够说物理学研究到电子就研究完了,再没有什么东西可以研究的了。这样的事情是决不会有的。列宁根据辩证法提出他的见解:电子跟原子同样是不可穷尽的。当然,列宁自己并没有去做物理学的实验。但是,他应用辩证法就很自然地可以得出这样的结论来。同样的,如果今天那一个科学领域里面有人说"这已经研究到底了",我们依据辩证法也可以给他指出来:"你的研究决没有到底!"

(4) 第四个问题:世界上是不是有存在在意识之内和依赖着人们的意识而存在的东西? 客观世界和主观世界是指的什么? 主观是否都是不好的?

当然有存在在意识之内的现象。谁也不能否认这一点。

我们的观念、意志、情绪等等都是意识的现象。这些现象都是存在的,都是有的。就连那些最怪诞的梦想、迷信也是存在的,也是有的。

不过我们说,意识并不是存在的实体,并不是 Substance,唯一的实体就是物质,而意识只是物质的特性。物质世界是唯一真实的世界。所以我们上次讲的范缜用刀子和刀的锋利来比喻物质和精神的关系,是完全正确的。锋利是刀的特性,精神意识则是物质的特性。所以一切的意识现象,是依赖着物质实体而存在的;而不能像唯心主义者那样倒过来说,物质现象是依赖于精神实体而存在的。

我们常常讲"离开人们意识而独立存在的物质"。又说"意识是依赖着物质而存在的"。我们这样说，都是表明我们的观点是唯物主义的。

世界上并没有什么依赖着意识而存在的实体，而只有离开意识而独立存在的物质实体。这个物质实体，在认识论上就叫做客观世界。客观和主观的对立，只是在认识论上才是有意义的。

在认识论上来说，有了意识的主体，世界就一分为二。于是有意识的现象，有物质的现象。有主观的方面，有客观的方面。客观就是指离开人们的意识而独立存在的物质的东西，而主观世界就是指精神的领域，意识的领域。这一个对立只有在认识论上才具有绝对的意义。

在本体论上来说，这一个对立完全只有相对的意义。为什么呢？因为意识本身就是物质发展的产物。而且意识的领域本身也可以作为认识的对象。心理学家研究心理现象，逻辑学家研究思维的逻辑、思维发展的规律。心理学上的规律和逻辑学上的规律，都是不随人们的意志而转移，都是客观的。

同时，一切正确的认识，都是有客观性的，因为它们是客观世界的真实的反映，在实践里面可以证明的。所以不能够认为主观世界就等于主观性。

主观世界里面的一切真实的内容都是具有客观性的：科学理论就是具有客观性的，艺术家所创造的典型就是具有客观性的。共产主义的道德也是符合社会发展的客观要求的。

但是在主观世界里面，的确有主观性的东西：那就是宗教迷信、怪诞的梦想、唯心主义。这些不仅是主观的，而且是主观性的。

平常我们说话："你这个人太主观了。"意思是说"你这个人有主观盲目性"。人有主观盲目性便不好，但并不是说主观的东西都不好。

主观领域里面的很多东西：理想、热情、科学理论、艺术创作都是主观活动，都是属于主观世界的东西。

主观世界的东西，只有当它脱离客观实在而飞去的时候，变成了虚幻的东西，那就是具有主观盲目性了。

六、物质的运动

(1) 首先是关于运动和静止的辩证法。

什么是运动？

辩证唯物主义所说的运动是最广义的，"从简单的位置移动、物理和化学变化"、生命现象，一直到社会的运动、思维的运动等等都包括在内。这是一个跟物质同样广阔的概念。运动是物质固有的属性。

物质是自己运动的。就整个宇宙来说，并没有一个什么上帝来创造世界，物质自然而然地遵循着它固有的规律发展着、变化着。

就每一个事物来讲，它的发展、变化的原因也在于它本身。它本身固有的内部矛盾是它变化的根本的原因，而外部的条件是第二位的原因。

那末什么是静止？

辩证法所说的静止包括着平衡、稳定等意义在内，就是指的事物在一定的条件下面保持着一定的运动形态或质态不变。例如：我现在站在这里，就空间关系来说，跟这个讲台、跟地板保持着一定的关系不变。因此，从空间形式（位置）来说，我此刻静止着。

一个人从出生活到 100 岁,死了,他在 100 年之内保持着人的质态没有变,他作为生物学上的个体来说,100 年内一直是个人。

一个资本家,他从开办厂以来,一直到合营以前,保持着资本家的社会地位不变,他在这一段时间内有着作为资本家的稳定状态。

恩格斯说"个别的运动趋向于平衡"①,这就是说,有限制的运动表现为一定的稳定、平衡的状态。

但是,运动是绝对的,所以总的运动又会破坏这种平衡、稳定的状态。在一个小范围内来说,它稳定;但是,在一个大的范围来说,它的稳定便要失去。在一定条件之下它稳定,等到这个条件失去了,它的稳定也就失去了。例如:一个物种有一定的新陈代谢的类型,这是跟它的环境、条件相适应的。但是当环境条件起了一个很大变化的时候,这个物种或者就要消灭,或者就要发生变异而形成一个新种。这就是说,条件变化了,它就要跟着起质的变化。

一个资本家,是以资本主义的所有制为他的条件的。等到实行全行业合营,资本主义所有制的条件失去了,他就不成其为资本家了。他起了质的变化,将转变为劳动公民。

同志们提到恩格斯讲的"运动用静止来测量"②,问这是什么意思。

就力学上来说,运动是可以用静止来测量的。例如,一个起重机把一块大石头举到了 100 公尺的高度,静止在那里。这一个

---

① 恩格斯:《反杜林论》,《马克思恩格斯选集》第 3 卷,第 402 页。
② 同上注。

起重机作了多少功呢？怎样来计算呢？我们从这一块大石头的重量和它离开地面的距离 100 公尺就可以把它计算出来，我们从静止的关系来计算起重机做了多少的工作量。

为什么运动可以从静止来测量呢？那就因为静止是有限制的运动的结果。运动表现在它的结果上面，就是表现在静止上面。所以，这是不奇怪的。

(2) 其次，关于运动的基本形式的质的差别和多样性的问题。

什么是质？

相对于一定对象来说，属于这一个对象的很多的现象都是它的属性。在这些属性中间，有一些是它的内在的必然的属性，构成这一定对象的质。

例如人类，是有着非常复杂的属性的。但是，进行劳动生产、有理性、有意志、结成一定的社会关系等等，是人类的内在的必不可少的属性。这一些属性构成了人类之所以为人类的"质"，这就是人类的特点，是人和其他的动物相区别的地方。所以，质就是事物的内在规定性，它规定着这一种事物之为这一种事物。

又如生命，我们上次讲过，它的特点就在于新陈代谢，有遗传变异、能够繁殖、有感应性等等，这一些就是生命之区别于其他运动形式的地方，就是生命的"质"。

恩格斯举出 5 种基本的运动形式，这 5 种基本运动形式各有它的不同的质。而每一种基本运动形式又可分为若干种运动形式，它们也各有其质的特点。

当然，我们应该了解，在恩格斯的时候还没有电子学，还没有发现放射性元素,还没有量子论、相对论,也还没有巴甫洛夫学说。所以,关于物质运动形式的划分问题,我们今天还应该继续加以研究。这是一个很重要的问题。这一问题获得正确解决,也就解决了科学应如何分类,各门科学之间的关系如何的问题。同时,也就能指导科学家们如何来建立新的科学部门。

每一种基本运动形式又可以分为若干种运动形式,而每一种运动形式又可以分为不同的发展过程,每一个发展过程又可以分为不同的发展阶段。因此,运动就显得无限的多样性,非常的复杂。各种形式,各个过程,各个阶段之间都有着质的差别,都有着一定的界线。不过这种界线都不是绝对的。因为静止是相对的,由于静止而划分的运动形式、发展过程、历史阶段都只具有相对的意义。

各种的运动形式相互联结而又相互转化。就拿我们人类来讲,我们每个人身上都结合着很多种的运动形式。当然,其中社会的和意识的形式是最本质的。但是,人也是一个生物学上的个体,在人体的内部也不断进行着化学变化,人的肢体也遵循着物理学的规律。人走路时和地面有着力学上的作用和反作用的关系;人跑到高的地方,一失足就掉下来。可见也遵循着万有引力定律。所以在人的身上,各种运动形式是彼此结合着的。

假如有一个光,波长是 $760 \text{ m}\mu$。它刺激我们眼睛里面的网膜,便引起神经的兴奋,引起了一个生理过程。在生理过程基础上产生了意识。我们看到了外面有一个红颜色($760 \text{ m}\mu$ 的光波是红颜色)。这里就有着一个物理——生理转化为意识的过程,3 种不同的运动形式彼此结合着。

植物的叶绿素能够进行光合作用,能够利用太阳能,从空气中间吸取碳、氢、氧这些成分来制造碳水化合物,制造葡萄糖、淀粉。有的植物还能制造蛋白质,例如豆子。这就是一个各种运动形式转化的过程:光是物理现象,植物进行光合作用是化学变化,化学变化的结果是变成一种生命所需要的东西。

由此可见,自然界里面,各种运动形式是彼此结合着,彼此转化着的。

七、时间和空间、有限和无限

(1) 第一个问题:"为什么说德谟克利特讲的绝对空间是不对的,事实上没有原子还是有着空间。"

德谟克利特所说的原子就是指的一切的物质实体,他以为一切的物质都由原子构成的。因此,他所说的"原子"跟我们今天物理学里面讲的原子是有区别的。在他来说,有着离开原子的空间,就等于说有离开物质而存在的空间。这是不对的。

当然,从现代的物理学来说,确实有这样的空间,其中有着无限的光子、介子等等,而并没有结合成原子。但是,这样的空间里面,依然是有物质的。这样的空间依然是物质存在的形式。离开物质的存在的空间是没有的。

(2) 第二个问题:为什么恩格斯说"根本上我们只能认识无限的东西。"①

这一句话不能够跟另外一句话割裂开来。另外一句话就是"我们只能够认识有限的东西"②。两句话必须联系起来。

---

① 马克思:《给〈祖国纪事〉杂志编辑部的信》,《马克思恩格斯选集》第 3 卷,第 341 页。
② 同上注。

举例来说:"2＋2＝4。"这句话是对,但它以十进位为条件。如果不是十进位而是二进位、三进位,那就不是这样说了。同时"关于2＋2＝4"我们也没有穷尽它。"2"、"4"都是自然数,"相等"是一种数量关系,今天的数学家、哲学家、逻辑学家,是否已把"自然数"和"相等"研究透彻了呢?应该说,还是研究得不够的。但是,尽管如此,我们大家都以为"2＋2＝4"是无可怀疑的,逻辑学可以证明2＋2＝4是必然的。不论那一个地方只要计算用的是十进位,2＋2＝4总是有效的。它不受特殊的时空的限制。

再举元素周期表为例。我们今天的元素周期表比起门捷列夫的已经改进了许多了,但是我们至今也决没有穷尽它。新的元素在不断地制造出来,现在"制造出来"的元素已经有9种。而且一定还会有更多的新的元素制造出来,还会有更多的同位素发现出来、制造出来。但是,元素周期表有它的绝对性,这里面包含着绝对真理的成分,那是对于任何的星球、任何的时代都适用的。

我们上次讲到的生命是蛋白体的存在形式。也许别的星球上根本没有生命,也许别的星球上有生命。但是我们可以肯定:凡是有生命存在的地方,它总是蛋白体的存在形式。这个原理不受特殊时空的限制。固然,蛋白体是可以多种多样的,彼此可以存在着无数的差异,但是生命的最本质的特征,在地球上是如此。在别的星球上(如果那里有生命)也应该是一样的。所以,科学所肯定的总是包含着一些不受时空限制的、具有永恒性的东西。

一方面,科学所认识的总是相对的、有限的。"我们只能够认识有限的东西"①,这就要反对那些独断论。独断论者说他的哲学体系就是"绝对真理"。这是完全荒谬的。如果人有一天已经是认识了全部的真理,包罗无遗了,那末人类就不会进步了。

另一方面,我们又说"人只能够认识无限的东西",这就要反对那些不可知论者和认识论上的相对主义者。不可知论者说:无限是无法认识的,绝对的东西是不能认识的,这跟那些独断论者是同样荒谬的。

① 恩格斯著,于光远译:《自然辩证法》,人民出版社 1984 年版,第 105 页。

八、物质世界的规律性

（1）第一个问题："规律性和规律怎样区别？"

规律性是一个混成的概念。"混成的"就是还没有加以分析的。事物之间的内在的本质的联系就是规律性。可以把规律性比作一张网，这一张网是由无数条线结成的。如果我们加以分析的话，就得到一条一条的线，也就是一条一条的规律。这一条一条的规律结合起来，就是物质世界的规律性。所以在概念方面说，规律性和规律是有区别的。

（2）其次一个问题："人类不能改造规律，但是人类能够运用规律。"这怎样来理解？

提问题的同志的意思是说，人不能改造规律，就是受着规律的支配了。那就是说，人就没有自由了。

又有同志问："规律是没有阶级性的，为什么说社会发展规律只有无产阶级才能掌握？"

我把这两个问题放在一起来回答。

人当然是受着规律制约的，谁也不能够违背客观的规律。要是违背了客观规律，这就只会把事情弄坏，任何微小的违背都会造成很大的祸害。人的主观能动性只表现在人能够认识客观规律,运用客观规律,按照客观规律来创设条件。这样,人就能够反过来支配自然。所以,不能把自由理解为可以违背规律。自由正在于遵循规律而行动。

但是自由是历史的产物。人并不是天生下来就掌握了规律的,人类本来是无知的。人类获得知识是由低级到高级的发展过程,知识是逐步逐步地获得的。人类要掌握规律,得具备一定的条件。只有在一定的条件之下,人才能够发现和掌握规律。什么条件呢?这有两方面。

第一方面,只有当生产发展到一定阶段的时候,人才能够掌握一定的自然规律。

我们不能想象,当人们进行小生产的时候会有现在的物理学和化学。这是不可能的。人要发现电子、光子、掌握它们的规律性,只有在现代生产技术的条件下才有可能。

以现代生产的水平,当然也还有许许多多领域的规律性我们尚不能掌握。只有到将来生产发展到更高阶段的时候,才能掌握它们。例如,关于星球运行方面的规律性,我们今天掌握得很少,这方面有些规律,只有人飞到月球去的时候才能掌握。那末,是不是说自然界的规律以人们的生产为转移呢?不能这样说。发现规律是一回事,规律本身是另一回事。虽然人一定要通过物质生产,才能够发现规律,但是人并不能够"生产"规律。这是一方面。

另一方面,就社会发展的规律来说,只有社会的先进阶级才能够在一定程度上掌握它。(不但要生产发展到一定历史阶段,而且要社会的先进阶级才能够来掌握它。)在今天来说,只有无产阶级才能够掌握它,资产阶级是不能掌握的。资产阶级分子如果真正掌握了社会发展规律的话,他就要转变自己的立场,就要否定自己。而当他还站在资产阶级立场的时候,他对社会发展总是盲目的。所以,在掌握社会发展规律这个问题上,有阶级背景的问题。

但是,这并不是说规律有阶级性。规律并不随阶级意识而转移。不管你这个阶级意识不意识到,不管你这个阶级意志如何,社会总是按照它固有的规律发展着。这跟我们刚才讲的(虽然要通过物质生产人才能够发展规律,但是人并不能够生产规律)是一样的,虽然一定要社会的先进阶级才能掌握社会发展规律,但是规律却并非任何阶级的产物。任何的阶级都不能够制作规律。但无产阶级能够掌握社会发展的规律和善于运用社会发展的规律,这是它比别的阶级优越的地方。

总体来讲,物质生产和阶级斗争愈向前发展,人类掌握的自然规律和社会发展规律便愈来愈多,人类的能动性、人类的自由便跟着增长了。

(3) 第三个问题:"不掌握社会发展规律,人类是否也能走向新的社会阶段? 也就是说,不掌握社会发展规律,是否也能达到共产主义?"

社会历史的发展是通过人们的意识活动而实现的。这跟自然界的变化不同。所以,如果没有一个社会的先进力量或多或少地把握社会发展的方向,于是有意识地来推动社会的发展和克服落后势力,新的社会是不会出现的。

　　过去的社会也都是通过当时社会的先进力量的自觉活动——在一定程度上的自觉活动而出现的。例如，在春秋战国的时候，很多的哲学家提出了"天下定于一"的主张，特别是法家提出了一套比较完备的政治理论。在当时的条件下面，政治家们发动群众按照当时的社会先进力量的政治观点来进行活动，来跟社会的衰朽力量进行斗争，最后促使秦始皇的大统一局面的实现。可见，这里面就有着人们一定程度上的自觉活动。

　　又如，当资产阶级是一个先进阶级的时候，它在一定程度上掌握了生产关系一定要适合生产力状况的法则，建立手工业工场来改变小农生产经济，反对封建势力，要求民主，这也是一定程度上的自觉活动。

　　不过无产阶级跟过去历史上的先进阶级有着根本不同的地方：马克思主义理论已经揭露出社会发展的基本规律，社会科学已经成为一门系统的科学了。过去人类从来没有真正掌握到社会发展的基本规律，而只是预测到一点方向，朦朦胧胧地看到一点、摸到一点社会发展的趋势，或者在极有限的程度上运用了一些社会发展规律。所以，跟无产阶级比较起来，过去历史上的先进阶级也都是不够自觉的。这就好比：过去的农民也或多或少地摸着了一点稻子生长的规律性，也懂得怎样把橘子树接种，可以产生出新的品种来；但是，农业生物学，却只有在有了达尔文主义和米邱林学说之后，才成为系统的科学。而有了农业生物学的指导，农业生产就跟过去不一样了。

　　如果以为不掌握社会发展的规律就可以产生新的社会，那就会引导到盲目行动，引导到自发论。这是一种错误的理论。所以,我们说,没有马克思主义的理论指导,是不会有今天的工人运动和共产主义事业的。当然,按照客观社会的规律,马克思主义也是必然会产生,必然会来指导革命运动的。

九、意识的形式和发展

（1）第一个问题："动物有没有形象的思维？"

如果我们把形象的思维理解为表象的活动，那末动物是有的。但是，用"形象的思维"这个字眼，有时我们是指的人类的想象的活动或艺术的思维。就这个意义来讲，动物当然是没有的。动物不能想象，也不会进行艺术创作。

艺术的思维是理性的认识活动。这种理性活动的形式，跟科学的思维有着质的区别。艺术的思维在于运用想象力来把握那最足以反映事物本质的生动形象。它是关于人类社会生活本质的认识。而一切关于本质的认识都是理性的认识。我们将来讲认识论的时候会说明，人类的理性认识是有两种形式的。

（2）第二个问题："悟性是什么？"

悟性就是我们普通讲的"了解"。

在哲学史上，康德和黑格尔分别"悟性"和"理性"，还有更多的哲学家分别"知识"和"智慧"。这个分别（在马克思主义的认识论看来）的确是包括真实的思想的，但是同时也包括着错误。马克思主义只讲"理性认识"，而不用"悟性"这个字眼。

　　他们这种说法包含着什么样的真实的思想呢？理性认识是有着低级阶段和高级阶段的，"悟性"和"理性"的区别正包含着这个意思。这是正确的。就思想方法来说，理性认识的低级阶段是形式逻辑方法，理性认识的高级阶段是唯物辩证法。就科学发展来说，我们拿生物学做例子：生物学发展的低级阶段着重在动物、植物的分类学，发展到高级阶段产生达尔文的进化论，发现了生物界的最基本的规律，即自然选择规律，生物学真正成为体系的科学了。再拿化学作例子：当处于低级阶段的时候，化学家们发现一个一个元素，零零碎碎地发现了一条一条的化学规律，后来，门捷列夫开始把这些规律连贯起来，元素的内在的联系即元素周期律被发现了，这之后，化学就成为系统的科学理论了。所以，认识的发展是有着这样的低级的阶段和高级的阶段的。

　　但是为什么说他们这种分法是不必要的、是包含着错误的思想呢？

　　这就因为在康德和黑格尔分别悟性和理性，以及很多哲学家分别"知识"和"智慧"的时候，他们降低科学知识，而认为智慧、理性只属于哲学的领域。哲学应该是百科全书、无所不包，成为超越科学之上的"科学之科学"。这一种看法对于哲学和科学都只有害处，没有好处。例如照黑格尔看起来，到他的手里，才是真正掌握了理性了，其它各门科学都只是"悟性"的东西。这显然是完全错误的。

(3) 第三个问题："恩格斯在《自然辩证法》里面说，'我们的祖先猿是一种社会化的动物'①，社会化是什么意思？蚂蚁、蜜蜂也都形成集团，也都分工，是不是也都是社会化的动物呢？"

我们可以说蜜蜂、蚂蚁是社会化的动物，但是它们并没有形成像人类这样的社会。我们的祖先猿，是一群合群的动物，这一点对于人类后来形成社会来说是有着作用的。但是，人类社会有它的根本特点，即进行劳动生产。人类社会是在劳动生产的基础上形成起来的，这就跟一切其他的社会化的动物不同了。当然，这个形成人类社会的历史过程还有待科学家很好地研究，（尽管今天考古学家，人类学家已经作了许多研究，但是没有阐明的问题还是很多。）从猿到人的过渡时期是很长的，它经过一个很长的列宁所谓"原始群"的时期。

(4) 第四个问题："认识自己对于改造自己有很大的作用。辩证唯物主义说世界是可以认识的，那末我们自己当然也是可以认识的。但是，在我们的自我认识、自我改造的过程中间，常常不能够支配自己。受了外面的影响，常常做出很多错误的估计。这是什么原因？要怎样才能够正确地认识自己？是不是在于确立无产阶级观点？"

我想，这一个问题已经把问题本身回答了。但这是一个很有意义的问题，值得特别提出来谈一谈。

_____

① 参见恩格斯：《自然辩证法》，第 376 页。这里保留了冯先生引用的 1972 年版《马克思恩格斯选集》第 3 卷第 510 页的引文。于光远译本译作"我们的猿类祖先是一种爱集群的动物"。——增订版编者

古代哲学家们已经教导人们要"认识自己"。但是,"认识自己"的问题很复杂,人是一种有意识的动物,社会的动物,同时人还是一个生理学上的个体。"认识自己"包括着很多方面:如果要使我们在生理上健康,那就要请教医生,请教体育家;如果要使我们的心理健全,人格变得美化起来,那就应该请教心理学家、美学家……不过,我们通常所谓认识自己、改造自己,是要求自己在观点上端正起来。讲到观点的问题,那就是一个历史唯物主义和认识论的问题。

我们的思想观点,作为社会意识,是由社会存在决定的。社会存在是很多方面的关系,而基本的关系就是生产关系。

在阶级社会里面,生产关系是一种阶级的关系。因此,人们的思想观点就表现为阶级观点,阶级观点如果是先进的,它符合着社会发展的客观的要求,它帮助我们来掌握科学、来认识自己;反之,如果观点是反动的、腐朽的,那末它就妨碍我们来掌握科学和认识自己。所以,正确地认识自己的问题,在思想观点上来说,的确是一个确立无产阶级观点的问题,也就是确立辩证唯物主义世界观的问题。

我们学习了辩证唯物主义和历史唯物主义的科学,确立了科学的世界观,这就能够达到改造自己、提高自己的要求。但是,不能是教条主义地学习,而必须密切结合实际地来进行学习。必须结合自己的思想实际,结合自己的生活实际。同时,也不能把学习理解成为一帆风顺,没有波折、没有斗争。学习辩证唯物主义,一定要和资产阶级观点进行斗争。"不破不立"、"不塞不流",一定要进行自我批评。

十、关于范畴的一般问题

（1）什么是思维形式？为什么要把范畴和其他概念区别开来？

我们这里说的是科学思维的形式。科学思维的形式包括着概念、判断、推理。

推理是由判断构成的。例如：一个简单的三段论式："凡人皆有死，孔子是人，所以孔子有死。"这就是由三个判断，按照一定的推理关系，构成一个三段论。

判断是由概念结合而成的。例如："凡人皆有死"，这是"人"和"有死"两个概念结合而成的。所以，科学思维的形式可以归结为概念。科学就是运用概念来把握客观现实的本质的，就是运用概念的思维形式来反映客观现实的内容的。

一切的概念都有着双重的作用：一方面，它摹写现实；另一方面它规范现实。

就它摹写现实方面来说，概念或者是近似地、或者是歪曲地反映现实；或者是正确地、或者是错误地反映现实。

例如：数的概念是关于数量关系的摹写。"道德"这个概念则反映了人类的种种道德规范。

但概念又有它另一方面的作用。就它能规范现实来说，它可以作为"还治"现实的工具。

小孩子吃了苹果、吃了梨,妈妈告诉他说:"这都叫水果。"他获得了"水果"的概念。后来妈妈给他吃枇杷,这是他从来没有吃过的。妈妈说:"这是什么?"他想了一想:"这是水果。"这个孩子很聪明。这时候他就是拿"水果"这个概念来规范当前的现实事物了。

但是,各门科学里面的一些基本概念却是有特殊的重要意义,我们把它们叫做范畴。

从摹写现实来说,范畴是某个科学领域里面的最一般的客观存在的形式,所以它们能够摹写整个的科学领域里面的项目。而这些范畴之间的辩证的联系就构成为这一个科学领域的基本规律。

"元素"、"原子量"等范畴是化学领域里面的基本形式。它们之间的辩证的联系就构成为像元素周期律这样的化学的基本规律。

当科学家们发现了某个科学领域里面的范畴之间的辩证联系的时候,就是发现了这一个科学领域里面的基本规律,这就标志着这一门科学已经成为系统的理论了。

另一方面,就规范现实的作用来说,每一门科学的基本概念都具有科学方法论的意义,因为它能够规范整个的科学领域。所以,我们要把握某一门科学的研究方法,就必须把握它的范畴以及范畴之间的辩证联系。

要研究化学,就必须很好地、很透彻地把握元素周期律以及和元素周期律有关的那些范畴。

这一点,同志们只要结合自己的具体科学思考一下,就很容易明白的。所以,我们必须把范畴和其他概念区别开来。

而哲学范畴是最一般的概念。就摹写现实来说,哲学范畴摹写自然、社会和人类意识也就是摹写整个的世界,摹写一切具体科学的领域。哲学范畴的辩证的关系构成辩证法的规律。我们在这里讲了 7 组范畴,它们之间的辩证的联系都具有规律的意义。

例如:内容决定形式,而形式转过来——当它适合于内容的时候,就推动内容的发展;当它不适合于内容的时候,就阻碍内容的发展。这就是具有规律意义的。

现实的规律所提供的要素是现实所包含的可能性,而可能性要化成现实,就必须要具备一定的条件,这也是具有客观规律意义的。

下学期我们要讲辩证法的 3 个基本规律,就是从我们这里所讲的 7 组范畴中总结、概括出来的。也就是说,3 个基本规律是贯穿在 7 组范畴之中的。不过我们要说明,我们这里讲的范畴是不完全的,今天哲学家们对于范畴的研究很不够。这以上是一方面。

另一方面,从规范现实的作用来说,哲学范畴具有最一般的方法论的意义,它可以作为我们观察和研究世界的工具,研究一切科学领域的工具。我们研究任何问题,都必须从特殊和一般相结合来研究;都必须具体地分析具体情况,也就是分析各方面的条件,然后把它综合起来;都必须从现象深入到本质、从第一列的本质深入到第二列的本质;都必须从内容和形式的辩证关系来考察;……这些都是每一门科学必须运用的方法。当然,作为方法,作为正确思维的规律,又有它的特殊性。关于这一方面,我们下个学期在讲辩证逻辑的时候再来考察。

(2) 同志们问:"斯大林讲辩证法的 4 个特征,恩格斯讲 3 个基本规律,而我们这里又讲了 7 组范畴,这中间的关系如何? 为什么我们要按照这样一个次序来讲?"

斯大林在《联共党史》第四章里面讲辩证法有 4 个特征。我们应该了解,斯大林这部著作是一个通俗化的著作,它的任务不在于全面地阐述唯物辩证法这门科学。同时,它摆在《联共党史》里面,是为了要说明马克思主义政党在考察国家命运、革命前途,从而来制定策略的时候,运用的是什么方法。

方法和规律是统一的。不过,客观规律和主观方法毕竟又有区别。规律存在于现实之中,存在于客观世界之中,但是方法只存在于意识的领域。没有人类,没有意识的主体,就无所谓方法。

规律没有犯错误的问题,方法可以有错误。有形而上学的方法、主观主义的方法、唯心主义的方法。客观世界却并没有什么唯心主义的规律、主观主义的规律、形而上学的规律。

辩证规律作为思维的规律,是"正确"思维的规律,也就是正确的思维方法。只有正确思维遵守着辩证规律。那错误的思维、形而上学的思维,就不遵守辩证规律了。

方法是不是正确,就决定于它是不是符合客观的辩证法。唯物辩证法要求我们按照世界的本来面目来考察世界、研究世界,这就是"即以客观世界之道,还治客观世界之身"。

客观世界是不断地变化、运动着的。运动是物质存在的形式，运动是物质固有的特性。因此，我们在考察事物的时候，必须从运动、发展的观点来考察它。但是，运动并不是客观世界的规律，运动是一个哲学范畴。所以，斯大林讲的第二个特征并不是说的规律。

同时，客观世界的现象是彼此相互制约、相互作用、相互转化的，彼此是有机地联系着的。所以，我们在考察事物的时候，必须从全面联系的观点来考察，而不能够把事物孤立起来，割裂开来考察。客观世界的最一般的本质的联系就是事物发展的规律性。我们讲过，"规律性"这个概念和"规律"不同，所以，斯大林所讲的第一个特征不是讲的规律，而只是说事物是有机联系着的，它们的有机的联系就是规律性。

从客观辩证法来说，一切的事物是运动发展着的，这是最一般的形式；它们是彼此有机联系着的，这也是最一般的形式。所以，从主观的辩证方法来说，就可以举出这样两个特征来。

事物发展的辩证的规律性，我们不能够一下子把它把握住，而必须通过一个一个的形式，一条一条的规律来把握它。必须通过一个一个的范畴的研究，然后才能总结出它们的规律来。当然，我们今天对于范畴的研究还是很不够的。不过恩格斯在批判地接受黑格尔的辩证法的时候，已经为我们做了一个总结。他指出，辩证法的基本规律是 3 个：第一个是从量转化为质和从质转化为量的规律；第二个是对立面相互渗透的规律；第三个是否定之否定的规律。这是对于人类认识发展的一个总结，是哲学研究的一个总结。也就是通过黑格尔对于许多哲学范畴的研究之后的一个总结。

当然,把握了唯物辩证法的基本规律,我们又"即以客观世界之道,还治客观世界之身"。辩证规律转化为辩证方法。所以,斯大林在后面又举了两个特征。

在这以前,曾经有一些哲学工作者,由于个人崇拜的影响,硬要把哲学套在斯大林的这几个特征里面,这就使哲学发展受了很大的损害。我们今天讲的并不按照《联共党史》第四章第二节的次序。当然,我们讲的这个次序也不一定就是很好了,这还有待于哲学工作者和科学工作者共同努力来研究。

十一、单一、特殊和一般

(1) 首先,单一和特殊如何区别?

在英文里面,单一就是 Singular,特殊就是 Particular。

《水浒传》里面描写李逵,说他的皮肤是同铁牛一般的黑,筋肉像黑熊一般的粗糙,发怒的时候,头发同铁刷一样,使两把板斧,跟浪里白条张顺吵架,扮哑道童,向宋江负荆请罪等等。这一个单一的形象——李逵这一个个体,有着许多特殊的现象。从这个意义来说,单一的东西是特殊的东西的综合,而特殊的东西是单一的东西的分析成分。

从我们的语言方面着想,单一的东西是可以用"名字"来称呼的。这也就是《墨经》上所说的"私名"。李逵、宋江、勃朗宁夫人的狗"弗拉西"、巴甫洛夫的猿"拉法尔"、长江、泰山等等,都是可以用名字来称呼的。

而对于特殊的东西、特殊的现象,却无法用名字称呼,而只能够作一些具体的描写,或者作为一般的东西的事例来说明。这个茶杯的特殊的颜色,你能用什么名字来称呼它呢? 而它是白色的,那不过是作为一般白色的例子来说明罢了。

我们上次又谈到特殊性和一般性的相互推移。这是就另外一个意义来说的。一般性分成等级,相对于高一级的一般性来说,低一级的一般性作为它的例子,就成了特殊性了。

例如:相对于生物来说,动物作为生物的一种,就有它的特殊性。动物作为生物的一种例子,它和植物有区别,这就是特殊性,在这里,我们决不能够用单一性来代替特殊性。因为虽说动物相对于生物来说是特殊的,但是动物类是一般的。我们在这里并不是讲的单一的东西,不是讲的"弗拉西"、"拉法尔",而是讲的动物一般。

又例如:相对于内容和形式的辩证法来说,社会存在和社会意识的辩证法,生产力和生产关系的辩证法有它们的特殊性。社会存在与社会意识的关系,是内容与形式的辩证法的一个例子。(生产力与生产关系也是一个例子。)我们这里讲的是社会发展的一般规律。当然决不能够用单一性这个字眼去代替特殊性。

有一个同志的问题里面提到:"是不是可以这样说,一方面是具体的、单一的东西,另一方面是最一般的哲学的范畴,而在这中间,普通和特殊相互推移?"这个理解是完全正确的。是可以这样说的。

(2) 单一和一般有什么矛盾?

我们说单一和一般是相联系的,但是彼此之间又有不一致的情况。一方面,一般只是近似地包括着单一;另一方面,单一不完全地进入一般。这就是它们之间的矛盾。

在生物学上,物种是一般的东西。每一个物种都有它的特征,这些特征普遍于这一个物种里面的各个个体。但是,物种的共同的特征只是近似地包括着这一种的个体。很显然,物种和物种之间有变种,物种和物种之间的界限不是绝对的。

无产阶级有它的共性,即集体主义精神、反对剥削制度等等,这些是无产阶级的分子共同的特征。但是,这当然只是近似地包括所有的无产者。无产阶级在变化发展,当这个阶级还没有成熟的时候,它有着和小生产者很多的联系,直到今天,无产阶级也还是不断从小生产者中间补充队伍的,而且,无产阶级还要否定自己,阶级剥削正在消灭,阶级差别将来也要消灭,所以,我们讲到无产阶级的共性或共同的特点的时候,只是近似地包括各个历史阶段的无产者而已。

另一方面,单一并不完全地进入一般。单一的东西有它的个性,有它的特殊的东西。例如,张三是一个人,他参与了"人"一般;他是劳动者,又参与了"劳动者"一般,但是,张三作为人,作为劳动者,有他自己的个性,有他的许多特殊的现象,并不完全进入一般。

从认识论来说,单一的东西是具体的,一般的东西是抽象的。单一的东西是知觉的对象,一般的东西是抽象思维的对象。

从我们把握现实的本质的思维形式来说,单一的东西要靠艺术的思维才能把握,而一般的东西则要通过科学的思维来把握。艺术不能代替科学。科学也不能代替艺术。所以,尽管这两者是相互结合的,不可分割的,但是它们之间是有着差别、有着矛盾的。

(3) 为什么说没有一般就没有单一?

该同志问这个问题的时候举了一个例子:"在造出第一个表

以前,并没有一般的表,可见是先有单一。"

这个问题提得很好。但是说先有单一,后有一般,却是不对的。

单一和一般是不能分先后的。造出第一个表的时候,一般的表已经存在于这单一的表之中。它既然是一个表,它就有着一般的表的内容和形式,有着一般的表的现象和本质,有着一般的表的根据和条件。它是一个计算时间的机械工具。它把一天分成 24 小时,把一个小时分成 60 分钟,这都是表的一般的性质。而且,不仅如此,它跟过去人用的铜漏也有共同的地方,因为都是计算时间的;它跟一切的劳动产品也有共同的地方,它包含着"劳动"一般;它跟其他的一切物质的东西都有共同的地方,它也是物质的东西。离开了这些一般性,哪里还有一个单一的表呢? 所以,任何的单一的东西都不能够离开一般的东西。

(4) 本质和一般性有什么区别?

这两个概念也是被很多人混淆了的,以为一般的东西就是本质的东西。但是我们知道,一方面,单一的东西有它的本质,就是个性。所以,本质的东西可以是单一的东西。而另一方面,一般的东西可以只是一般的现象,在我们把握了一般的现象但没有把握这些现象的本质的时候,那就是只把握一般性而并没有触及它的本质。

例如:关于红颜色的一般的现象,我们只靠知觉就可以把握、就可以获得。但是关于红颜色的本质,却需要研究光学、心理学,才能够逐步深入地把握。我们说过,760 mμ 左右的光波刺激到人眼球的网膜,而后形成了关于红颜色的感觉。这才是说到它的本质了。

　　我们上次举昼夜循环、春夏秋冬的循环为例子,只是观察到这类循环,还并没有把握到它们的本质。所以,"一般性"这个概念和"本质"的概念是有区别的。

十二、因果关系，内因和外因

（1）因果关系是否一定有先后的顺序？地球自转是白天、黑夜的原因，这里面看不见有什么先后关系。

这个问题我认为提得非常好。事实正是这样，由于地球自转，因而就造成地面上的昼夜的现象；却并不能够说地球自转在先，形成昼夜在后。

人类对于因果关系的认识是有着一个过程的。我们说因果关系一定有先后的顺序，这是科学认识的低级阶段的话。在科学认识的低级阶段，因和果被认为是两个独立的存在，先有因，后有果，于是因和果就有先后的顺序。

例如：天下雨在先，地上潮湿在后；吃药在先，人的病痊愈在后等等。

但是，如果我们来深入地考察一下，这里面就颇有问题。

上次讲过了，在原因之前还有原因，在结果之后还有结果。我们深入地考察因果关系，因果关系就化为相互作用的图画。

我们追寻事物的原因，追寻下去，就只能够说事物之间的相互作用是原因。原因和结果之间有着相互的作用，有着统一性。没有这种统一性，就不成其为因果关系。

天下雨，然后地上潮湿，显然，原因和结果有共同的东西——

都是水。下了雨,水就到了地上,作为"原因"的雨,完全进入了地面潮湿的"结果"里面去了。人吃了药,身体恢复健康了,这里面就有着外因转化为内因,药转化为我们血液里面的东西,帮助白血球跟细菌斗争。所以与其说原因是一个在先的东西,倒不如说是一个在内的东西。

如果原因和结果是两个独立存在而没有相互转化、相互作用的话,原因就不能够发生作用,因此就不成其为原因。真正的原因必然是在事物内部的东西。

我们认识更深入的时候,会认为真正的原因是事物的内部根据(当然它和一定的外部条件相联系)。内部根据作为事物的原因,那就不是一个时间上先后的问题了。

我们说物质资料生产方式是社会发展的决定的原因,生产力和生产关系的矛盾是社会发展的内部的根据。这并不是说在时间上先有一个生产方式,然后另外产生一套社会生活。物质资料的生产方式自始至终地贯穿在人类的社会生活之中。

人们的社会生活是在物质资料的生产方式的基础上产生的,是"由此而生"的。一个是决定的,另一个是被决定的;一方面是基本的,另一方面是以基本方面为根据的。所以,在这里我们也可以讲先后关系,但只是理论上的先后,已经不是时间上的意义了。

同样,科学家告诉我们说,昼夜的现象是由于地球自转(而且它是绕着太阳转)而形成的,这已是说的昼夜现象的内部根据,的确是没有什么时间上的先后关系的。

(2)"事物发展的主要原因是内在矛盾",但是我们又说"一切以条件、地点、时间为转移",这两句话是不是有矛盾?

当我们说"一切以条件、地点、时间为转移"的时候,所说的条件包括内部条件和外部条件,也就是说,包括内在的根据在内(所谓根据就是内部的具有决定意义的条件)。事物的发展是以内外部的条件为转移的。而在内外部条件之中,内部的具有决定意义的条件,是事物发展的主要原因。所以,两句话并不是冲突的。

例如:资本主义社会的发展,它的最基本的条件是什么呢?就是资本主义的所有制和社会生产力之间的关系。当生产关系适合于生产力的时候,资本主义处于上升时期,这时候它具有一定的进步意义。而当生产关系不适合于生产力的时候,资本主义就进入下坡路了。所以,资本主义社会的发展首先是以它的内部的条件为转移的。当然,还有外部条件,我们说过了,也是有一定的影响的。

(3) 什么是单纯的外因? 为什么说单纯的外因只能引起数量的变化?

毛泽东同志在《矛盾论》里说:"单纯的外因只能引起事物的数量的变化。"[①]这话的意思当然不是说,离开了内因还有什么别的"单纯的"外因。外因不可以和内因割裂开来,外因和内因是相互制约着、相互转化着的。但是,在内部原因、内部根据没有发生根本变化的时候,单纯的外部条件的改变却只能引起事物的数量

① 毛泽东:《矛盾论》,《毛泽东选集》第1卷,人民出版社1991年版,第302页。

的变化。这时候，单纯的外部条件的改变通过内因而起作用，却并没有引起事物内部的根本变化。事物这时只有数量的变化，它处于相对稳定的状态之中，例如，外部条件改变了但并没有促使生物物种的新陈代谢类型发生根本变化。这时候，这个物种只有一些数量上的变化。当然，这些偶然的变异，积累到一定的程度，量变引起质变，那就产生新的物种了。

十三、内容和形式

(1) 第一个问题："内容和形式,现象和本质有什么区别,有什么联系?"

现象是本质的表现形态。一切的表面形式都是现象的某种结构,而内在的形式则是事物的本质的方面。

一个人的衣衫,头发的样式,姿势,——这些只是他的表面的形式,只是他的表面现象之间的结构。而一个人的思想观点,则是他作为社会的人的思想形式。一个人的生理形态,则又是他的生理上的形式:这便是属于他的内在的本质方面的了。

事物的本质是包含着矛盾的。内容与形式的范畴,是对事物本质的分析。可以说,一定的内容和一定的形式的辩证的统一,就是现实事物的本质。

(2) "能不能说人的思想对其生活内容来说是形式,而对其著作来说是内容? 其次,能不能说分子的结构对原子来说是形式,但对晶体结构来说,分子内部结构却是内容,而分子相互排列的方式是形式;对由很多晶体组成的矿石来说,这些晶体如何相混合是形式,但晶体的内部的结构却是内容?"

这个问题提得很好。同志们问:"能不能这样说?"答复是完全能这样说。

我们讲课的时候没有讲内容和形式的相互推移，而这个问题正好说明了这一点。

我们再举个例子说明一下：

社会生产力是生产的内容，而生产关系是社会生产的形式。但是，相对于政治、法律等等的上层建筑来说，和一定生产力相联系的生产关系是它的基础。因此，和一定生产力相联系的生产关系就成了内容，而政治、法律等等的上层建筑是它的形式。

经济基础通过政治对于哲学、艺术、道德等等的观点起决定作用。从这个意义来讲，政治是哲学、美学、道德等等的观点的内容，而哲学观点、美学观点、道德观点等是它的形式。而那哲学家又把他的哲学观点用著作表达出来，因此，他的哲学思想又成了内容，而他的著作是表达哲学思想的形式。可见内容和形式是相互推移的。

（3）其次一个问题："为什么说思想观点是形式，而物质生活是它的内容？谈到意识、认识、思想的时候，内容与形式应该怎样理解？"

在思想认识、意识的领域，内容和形式的问题有它的特殊性。客观的现实作为我们的思维的对象，它比起我们的思维的内容来说要丰富得多。思维的内容如果是客观的，它就是客观现实的某个方面、某些现象或某些本质的东西。但是，当我们说物质生活是思想观点的内容，观念是现实的反映形式的时候，物质生活并不全部进入思想观点，客观对象并不曾全部地被放在思想形式之下作为内容。

在生物学上,生理的机能(内容)是全部地进入它的形态(形式)的。在物理学上,一定的原子结构(形式)是和一定的质量,能量(内容)完全相适应的。

但是,物质生活却并不全部进入思想形式作为它的内容。虽然归根结底,客观现实是思想的内容,但是主观形式和客观内容达到一致是一个过程,每一门科学都是逐步地来揭露出客观现实的内容,而且总是老揭露不完。每一种思想观点总是或多或少地、这样或那样地反映了物质生活,但又总是反映得不完整、不充分。这是第一。

其次,意识作为形式,有它的相对独立的存在,我们知道,生物形态并不能够离开它的生理机能而获得独立存在的;原子结构也并不能够离开它的能量质量而独立存在的。但是,人类有语言文字来表达他的思想内容(也可以用颜色、线条等等来表达),并且可以由社会传递下去。人类有精神生产。一切精神生产的产物,都是以思想为内容、以物质的形式为外壳的。正因为有了物质的外壳(语言、文字等),所以思想可以有相对独立的存在。

一本著作包含着思想内容,这思想内容是这样或那样地反映了客观现实的。但是,这一本著作既已取得了书籍的外壳、文字的外壳,它就可以相对独立地存在下去,被保存到后代。而且,由于社会分工,有一些人专门分化出来搞文化工作、科学工作、艺术工作。他们不断地对前一辈人遗留下的思想材料加工,并且又添加新的思想材料进去。在谈到思想意识的发展的时候,如果不估计到这种相对独立的发展,就要犯极大的错误。思想意识里面很多的东西,在现实里面没有基础了,但是它还会保存着的。

第三,意识有它的特殊的能动性,在某种意义上甚至可以说,它能超过现实、超过内容。这不是说形式不为内容决定了,一切的思想、一切的科学理论,归根结底,是从现实中间取得的,思想的根源在于现实。但是,理论既经产生,观点既经形成它就可以在某种意义上来讲超过现实。

马克思和恩格斯创立了科学的社会主义的理论,当然,它来源于当时的经济事实,是为当时的物质生活的内容所决定的。但是,这个理论却预见到百年后的事情,预见到今天的事情,所以,它在一定意义上来说,超过了内容。如果机械论地说,形式一定落后于内容,意识一定落后于存在,那就完全错误了。

意识之为意识,就在于它能够把握客观现实的发展规律,预测发展的方向。这就有了它的特殊的能动性。

就意识的根源性来说,它是被物质决定的,内容决定形式。但是,就意识的反作用来说,意识在一定程度上可以超过内容。

(4) 再其次一个问题是跟上面的问题有关的:"语言有什么矛盾?"

语言作为思想的物质外壳,它和思想内容有矛盾。当语言适合于思想内容的时候,它就成为思想内容的推动者了,能够促进思想发展。但是,当语言不适合于思想内容的时候,语言可能离开现实而飞去,离开思想内容而飞去,这就会产生废话、谎话,胡说八道。这就阻碍思想的发展了。我想,就语言来说,这是一个带根本性质的矛盾。

其次,语言的规律和规则就是语法。语法和逻辑紧密地联系着,而又有矛盾。逻辑是内容的方面,语法是形式的方面。语法具有民族形式,而逻辑内容却是全人类共同的。逻辑不是民族性的东西。语言的民族形式如何地表达了逻辑内容,我想,这也是语言中间的一个带根本性质的问题。

我对语言学没有研究,这里讲的两点也不一定妥当。

十四、必然性和偶然性

(1) 必然性和规律性有没有区别?

当我们说到规律性的时候,是指事物之间的一般性本质的联系。

就科学的领域来说,事物之间的本质的联系就是规律性。规律的特点有两个:一个是一般性,另一个是必然性。必然的联系就是指事物之间的本质的联系。但是我们讲过,本质的联系可以不是一般的联系。

我们刚才讲到李逵,在《水浒传》中,每次当宋江很谦逊,一定要让位的时候,李逵就跳出来:"哥哥做大宋皇帝也可以,为什么老是让来让去? 各自散伙算了!"这在李逵是必然的,这样的现象揭露了李逵的个性,揭露了他内在的本质,但是这里面却没有规律的意义。所以,必然性和规律性有区别。

就科学的领域来说,我们讲规律性都是必然性。但是在艺术的领域讲必然性,就没有规律意义。

(2)《自然辩证法》里面说:"偶然的东西正因为是偶然的,所以有某种根据;同时也正因为是偶然的,所以也就没有根据。"[①]**这话怎样理解?**

这是黑格尔的话。黑格尔的意思是说,偶然的东西既然是

_____

① 恩格斯:《自然辩证法》,第 94 页。

"偶尔有之"的,那末它就没有事物的内部的根据。这是一方面。但是同时,既然它是"有"的,它是客观存在的,那末它就一定有某种根据。这是另一方面。

我们可以举这样的例子来说明:人类必定有死。张三必定要死的。这有内部根据,但是,张三在某一天被雷打死,这对于张三来说却毫无内部根据。如果以为张三被雷打死是根据张三的本质,他注定要被雷打死,那就变成宿命论的说法。这是一方面。

可是,从另一方面来说,这个事情是两个因果链锁的交叉。张三这一天有事情跑出去,跑到一棵树下面,下大雨,打雷了,刚巧就打了他。这事情的发生有因果关系可寻,是完全可以理解的。所以,这偶然现象在张三身上虽然没有内部根据,但它的产生依然是有原因的,依然是有理由的。

(3) 为什么说宿命论者强调必然性,其结果却把必然性降低到偶然性水平?

宿命论者把一切说成是必然的,把一切微末的细节,偶发的细节都说成是必然的,这就是不区别本质的联系和非本质的联系,不区别有内在根据的东西和没有内在根据的东西。

读旧小说常常碰到一句话"一饮一啄,莫非前定"。我今天吃了一个枇杷也是老早就规定的,我这里喝一口水也是老早就规定的,我这里举一举手也是前定的。这等于什么呢?这就是取消科学,也就是把必然性降低到偶然性的水平。

我们上次讲过列子的《力命篇》有这种观点,庄子在某种程度上也有这种观点。例如,庄子《德充符》说:"死生、存亡、穷达、贫富、贤与不肖、毁誉、饥渴、寒暑,是事之变、命之行也。"(《庄子·德充符》)这个人有一点名誉,或者被人诽谤了几句,或者受了点寒,或者发了点热,或者饥了、渴了,都是"命"也。动一个念头是因为非动这个念头不可;不动这个念头,是因为非不动这个念头不可。这样会引导到什么样的人生根本态度呢? 就是庄子说的"知其不可奈何而安之若命"(《庄子·人间世》)。因为一切既然都是命定的,那人力还有什么作用呢?

(4) 怎样正确地理解偶然性对于社会发展、个人命运的影响以及个人在历史上的作用?

社会发展有它的必然的规律,先进人物在一定程度上把握了社会发展的规律,他的行动在一定程度上符合社会发展的要求,因此他对历史起着好的影响、积极的作用。我们今天的革命领袖,我们的先进的生产者,我们的模范教师等等,他们的行动都是符合社会发展的要求,起着积极作用的。但是个人之间有着无数的偶然的差异,这种偶然性在历史发展中间也起一定作用。当然,历史发展是主要的,决定的方面是必然性,但是偶然性在历史发展中却也有一定的地位。

马克思和恩格斯对人类历史发展起了很大的作用,这是因为他们掌握了社会发展的规律,他们的活动代表了社会发展的方向。但是,马克思、恩格斯都有他们的偶然性。不讲别的,单拿文体来说。马克思的头脑是非常严密的,他写文章的时候要尽量地讲究文体的美和文章的逻辑性。这是个偶然的特点,却也影响到后一辈的马克思主义者。恩格斯的头脑很敏锐,马克思对于他的朋友的这一特点非常佩服。恩格斯善于用很简单的语言,把一个问题说得很深刻。恩格斯身上的这种偶然的特点,也影响后一辈的马克思主义者。

斯大林曾经在国际工人运动和苏联社会主义建设中起过非常大的作用,他有很巨大的贡献。但是斯大林有一个坏的个性特点,他不够谦逊,这就鼓舞了个人崇拜的庸俗作风。由于小生产者的习惯势力,由于资产阶级思想的残余影响,就必然有个人崇拜的庸俗风气;但同时,无产阶级必然会克服这种旧社会遗留的腐朽的影响,必然会把它消失。这个必然性,斯大林绝对无法改变,他个人力量无法挽回历史,但是,他不够谦逊,就使得个人崇拜的风气嚣张了,使得无产阶级克服个人崇拜的时间拖长了一些。所以,领袖人物的特点,也影响到(加速或者延缓)历史的发展。当然,历史发展的基本途径、历史发展的必然趋势,是任何伟大人物都不能改变的。

个人命运中充满着偶然性。我们应该用什么态度来对待它呢?我想,我们在这一点上面很可以学学孟子。尽管孟子是一客观唯心主义者,但是孟子的书里面有很好的教训。孟子说:"口之于味也,目之于色也,耳之于声也,鼻之于臭也。四肢之于安佚也,性也。有命焉,君子不谓性也。"(《孟子·尽心下》)我们的口喜欢吃好东西,眼睛喜欢看美的颜色,身体喜欢安逸,这也是人的生物学上的本性。不过在这里有"命",就是有偶然性。孟子以为我们只应该讲"命",不应该强调"性"。这样来处理个人生活上的一些问题,我想,是很好的。吃东西,多吃一点,少吃一点,关系不大。不要斤斤计较待遇地位等等。

孟子又说："仁之于父子也，义之于君臣也，礼之于宾主也，知之于贤者也，圣人之于天道也，命也。有性焉，君子不谓命也。"（《孟子·尽心下》）天道就是客观世界的规律。丰富自己的智慧，提高自己的道德品质，这里也有偶然的遭遇。但是，我们不应讲"命"，而只讲"性"，努力来提高自己的道德品质，努力来掌握客观世界的规律，并依据规律来行动。这是我们本性的必然要求，而并不一味归之于偶然。自己学习不好，便抱怨说："没有得到好导师没有碰到好机会。"这便是自暴自弃的话。

十五、关于认识论和辩证逻辑的一些问题 *

（1）如何从认识论的角度来理解形式逻辑和辩证逻辑的关系?

形式逻辑和辩证逻辑的关系,是和认识论上具体—抽象和抽象—具体之间的关系有关的。具体—抽象—具体是马克思吸取了黑格尔的知性与理性的理论的合理因素的结果。但我们的观点与黑格尔有很大的区别。首先是唯物论与唯心论的区别。其次,我们把具体—抽象—具体的过程看做是相对的,而黑格尔则把知性上升到理性看做是终结于他的哲学的过程。我们认为各门科学和哲学一样也有具体—抽象—具体的过程。达到具体是相对的。黑格尔摒弃了经验论的无限,说它是"坏的无限"。但我们承认作为没有穷尽的过程的无限。

黑格尔把形式逻辑说成是知性逻辑,辩证逻辑是理性的、思辨的逻辑。我把形式逻辑和辩证逻辑看做与同一个思维运动过程中的相对稳定、与对象一一对应关系的方面和绝对运动的方面相当。我们说的形式逻辑不等于黑格尔的知性逻辑。辩证思维

＊ 这是作者于 1983 年 12 月 15 日为华东师大政教系马克思主义哲学专业硕士研究生作的答疑,由童世骏记录、整理,未经作者本人审阅。

也包含相对静止，也要遵循形式逻辑。

思维从具体到抽象又从抽象到具体，各需要一些逻辑方法。具体到抽象阶段所需要的低级的逻辑方法，也需要研究。这些方法也包括从抽象到具体的过程中的逻辑方法。

辩证逻辑是认识史的总结，一个认识过程比较完整、达到了具体真理的阶段，这整个过程就体现了唯物辩证法的体系。

形式逻辑作为一门科学，它本身要经历具体—抽象—具体的过程。过去的形式逻辑受到黑格尔的指责是理所当然的。整个体系缺少内在的联系。当然这种批评有点过分。现代的形式逻辑可以说到了具体的阶段。但它同时又在分化，每一个分支又要经历从抽象到具体的过程。

辩证逻辑也要经历具体—抽象—具体的过程，达到辩证法、认识论和逻辑的统一，便是达到具体的阶段。而这种统一又是相对的。在每一个问题上的讨论也经历了这样一个过程。

（2）如何理解相对主义和逻辑的关系？

相对主义没有逻辑，这个思想是黑格尔的。讲逻辑思想史时，不能避开相对主义的逻辑思想，而且应该承认相对主义、怀疑论的逻辑思想在一定历史条件下有其历史意义。从认识史来说，有一对很重要的范畴，即绝对和相对；而经验论和唯理论的对立之外，又有怀疑论与独断论的对立。在逻辑思想史上，在从具体到抽象的过程中，要运用形式逻辑，如果把其中的任一原则绝对化，就成为独断论。于是就需要怀疑论、相对主义。但怀疑论、相对主义本身不可能建立逻辑学。因为它否认了思维与对象之间的一一对应关系,这样就使语言、思维成为不可能。

(3) 如何理解具体概念所具有的理想形态?

这里的"理想"是用其广义,即德国人的用法。科学领域中的理想是指工程设计的蓝图、科学的系统理论、人们周到地构想出来的具有一定程度的形象性的东西,都叫理想形态。这里体现了人的本质力量的对象化。达到具体真理的理论,总有理想形态。当然并非说凡有理想形态者便是具体真理。

具体概念中有理想形态,是否就意味着有主观的成分呢?"主观的"一词有歧义。"主观性"不好,但真理总有主观的成分。具体概念中如果有主观性的东西,就不是真理。黑格尔的"理性的机巧"的观点是很对的。理性的目的的实现的条件是理性本身不加入客观对象的过程。

理想实验的"理想"与"理想形态"的"理想"不同,但爱因斯坦的理想实验所依据的是系统的理论,而系统的理论是有理想形态的。所以两者在这里是一致的。

(4) 如何理解外延为零的概念?

外延为零的概念中的一些,从科学理论中所处的关系来看,是反映了事物的本质联系的。另外一些并非客观实际的反映,但还是可以从客观实在上来解释的。

(5) 辩证逻辑和形式逻辑对部分与整体的关系的看法有什么不同?

传统形式逻辑把类和分子等同于整体与部分的关系,但就是在传统逻辑中也可以把这两者加以区分。在辩证逻辑中,也要遵守形式逻辑的规则。但又要指出这里有一个辩证的关系:部分可以发展成为整体,不能把整体大于部分绝对化,有机的整体不等于部分相加,辩证逻辑要超出形式逻辑。

(6)《逻辑思维的辩证法》一书为什么要在讲辩证逻辑的时候讲伦理?

辩证逻辑并不是一般地讲伦理。辩证逻辑讲当然之则(现代形式逻辑也从形式上研究伦理规范),着重考察当然之则与必然之理之间的关系,即理与义的关系。但并不研究道德规范本身。

当然之则可以是手段,但也不一定。手段与目的的区分是相对的。必然之理也可以作为手段。

(7) 如何理解"呈现"与"现象"之间的区别?

认识论上讲"呈现"是呈现于感官之前的。呈现都是现象,但唯物论讲现象不限于呈现。一切自在之物都有其现象。把呈现与现象等同就会发生休谟、康德所发生的问题,他们就是把这两者相等同。我们研究物质世界的现象,这些现象在没有人类之时就存在了。我们可以通过理论、规律来推知这种现象。现象呈现于人们面前,进入了感觉的领域,便具有了主观形式。所以,现象与呈现有其形式上的差别。

(8) 如何理解实体和作用这对范畴?

实体和作用这对范畴,中国哲学家比西方哲学家讲得多。体用不二的意思是实体自我运动,作用是实体的自然表现。这个观点确实标志着人类认识达到了一个因果认识的新阶段:实体作为内在的原因。这个观点在现代科学中越来越显得重要。场与实物粒子的关系基本上是实体与作用的关系。当代遗传学的一些问题也要以此来解释。

实体和作用的范畴和内容和形式的范畴相近,但意义不完全一样。唯物论把客观实在看做感觉的原因,但用原因和结果来解释主客观关系会导致怀疑论与唯心论,因为因果不能比较,应该用内容和形式的关系来解释。在中国哲学家那里即"体"、"用"关系。形神、心物都用"体"、"用"关系来解释,这个讲法避免了因果两分的说法,但不能否认感觉在主观方面的差异。这里就有一个形式和内容的关系。"体""用"不二强调主客观的统一。对主客观的差异,要用内容与形式的范畴。体用、内容与形式都是要说明因果不是两项,这是从理论上对感觉与客观对象之间的关系的分析,但归根结底要用实践来检验。感觉和实践是统一的。

金岳霖《知识论》讲课提纲

1985 年 3 月 21 日至 1986 年 3 月 21 日,作者在华东师大政教系中国哲学专业博士生讨论班上(参加者还有该系的一些教师)讲金岳霖《知识论》,一共讲了 8 次。当时没有作系统的录音记录,所以我们只能收入作者为自己准备的这份讲课提纲,根据讲课内容为每讲加上一个标题,并以注解的形式补充听课笔记中的有关内容(听课笔记由童世骏提供)。以讨论班的形式来培养博士生和青年教师,是作者在晚年从事的主要工作之一。在这个讨论班上,作者要求参加者不仅听他讲课,而且积极参加讨论,并提供自己的研究报告在班上宣读。除了他自己的《智慧说》之外,作者还系统地讲解和主持讨论了金岳霖《知识论》、《论道》和《罗素哲学》3 本书。关于采用博士生讨论班这种形式,作者在金岳霖《知识论》讨论班开班的时候作了如下说明:"举办这个讨论班的目的之一在于养成一种好的学风,自由地进行哲学思维。通过讨论班的形式积累资料,形成队伍,写出几种有影响的论著,成为研究中心,甚至成为博士后人才中心。这个目标相当遥远,但要有雄心壮志。要努力培养同这个时代相称的哲学家,一个国家、民族、时代如不能产生第一流的哲学家,就是没有光辉的。"

第一讲
感觉和实践[①]

（一）感觉能否给予客观实在

正宗的出发方式：P.42[②]。

唯主的出发方式的两个缺点：P.72。

被知者的实在感的分析：P.99—112。

（二）所与是客观的呈现

正觉与客观的呈现：P.130—134。

因果说、代表说：P.134,135。

存在即被觉说：P.136。

（三）在社会实践的基础上加以阐述

证实：

（1）实践对付个体，肯定对象独立存在，以物质力量对付。认

[①] 这一讲讨论《知识论》第一章"知识论底出发方式"、第二章"本书出发方式底理由"和第三章"所与或知识底材料"。

[②] 作者讲授《知识论》，所用书本为商务印书馆 1983 年版。该"讲课提纲"中的页码，均为该书页码，下不再一一注明。

识只有在它反映不以人为转移的客观真理时,才能成为对人类实践有用的。实践标准必然得出唯物主义。对被动、主动的分析。

(2)实践肯定"有正觉"。

校对:P.177—182。

(3)"当我们按照我们所感知的事物特性来利用这些事物的时候,我们的感性知觉的正确性就受到了检验"①。

(4)不过实践检验仍以感性能给予客观实在为前提。

(四) 我引入了中国哲学的"体用"。这不是循环论证。②

---

① 恩格斯:《社会主义从空想到科学的发展》,《马克思恩格斯选集》第3卷,第702页。

② 作者在讲课时对金先生的感觉论的贡献和他在此基础上做的工作作了以下解释:"金先生的感觉论有两大贡献:对对象的实在感的细致的分析,以及在此基础上得出的'所与是客观的呈现'的理论。金先生虽然不是彻底的唯物主义者(他没有实践的观点),但他的著作可以使我们在目前的马克思主义的感觉论的基础上推进一步。我在金先生的基础上提供的新东西是:1)把他的理论放在实践的基础上。把能所关系与知行关系放在一起讲。从'知'来说,'能'对'所'是被动的;从'行'来说,'能'对'所'又是能动的。只有通过对外物的如实的认识,才能有效地指导实践;只有通过对外物的能动的改造,才能正确地认识对象。唯物主义的前提是在实践和认识的反复过程中不断地获得证实的。金先生也注意到对他的观点需要加以证实。实践对于唯物主义前提的证实不是直接的证实,而是通过对每一个具体认识的每一次证实而进行的。这种证实不能理解为归纳的论证。实践之所以能够成为检验标准,是因为肯定了与实践不可分割地联系在一起的感觉经验是客观的呈现,是可靠的东西。这在形式逻辑的观点来看是一个循环论证。不要回避这个问题。但这本来就不是形式逻辑的问题,而是一个辩证法的问题。就像列宁的物质定义一样。列宁的物质定义也只是一个认识论的开端,但它并没有证明世界统一原理。世界统一原理是长期的实践和科学发展的证明的结果。2)在接受'所与是客观的呈现'的基础上,我用中国古代哲学上的一对范畴,即'体'和'用'来解释他的这个观点。中国哲学史上很早提出体用范畴并用它们来解释神形心物关系。因果说可以初步接受,但不能把因果分割开来,看做不同的项,而要把它们看做是体和用的关系。'体'即实体,实体是自身运动的,'用'就是实体自己运动的表现。用体用讲形神关系,是范缜的贡献,用体用来讲能所关系,是王夫之的贡献。感觉既是形(体)自身所具有的神(用),又是'所'(体)自身所具有的'能'(用)。"

第二讲
概念的双重作用①

(一) 抽象作用

休谟把"抽象"否定了：P. 228。

"以一范多"，"以型范实"：P. 229—231。

我改成"以类行杂"、"以微知著"。实际上是用前一句概括金先生的意见，而加上"以微知著"。主要是为了说明概念有从前科学概念到科学概念的发展过程。

(二) 概念的双重作用

以抽象的治具体的：P. 355。

摹状：P. 356,358。

规律：P. 364,366。

二者的综合：P. 384—385。

(三) 金先生的贡献及其局限

"以不变治变"：P. 394,395。

动的思想与静的思想：P. 303,306,337。

---

① 这一讲讨论《知识论》第四章"收容与应付底工具"、第五章"认识"、第六章"思想"和第七章"摹状与规律"。

第三讲
知识经验的必要条件[①]

(一) 逻辑是知识经验的必要条件

P.406,407,409。

思想律、思议原则。

同一律:P.414,415。

排中律:P.415。

矛盾律:P.416。

(二) 归纳原则

1. 休谟问题:1)有无把握保障将来会与以往相似,担保将来不会推翻归纳原则? P.417、419、421。2)归纳原则不能由归纳得来,P.451、452。休谟用习惯来解释。

2. 归纳包含一个跳跃。P.429。

归纳原则永真。P.444,445,446。

在时间打住这一条件下,P.448,449。

时间不会打住,P.449,450。

---

① 这一讲讨论《知识论》第七章"摹状与规律"和第八章"接受总则"。

（三）讨论

1）归纳原则是接受总则。P. 456, 458, 461。

2）秩序问题：对休谟、康德的批评。P. 464, 465。

所与底能觉底秩序一定会有：P. 466；事实没有矛盾，P. 469；积极的秩序，P. 469。①

---

① 作者强调在形式逻辑和归纳原则之外还应该把辩证法看做是知识的必要条件，他说："在我看来，接受总则包含归纳但不止于归纳。金先生对归纳原则的表述和论证是有价值的，表明他已经从实证论那里走出来了。他不但把形式逻辑而且把归纳逻辑当作知识经验的必要条件。但更全面些说应该把形式逻辑和辩证逻辑都当作知识经验的必要条件。金先生说'归纳原则是接受总则，在此总则之下有大纲有细则。'辩证法作为接受总则就是提供金先生所谓'大纲'。""哲学发展到现在，不但提供了形式逻辑，而且产生了辩证法。但辩证法还很笼统。要作具体的论证才能达到具体真理。用形式逻辑的论证可保证被论证的观点与已有的知识不矛盾，但这对于达到具体真理来说只是很起码的一步。还需要进一步的方法。这就是辩证逻辑。"

第四讲
本然、自然和经验①

（一）本然与自然

1. "本然的现实"，P. 477；"无观"、"无对"。P. 478。

所与是本然的现实。P. 478，480。

2. 官觉类的共同世界与特别世界＝自然界。

P. 483，P. 484，487，P. 490。

官觉者的特殊世界。P. 488。

讨论："官觉类"的说法是否妥当？

"本然的现实虽不能觉，然而可以知"：P. 477

随着科学技术进步，也可能觉。（在一定意义上）

（二）自然与经验

1. 化本然为自然，化自然为事实。P. 493，497。

能与所。P. 497。

2. 自然界中的普遍与特殊：牵扯与接触，P. 500。

3. 自然律：

---

① 这一讲讨论《知识论》第九章"自然"。

名言世界。理之分。P.503。

理有固然,非必然。当然

4. 科学方法。P.508,513。

讨论:理有固然,"大约"问题。P.509。

(三) 化"自在之物"为"为我之物"

随实践而发展的认识过程:金先生只讲了由具体到抽象,而没有由抽象再上升到具体。"本然的现实"可以具体地被把握,达到主观与客观、认识与实践的具体的历史的统一。"为我之物"即"人化的自然"还体现了人的理想。

第五讲
时空和度量①

（一）时空

1. 时空问题已争论了几千年。经验论、唯理论有不同的时空观念，Kant 的二律背反揭示了矛盾。相对论否定了绝对时空，指出"同时性"的相对意义。发生在两个不同地点的事件，在一个惯性系统看来是同时的，在另一个惯性系统看来就不是同时的。金先生试着解决经验论与唯理论、牛顿与爱因斯坦的矛盾。他区别个体与非个体的时空。P. 530,531。

他又讲川流的时间，居据的空间与架子的时空。

P. 534 的比喻。P. 536,538。架子的时空是应付川流与居据的工具。

2. 关于"无量"，P. 543,545,548,549。

"川流无始终，而架子有极限"，P. 551,552。

时面、空线，P. 554。

---

① 这一讲讨论《知识论》第十章"时空"和第十三章"度量"。

（二）度量

1. 时空概念的双重作用：抽象地摹状 567。

规律，P.567,568。

川流或居据的度量：P.570。

时空度量是最基本的，P.572。

2. 度量自成一系统：P.688,689,P.706。

运用单位的方法依据理：P.694,720,721。

3. 以度量形容性质：P.703,704。

但不是化质为量。P.709。

（三）对"手术论"的批评

操作主义说"任何意念都是一套相应的手术"（P.523），以为概念的意义在于告诉人们怎样去行动，而不在于是否反映实际，他以为"名词的真正意义在于人们用它作什么，而不是说它些什么"。他把概念看做是"许多相应的操作的同义语"。他所谓操作不限于实验室操作，也包括借助语言文字来操作，他用这种观点来否定许多哲学、科学概念的意义。

批评：

1）"手术论不能普遍地引用"，P.526,527。

2）手术论是约定论的推广，P.724,725。

度量的根据是客观的。

《论手术论》一文还作了细致的分析，指出：没有严格的唯一手术，概念定义就不严格（P.8），通常以为证实就是表示思想与事实符合的手术。这就要求证实中的证据是独立的，不

是思想所产生的。(P.17)照手术论所说,证实只是一致而已。(P.18)

× × ×

金先生的时空与度量理论有其合理因素,富有启发意义。[①]但架子的时空却具有形而上学倾向,似乎离开川流、居据另有个静止的时空架子,那是绝对的。科学越来越深刻地揭露时空的本质,关于时空的概念是发展的,关于时空的度量越来越精密。但是本质联系不能离开客观实在,并没有离开具体时空而存在的时空架子,时空架子只是概念的抽象,是否对时空形式的本质的反映呢?"无量"的概念是经验论的,而架子有极限的说法是唯理论的。猴子打字之喻,没什么意义。因为无本质联系。而数学中的极限方法,则是反映了本质的。无限分割,其极限是"点",这是对的。"无极而太极",只是思辨的虚构,无法证实。

但无限分割说明在无限前进中可达到绝对的东西,也就是把握无限。有限和无限的矛盾,在无限前进的运动中展开,不断获得解决。就认识过程来说,每次达到主观与客观具体的历史的统一,就是在相对中揭示了绝对、有限中揭示出无限。对时空的认识也是如此。

[①] 作者在讲课中对金岳霖《知识论》中第十三章"度量"作如下评价:"'度量'一章在《知识论》中是最有特色的部分,正像金先生自己所说的,'度量最能表示本书主旨'。"在讲课结束时,作者再一次强调,"'时空'和'度量',这两章的思想是很丰富的,值得好好钻研。"

第六讲
有关"类"和"故"的一些范畴[①]

这两章讲的是"类"、"故"的范畴。[②]

(一)"性质、关系、东西、事体、变、动"

都是作为安排方式提出来的。P.631,633。在时空格式之后讲,实际上都是关于"类"的范畴。

1. 对一所与单独地有所云谓,表示性质。P.580,583。

"不同的有"。

个体不可觉。P.584,585。[③]

---

① 这一讲讨论《知识论》第十一章"性质、关系、东西、事体、变、动"和第十二章"因果"。

② 作者原注:关于度量、类、故、理、语言等,可在《逻辑思维的辩证法》中讨论。但"时空"与"范畴",在"知识经验"中应讨论。

③ 作者在讲课时对金岳霖此处的观点作了如下评价:"这里区别了几个概念:个体、殊相、共相。把握共相的是 conception,把握殊相的是 perception。个体不能为 perception 所把握,但可以思议。把握个体就是把握具体个体所具有的共相关联。这里有说过头的地方。但确实,一个 concrete individual 不是靠感觉完全把握得了的,而要靠思维、靠想象(文学艺术的任务就是把握个体)。但说感觉知觉中没有关于个体的认识是片面的。感知是在实践中获得的,而实践就是把对象当作个体来对待。要使认识成为具体的认识,光靠感觉是不行的。"

什么是关系？P.587。^①

关系的分析，P.593。

"无量推延"，596，597。

2. 东西。P.601，事体。

3. 变不可能问题。617，619。

动不可能问题。625。

(二) 因果^②

1. 有间无间问题：P646，647。

2. 时间问题：P.653，657，659，664，665。

3. 因果的背景问题。P.668，669。^③

4. 必然问题。P.681，683。^④

---

① 作者在讲课时说："把'性质'和'关系'的范畴并提，有一个逻辑学上的背景：类运算和关系运算。对一个所与单独地有所云谓，所云谓的是性质。对多数所与联合地有所云谓，所云谓的是关系。"

② 作者对金岳霖《知识论》中第十二章"因果"的评价是："这一章在金先生《知识论》中是最有代表性的部分，表现出金先生的精深的逻辑分析。"

③ 作者在讲课中说："因果背景的问题，朴素辩证法注意到了。他们讲了很多关于有机联系、相互作用的话，如体用不二之类的。但如果只讲到这一点，就等于否认因果律，毫无用处。科学要求的是把一条条的因果律划分出来加以考察，对因果律实现的背景进行具体研究。但这样区分又有局限性。金先生的观点可以给我们很大的启发。"

④ 作者在讲课中说："'理有固然，势无必至'这个思想对于必然与偶然的区分、决定性规律与统计学规律的区分有重要意义，合理的成分很多。"

第七讲
事与理、语言和哲学①

(一) 关于事与理

官能化本然的现实为所与,知觉化自然的所与为事实。

事实界有秩序,即现实固有的理。

理论与发现事实。P.778,779,780。

1. 我用动态考察代替静态分析:事与理的矛盾运动表现为发现问题与解决问题过程,通过意见、观点的论争,认识与实践反复不已,于是科学由具体到抽象,又由抽象到具体。

2. 我还把"理论化为方法"的思想展开了,与"哲学三项"结合起来,讲两种逻辑。

(二) 关于语言

1. 字有四个必要条件:1)语言文字是客观的所与。P.786。2)样型与凭借的统一(P.789之例)。3)字有意义,还蕴藏有情感、意味。4)是语言中的份子。文法。P.802—803。

对约定论的批评(关于逻辑)。

---

① 这一讲讨论《知识论》第十四章"事实",第十五章"语言"。

撇开想象,只就思议说:思议结构不受语言文字支配。但不独立于表示工具。P.828,829,830。

2. 字有情感上的寄托,蕴藏着意味,P.796,799。

"诗差不多不能翻译",P.816。

"哲学文字不容易译",P.816,817,818。

×　　×　　×

☆ 哲学用理论的思维方式,要用语言文字表达,如何才能给人理想、原动力。庄子用寓言、卮言,理论思维与形象思维结合。有3点可说:1)哲学的概念、范畴要有深厚的传统,并富于时代的气息。这是个困难问题,特别是在今天的中国。语言文字经历了一次很大变化,中国哲学概念本来多用单字及其结合表示,如天、人、道、德、性、命等单字,互相结合,成天人、道德、性命等。到近代,词多半成复合的了,如自然、物质、精神等。从内容说,有些包含有比较多的旧时代的情感、气味,如天命、礼教等。不能原封不动地搬用原有范畴,但也不能割断历史。要推陈出新,使范畴富于时代气息,概括新的科学成果。2)理论要具体,取得理想形态,可以利用一点寓言,更重要的在于体系化,学有宗旨、有头脑,并得到多方面的认证,进而对社会理想提出方案,为理想人格的培养指出途径。3)要身体力行,不能言行不一。哲学应在自己所从事的领域中加以贯彻,在科学研究、艺术创作、教育工作中,在日常生活中努力贯彻。真正的哲学就是人格的体现。

☆ 语言用以表达具体,总有"言不尽意"的问题。语言艺术如何克服这一矛盾？要利用语言文字在历史演变中凝结成的意味、情感。同时,特别在诗篇中,也要利用语言文字的声律(有些作品还利用汉字的象形性质),以便激发读者的想象,把握诗的意境或典型性格。

第八讲
知识的主体和知识的真假[①]

（一）关于意识与主体

1. 事实、语言、命题的三角关系与意识。P.850。意识的程度，P.851。

2. 判断者＝意识主体："我"。P.855。

"断定"的分析。P.859—860。

3. 判断作为有意识的活动，有其文化背景。P.861。

命题无史，判断有史。P.862—864。

《知识论》没有多讨论意识与主体（我）的问题。这里讲的"三角关系"和对"断定"的分析，是正确的。把判断者看做知识类的一分子，有个性和历史背景，也是正确的。1）"我"具有"统觉"。讲证实、证明、判断、推论，都以统觉为条件。我断定一命题为真，是把它与对象统一起来，把它与我已获得的其他真命题统一起来了。统觉具有综合性。自我意识从模糊到清晰，要研究。这是就认识说。而"我"是知、情、意的统一，不能忽略情、意对认识的影响。2）"我"不仅是"类"的分子，而且是社会或群体的分子。在社

---

① 这一讲讨论《知识论》第十六章"命题、证实和证明"、第十七章"真假"。

会实践基础上形成社会意识、民族精神、阶级心理等。它们作为群体的意识,体现于一个个"我"的意识中,成为"我"观察、思考问题的观点。所以,不能离开人的社会性,离开人的历史发展来考察认识问题。主体是一般意识的主体,也是社会意识的主体。社会意识由模糊到清晰,也要研究。观点制约着认识,而且认识是在人们交往中不同意见、不同观点的争论中发展的。因此,不仅判断有历史,命题也有历史。命题在概念结构中,科学理论是认识史的总结,逻辑的东西和历史的东西是统一的。

(二) 真理论

1. 符合说:符合是真假的定义。P.909。

2. 符合说的困难:

照像式的符合有困难。P.911,912。

符合说所牵扯的鸿沟。P.913—914。

3. 符合是命题与实在的符合。P.916,917。

4. 符合的标准:P.918,929。实际上即证实与证明。

5. 真理是知识的极限。P.950,951

金先生坚持符合说,肯定真理的客观性。他对符合说的责难作了回答,有新的贡献。

但是他讲了符合是命题与实在的一一相应,却没有讲符合是一个过程,是基于实践的认识由浅入深、由现象到本质、初级本质到二级本质的过程,是充满矛盾的运动。(符合要求一一相应,因此可以用形式逻辑方法证实与证明。而符合是一个过程,因此要通过分析与综合、归纳与演绎、逻辑方法与历史方法的矛盾运动,到一定阶段达到主观与客观、理论与实践、知与行的具体的历史的统一:这是辩证逻辑的论证。)

(1) 符合是命题与客观实在的符合,因而"真"具有绝对性、独立性。真理是相对的,又是绝对的,即具有不以人们意识为转移的独立性。这是绝对性的一个意义。但还有笔二层意义。当我们说"绝对真理是相对真理的总和"①时,是指"极限"。包罗无遗的真理,要无量时间,也就是老达不到。但一定领域一定层次上的真理,即达到主客的具体的历史的统一的真理,是在一定阶段上可以达到的。这仍然是相对之中的绝对,然而是在一定条件下的完成形态,就是客观的全面的真理。

(2) 金先生当时还没有社会实践观点。实践是检验主客观是否符合的唯一标准,检验是有意识的活动,有"我"作主体。在检验时,如果有命题与对象在感觉上融洽,思想作为假设在指导行动中产生预期的结果,那便是符合,证实了命题的真。但社会实践的标准是确定的,又是不确定的。社会实践在矛盾中发展,认识也是如此。要把检验看做一个社会的历史过程,科学理论总要经过许多人作多方面的探索和反复地用实践检验,才能达到主观与客观的具体的历史的统一。这时讲融洽与效果,已经是以一定历史条件下的社会群体为主体了。

(3) 用实践检验的同时,要运用逻辑。待证的命题要求与已经证实的命题在逻辑上一致。这种一致首先是形式逻辑上的一致。在用实践验证时,要作演绎的和归纳的论证。然而从真理是过程来说,还须进一步作辩证法的论证。

————————

① 艾思奇主编:《辩证唯物主义历史唯物主义》,人民出版社 1961 年版,第 188 页。

金岳霖《论道》讲演录

该讲演作于 1994 年 5 月至 12 月，对象为华东师范大学哲学系中国哲学专业博士生讨论班。作者的遽然去世使得他未能完成讲完金岳霖《论道》全书的计划。但幸好当时对作者的讲课进行了录音，较为完整地保留了作者最后的哲学沉思。本讲演由陈晓龙、郁振华根据当时听课笔记和录音记录整理成文。

第一讲
如何担保科学规律的普遍有效性

1. 金岳霖面对的问题——"怎样可以担保明天底世界不至于把以往的世界以及所有已经发现的自然律完全推翻呢?"①

金岳霖所处的时代,正是辛亥革命之后,社会的近代化已成为当务之急。社会的近代化从一定意义上看,首先就是工业化,所以发展科学无疑成为解决近代化问题的关键环节。而发展科学总是离不开归纳问题的解决。这样,时代的问题上升到哲学的高度,科学的哲学基础——归纳的根据即休谟问题——"以往如何能担保将来",就成为一个极其重要的哲学问题而被提出。金岳霖在开始自己的哲学思考的时候,首先面对的就是这样一个问题。

休谟是怀疑论者,他虽然提出了归纳的根据问题,但由于其怀疑论哲学倾向的制约,休谟并没有能够回答这一问题。尽管如此,休谟问题的意义却是十分重大的,它首先使康德从"教条主义"的迷梦中清醒过来,并试图解决这一问题。这就是康德在《纯粹理性批判》一书中所提出并着力解决的"先天综合判断何以可

① 金岳霖:《论道》,《金岳霖全集》第 2 卷,人民出版社 2013 年版,第 4 页。

能"的问题。这一问题对后来的实证论各流派都产生了深远的影响。

中国近代面临的客观情况是中国社会要近代化、现代化,中华民族要解放、要自立于世界民族之林,很重要的问题就是要把科学搞上去。但是,要发展科学,必然会碰到归纳即休谟问题;要发展科学,也必须给科学以哲学上的根据,以及对自然律的理论担保,"纯粹理性何以可能"的问题作出说明。这是时代给中国近代哲学家提出的问题。

作为深受实证主义影响的哲学家,金岳霖先生对科学抱有坚定的信念,并在情感上也"不愿意怀疑到归纳本身",但归纳本身的根据究竟何在? 这又是他必须予以回答的问题。不过,同休谟、康德所处的时代相比较,金先生所处的时代,科学毕竟大大地前进了:一是数理逻辑有了很大的进展。在康德时,逻辑仍然是亚里斯多德、中世纪遗留下来的传统形式逻辑。但到了金先生时,有了数理逻辑,有了罗素和怀特海的《数学原理》,也有了维特根斯坦的学说,因此,所有的逻辑命题都可以用符号化的"重言式"来表示或归结为"重言式"。一是自然科学本身有了很大的发展,相对论、量子力学的产生是其最突出的表现。正由于科学的上述两大进展,从而既使归纳问题的提出有了新的视角、新的特点,也使哲学家对这一问题的探讨比以往深入多了。

也正是基于中国近代社会发展科学的需要,基于对科学的坚定信念,以及休谟、康德以来对归纳问题研究、探索的不断深化,金岳霖先生试图以自己具有独创性的思想来解决这一问题,而《论道·绪论》主要讲了他对这一问题探索的具体过程。

2. 金岳霖对此问题的探索过程

如所周知，金岳霖先生起初是研究政治思想史的，这种选择主要出于爱国的考虑，认为中国的问题应该有一个政治上的解决。后来由于对中国政治的失望而转向哲学。在研究兴趣转向哲学之后，两本书对他产生了很大的影响，一本是罗素的 *Principles of Mathematics*①，另一本是休谟的 *Treatise*②。

罗素 *Principles of Mathematics* 一书对数理逻辑的研究表明，任何可以思议的领域都要遵守形式逻辑，自然界的秩序与逻辑也是有联系的，这是罗素从数理逻辑的研究中得出的结论。金先生对罗素的结论作了研究，认为仅仅凭数理逻辑，仍然难以解决归纳的根据问题。因为数理逻辑经过维特根斯坦和袁梦西（Ramsey）的发展之后，明确了一条最基本的原理，那就是所有的逻辑命题都可以化为穷尽可能的必然命题。这样来讲逻辑的必然性，就像佛菩萨的手掌心，任凭孙猴子怎样跳，总是跳不出去的；这样来讲，逻辑的必然性也就意味着自然界不论怎样，总是要遵守逻辑秩序的。换言之，不论怎样的世界总有一种非遵守逻辑不可的秩序。尽管如此，这样一种理论，也不能回答自然律的根据问题，亦即不能回答物理学何以可能的问题。因为尽管任何可以思议的世界都是遵守逻辑的世界，但我们也可以思议到一没有归纳法所需要的秩序的世界也遵守形式逻辑。这样，秩序的问题仍然没有解决，也就是说自然科学要求的秩序单凭形式逻辑仍然无法解决。这是金先生通过对罗素、维特根斯坦、袁梦西等人的

---

① 中文译名为《数学的原理》，[英]罗素著，1903 年首次出版。
② 中文译名为《人性论》，[英]休谟著，1739 年首次出版。

数理逻辑理论探索之后所得出的结论。

休谟 *Treatise* 一书对金先生的影响主要是因果论问题。休谟对因果问题的讨论,使金先生感到"归纳说不通,因果靠不住,而科学在理论上的根基动摇"①。但由于受时代的影响,金先生"对科学的信念颇坚",并把对科学哲学基础的寻求作为自己哲学的要务,所以其早期著作主要是对休谟学说进行了批判性的考察。作为这种批判性考察的结果,金先生发现休谟学说的根本缺陷并不在于其因果论,而在于其整个哲学本身,而最中坚的问题就是他的"观念"(Idea)。休谟的"观念"(Idea)只是"意象"(Image),是印象留在大脑中的不强烈、不生动的东西。这样,休谟的哲学便发生了一个深刻的矛盾:一方面,休谟不承认抽象的意念或概念,他的"Idea"不是抽象;另一方面,休谟作为哲学家,他又不能不运用诸多抽象概念,因为离开了许多抽象概念无法进行哲学思考,也无法与别人交流思想。所以,金先生指出:休谟"既不能承认意念,在理论上他不能有抽象的思想,不承认抽象的思想,哲学是无法谈得通的,因果论当然不是例外"②。金先生对休谟理论的批评,无疑抓住了其根本的弱点和要害。

意识到休谟理论的根本弱点,这只是问题的提出,那么,如何克服休谟理论的缺陷,并进而解决这一问题呢? 金先生在《论道·绪论》中谈了他对这一问题的探索过程。

金先生指出,在一个时期,他认为休谟的问题在于"理"与

---

① 金岳霖:《论道》,《金岳霖全集》第 2 卷,第 6 页。
② 同上书,第 7 页。

"势"不相调和,于是提出了"理论上有必然事实上无必然"①的主张,并试图用这一理论来解决休谟的问题。所谓"理论上有必然"是指科学规律之"理"是有其"必然性"的,这种"必然性"的意义十分广泛,但通常而言是形式逻辑的必然,这是分析哲学的一个基本观点。所谓"事实上无必然"是事实之中的殊相之"势"无必然性。据此,金先生强调"逻辑在先","理论在先"。譬如,如果某物是红的,首先因为它是有颜色的,无色不能红,所以逻辑上或理论上有色"先于红"。这样讲先后,实际上是以必要条件为先,以充分条件为后的先后,即如果 P 蕴涵 Q,那么,没有 Q 就没有 P,Q 是 P 的必要条件或颜色是红的必要条件,颜色先于"红的"。这是金先生对问题的初步看法。

后来,金先生逐步发现这种看法是有问题的。因为从纯粹逻辑或理论的角度着想,逻辑或理论本身并无这样的先后问题。纯粹的逻辑命题彼此都是彼此的必要条件,否认任何一逻辑命题,也就是否认了其他的逻辑命题。同时,所谓逻辑上或理论上的"先后",其实只是就一门学问或一思想体系或一逻辑系统的条理的先后而言的,没有系统之外或超系统的先后。由此,金先生得出的结论是:"逻辑的先后或理论的先后决不是逻辑底先后"②,从而否定了自己早期的观点。

金先生对自己早期观点的否定和超越无疑有着十分重要的意义,它不仅为金先生在新的基点上解决休谟问题提供了前提,而且为解决中国传统哲学长期争论不休的理事先后问题提供了

① 金岳霖:《论道》,《金岳霖全集》第 2 卷,第 7 页。
② 同上书,第 8 页。

富有启发的新思路。

　　众所周知,理事先后问题一直是中国传统哲学长期争论的核心问题之一,到了近代之后,这一问题的争论并未结束。作为受实证主义、分析哲学深刻影响的哲学家,冯友兰先生曾试图用逻辑分析的方法来改造中国传统哲学,并解决理事先后的问题。但是,由于冯先生没有意识到逻辑或理论在先观点的内在矛盾,所以,当他将这一观点坚持到底,并贯穿于他的《新理学》之中的时候,理与事的矛盾和冲突仍然是其哲学所面临的根本性理论困难。与冯友兰先生不同,金岳霖先生在写作《论道》时,已经明确意识到这一观点所面临的理论困难,从而改变了他原来的观点,并把逻辑或理论的先后问题仅仅限制在逻辑系统本身,而不是看成理论与事实的先后问题,这无疑是一个巨大的进步。

　　与理论上的先后问题相联系,就是事实之为客观的所与问题。金先生对此问题的基本看法是,事实就是客观的所与。一个判断表示一个事实。纯客观的所与无所谓“事”。比如在“某人只有40岁”这一判断中,某人纯客观的所与无所谓“事”,或者说纯客观的所与不就是事实。“事实是加上了关系的原料而不是改变了性质的原料。与所与接触不必就是与事实接触。”①所与无所谓客观,只有事实才是客观的。“事实有这样的客观性因为它不是光溜溜的所与而是引用了我们底范畴的所与。”②换言之,事实的客观性来自于对所与引用我们的概念,亦即所与概念的结合。需要注意,金先生在写《论道》时,还未提出“所与是客观的呈现”的理

---

① 金岳霖:《论道》,《金岳霖全集》第2卷,第9页。
② 同上注。

论,而只是把事实看成是引用了概念的所与。"所与是客观的呈现"的理论是他在《知识论》中才提出的。这一理论的提出,使关于所与和事实的理论更加细腻、更加具体化,它意味着所与不仅不是"无观"的,而且是客观的。

事实既然不是光溜溜的所与,而是引用了我们概念的所与,那么,引用了概念的所与何以能够成为事实呢? 金先生在《论道·绪论》中初步提出了概念双重作用的理论来解决这一问题,他认为概念有两方面的作用,其一是形容,其一是范畴,正由于概念具有这两种作用,所以引用了概念的所与被赋予了某种关系,从而转化为事实。在《知识论》中,金岳霖先生进一步将概念的形容和范畴作用发展为摹状和规律的作用,并将其视为知识经验成为可能的前提条件。

承上所述,在金先生看来,事实不是光溜溜的所与,事实是引用了概念的所与,而概念又代表着共相,共相又彼此关联而成为一定的概念结构或系统,所以"把概念引用到所与上去,或以概念去范畴所与,那所与总是一图案,一系统,或一结构范围之内的东西"①。换言之,作为被接受了的所与,事实本身是有秩序的。这样一来,一方面知识的对象是事实,另一方面事实又不是光溜溜的所与,而是引用概念接受了的所与,事实本身是有秩序的,所以金先生认为,如果从概念的双重作用的角度来理解事实,那么知识的秩序问题亦即休谟问题便得到了"一点子帮助"。在此基础上,金先生进一步讨论了事实亦即知识秩序的一般特点。

---

① 金岳霖:《论道》,《金岳霖全集》第 2 卷,第 10 页。

金先生认为,事实的秩序既不完全是"先验的",也不完全是"后验的"。由形容作用说,它是后验的;由范畴作用说,它是先验的。同时,如果将事实的秩序视为"动的"程序,就意味着我们把这秩序视作对所与的安排,这程序就是"知觉经验"(在《知识论》中金先生将此称之为"知识经验"),它与经验同始终。相反,如果将这秩序视为"静的"结构,那么它就无所谓与经验同始终的问题。同时,事实的秩序也就是所与的秩序,因为事实的秩序本来就是以得自所与的抽象概念摹写和规范所与的结果,并且所与的秩序也就是现实历程中的事。这样,所与的秩序就既有共相的关联,也有殊相的生灭。

可见,金先生在批判休谟狭隘经验论的基础上,肯定了抽象概念的意义和作用,并把概念的形容和范畴作用看成是解决休谟问题的关键。值得注意的是,金先生对抽象概念及其作用的承认和肯定,起初以为理先事后,后来经过进一步思考,他放弃了这一看法,而把这种先后仅仅限制在逻辑或理论系统本身。在此基础上,金先生进一步用概念的双重作用,亦即概念的"先验性"和"后验性",来说明主体在运用概念化所与为事实的具体过程,从而找到了一条解决自然科学秩序问题的路子。

解决问题的路子找到之后,金先生从以下两个方面对此作了进一步展开。他认为,事实就是以所与之所得还治所与的结果,即用得自所与的抽象概念来摹状和规范所与,化所与为事实,所以无论所与如何来,我们总是有办法接受的。这主要是因为,一方面,我们不仅有正的概念,而且有一些负的笼统的概念,比如"古怪"、"莫名其妙"、"不是什么"等等,所以所与作为呈现,不论它如何而来,我们总是有办法去接受;另一方面,尽管我们不能保证将来的所与为哪样的所与,也无法保障将来如何如何,但由于所与无所逃于概念之间,并且从"接受的"角度而言,我们接受所与的办法是确定的,所以无论将来如何如何,我们总有办法接受它,而这一点又是由归纳原则作为接受总则的一般特点所决定的。

按金先生的理解,归纳原则既不表示所与的历程,也不表示所与前进的方向,它只是一基本的接受总则。作为一基本的接受总则,只要所与有所呈现,不仅所与总是有办法接受的,而且归纳原则本身也不会为所与所推翻。之所以如此,是因为归纳原则是一"如果——则"的命题,这一"如果 ——则"的命题可以表示如下:

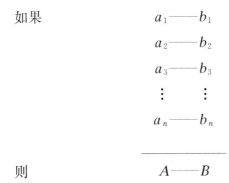

$$如果 \quad\quad a_1 \text{——} b_1$$
$$a_2 \text{——} b_2$$
$$a_3 \text{——} b_3$$
$$\vdots \quad\quad \vdots$$
$$a_n \text{——} b_n$$

$$则 \quad\quad A \text{——} B$$

在上述表述中,归纳原则的前件 a_1——b_1,a_2——b_2……a_n——b_n 列举了特殊的例证,其后件 A——B 是一结论式的普遍命题。

为了进一步说明归纳原则作为接受总则及其意义,金先生又用数理逻辑的符号把归纳原则作了如下表述和进一步展开:

归纳原则的前件用命题表示即为:

$$\varphi(a_1 b_1) \cdot \varphi(a_2 b_2) \cdot \varphi(a_3 b_3) \cdot \cdots\cdots \cdot \varphi(a_n b_n) \qquad (1)$$

其后件即为:

$$(a, b)\varphi(ab) \qquad (2)$$

而(2)又等于

$$\varphi(a_1 b_1) \cdot \varphi(a_2 b_2) \cdot \varphi(a_3 b_3) \cdot \cdots\cdots \cdot \varphi(a_n b_n) \cdot \cdots\cdots \cdot$$
$$\varphi(a\infty b\infty)(参见 P.97) \qquad (3)$$

所以,随着正例证的无限增加,(1)愈趋近(3),"大概"不会发生(1)真而(2)假的情形,也就是说归纳原则的前件真则"大概"后件也真。这是就正例证的增加而言的。

从"负例证"或反面的例证的出现来看,金先生认为,如果出现负例证,则归纳原则的前件如下:

$$\varphi(a_1 b_1) \cdot \varphi(a_2 b_2) \cdot \varphi(a_3 b_3) \cdot \cdots\cdots \cdot \varphi(a_n b_n) \cdot$$
$$\sim\varphi(a_{n+1} b_{n+1}) \qquad (4)$$

而(4)又蕴涵

$$\sim(a, b)\varphi(ab) \qquad (5)$$

所以金先生由此得出结论认为,随着反例证的出现,归纳原则的后件即结论被推翻。但是,金先生又强调,无论作为归纳原则前件的例证是正例证还是反例证,它所加强或推翻的只是归纳原则的后件即结论,而并不是归纳原则本身。之所以如此,一方面是因为当归纳原则被视为一"如果——则"的命题时,它就既是演绎,也是归纳。作为演绎,纯逻辑蕴涵关系可以保障其前提真而结论必真;作为归纳,如果将上述(3)、(5)视为结论,它们都有事实上的根据。所以,"在 t_n 的时候,呈现出来的所与或者是 $\varphi(a_{n+1} b_{n+1})$ 或者是 $\sim\varphi(a_{n+1} b_{n+1})$,可是,无论是哪一个,不是

（1）蕴涵（3）就是（4）蕴涵（5），总而言之，归纳原则不会为所与所推翻"[1]。另一方面，反例证的出现不会推翻归纳原则本身，还因为"反例子底反是一例子与以前的例子相反，不是将来与已往相反"[2]。换言之，反例证所反证的并不是历史，而只不过是一普遍命题。

反例证的出现之所以不表示将来与以往相反，是因为当一反例$\sim\varphi(a_{n+1}b_{n+1})$作为例证出现的时候，由于时间川流不息，这一反例就已经不是将来，而是过去或现在。同时，如果$(a,b)\varphi(ab)$这一普遍命题所表示的仅是在t_n时所总结的已往的例子，那么，一负例证$\sim\varphi(a_{n+1}b_{n+1})$并不能推翻它，能够推翻的只是一普遍命题，并且这一普遍命题的被推翻，并不是说它在t_n时真，而在t_{n+1}时假，而是表示它从来就没有真过。

由此，金先生得出结论认为，一方面，无论所与如何呈现，概念作为我们接受所与的工具，我们不至于无法接受；另一方面，无论在t_{n+1}时出现何种情况，都不能推翻以往。这两个方面联合起来，充分地表明将来不会推翻已往，以往那样的秩序亦即科学所发现的自然律、秩序总会有，并且这种秩序也不会为将来所推翻。休谟所提出的归纳问题在金先生这里获得了一定程度的解决。

3. 先验原则与先天原则的区分

如上所述，依金先生之见，无论所与如何呈现，我们总是有办法接受的；同时，也无论将来如何，归纳原则总是不会被推翻的。

---

① 金岳霖：《论道》，《金岳霖全集》第 2 卷，第 13 页。
② 同上注。

之所以如此,是因为归纳原则作为接受总则是一"先验原则"。

金先生首先对"先验"和"先天"作了区分,他认为所谓"先验"并不是指先于经验,脱离了经验,而是指无论将来的经验如何,这原则总不至于为经验所推翻。归纳原则就是这样一种不能为将来的经验所推翻的"先验原则"。所谓"先天"是指能够思议而无矛盾的世界,逻辑命题都是先天命题,逻辑规律都是先天原则。

金先生进一步认为,在"先验"与"先天"的区分中,时间是一个十分重要的问题。时间问题之所以十分重要,首先是因为"先验"之所以为先验,并不意味着其可以脱离经验,而是说如果经验继续,那么这样的世界和原则不能为经验所推翻。但是,"经验之能继续下去,根据于所与之继续呈现,而所与之能继续呈现又根据于时间之不断地川流"①,所以"先验"总离不开时间。这是就归纳原则作为先验原则而言的。就先天原则作为逻辑命题而言,"逻辑本来就没有时间"②。所谓"先天"也是指能够思议、没有矛盾的世界。所以先天的世界或逻辑命题就如同"无极"一样,没有时间上的界限,只表示一种没有开始的开始。这样的世界尽管是不能想象的,但又是无矛盾而可以思议的,在这样的世界里,我们可以假设时间"打住",而逻辑命题仍然为真,或者说逻辑命题不会为这样的世界所推翻。相反,在这样的世界里,归纳原则却可能被推翻,"因为时间打住,不仅以前的世界没有归纳原则所说的普遍命题式的自然律,以后的世界也没有那样的自然律。以那样的自然

---

① 金岳霖:《论道》,《金岳霖全集》第 2 卷,第 14 页。
② 同上书,第 15 页。

律为后件,后件总是假的。前件真而后件假,归纳原则也假"①。

从对"先验"与"先天"、"先验原则"与"先天原则"的上述区分中,金先生得出结论:"先天的原则无论在什么样的世界总是真的,先验原则,在经验老在继续这一条件之下,也总是真的。"②但是,问题在于,当金先生将归纳原则视作先验原则,而将逻辑命题视为先天原则的时候,二者的客观基础又是什么呢?

实际上,金先生的整个《论道》元学体系的建构,在某种意义上看,就是试图解决这一问题。在《绪论》中,金先生主要从"事物之理"与"逻辑之理"的关系的角度作了概略的讨论。

金先生认为,从事物之理与逻辑之理的分别来看,"前者实而后者虚,前者杂而后者纯,前者总难免给我们以拖泥带水的感觉,而后者总似乎干干净净的"③,这主要是就历史事实、科学知识而言的。就此而言,"纯理"(即逻辑之理)的确是"虚的",因为它不表示事实;同时,即使我们以逻辑的方式知道纯理,我们并不能因此而增加事实的知识。但是,就逻辑之理与事实之理的联系而言,逻辑命题尽管不表示事实,然而它不能不有所表示;逻辑命题虽然不表示事实,然而它肯定现实之不能不有,而事实只不过是现实之如此如彼,现实虽不必如此如彼,但现实不能不有。就此而言,"纯理否虚,不仅不虚,而且表示最普遍的道,最根本的道"④。换言之,逻辑之理是事实之理的前提和基础。

---

① 金岳霖:《论道》,《金岳霖全集》第 2 卷,第 15 页。
② 同上注。
③ 同上书,第 16 页。
④ 同上书,第 17 页。

　　金先生从逻辑之理与事实之理的联系的角度,将逻辑之理视作事实之理的前提和基础是有其正确的一面的。从形式逻辑的角度来看,人们在交换意见,表达和论证思想的时候,要求概念与所表达的实际事物有一一对应的关系;用语言表达时,也要求语言与事实之间有一一对应的关系。不论是中国古代哲学讲言意之辩,强调语言、概念与事实的一一对应关系,还是现代西方逻辑哲学的发展以及语言学的转向,强调逻辑、语言、事实的一一对应性,都表明事实的秩序、思维的秩序、逻辑的秩序有一定的对应关系,也表明在一定的论域里和一定的语境下,思维要遵守同一律,而不能偷换概念。如果不遵守同一律,思想的论证和交换就无法进行。

　　值得注意的是,现代西方逻辑实证主义者都把逻辑、语言、事实的对应关系归结为"约定"关系,认为是人们约定的结果。金先生不赞成逻辑实证主义的"约定论",而是强调和探寻其客观基础。当然,金先生在这里将逻辑之理归结为先天原则,同时又将逻辑之理视作事实之理的客观基础和前提,这无疑是形而上学的观点。不过,金先生后来改变了他的这一观点,而从客观事物的确定性的角度来讨论思维与事实的一一对应关系,亦即从客观事物的相对静止状态来说明概念与事实的对应性、一致性。这样无疑从根本上克服了"约定论",相对科学地说明了形式逻辑的客观基础。

　　至于归纳原则作为接受总则,金先生将其视为"先验原则",有受康德影响的一面,但也有区别。经验知识成为可能,不仅要有事实上的根据,而且要有理论上的担保,因此离不开归纳原则。

金先生将归纳原则规定为一"如果——则"的命题,表明归纳原则作为接受总则,其中不仅有归纳,也有演绎,从而表现了思维过程中具体→抽象、特殊→普遍的思维路径,而这种思维路径中存在着思维上的跳跃,因此其结果需要验证。

如前所述,对归纳的结果加以验证,会出现两种情况,一种情况是出现 $\varphi(a_{n+1}b_{n+1})$,使结果得以加强;另一种情况是出现 $\sim\varphi(a_{n+1}b_{n+1})$,从而使 A_n、B_n 的结论被推翻。只有将这两种情况联系起来,才算是对归纳原则的完整表述。但这样一来,作为接受总则的归纳原则就不单是归纳或演绎,而成为归纳与演绎的统一。由此也表明,如果从认识论角度来考察归纳原则,它实际上就是用概念来摹写、规范所与时的基本原理,即接受总则。

金先生把作为接受总则的归纳原则视作"先验原则"的观点是否精当,是一个值得进一步讨论的问题。但是,如果从动态角度考察人类认识的具体过程,作为接受总则的归纳原则确实既有后验性又有先验性,是后验性与先验性的统一。归纳原则来自所与无疑有后验性,但当它作为接受总则用于所与时无疑又有先验性。人类认识就是不断从经验走向先验,从先验走向经验的过程。人的心灵并不是一块"白板",人的认识本身就是在经验与先验的反复过程中发展的。就此而言,金先生对归纳原则之作为接受总则及其作用的如上探索是有启发意义的。

同时,如果从动态角度来考察认识过程的辩证法,那么,人类认识过程无非是主观辩证法与客观现实辩证法的统一。归纳原则作为接受总则,以"得自现实之道还治现实"的方式,生动地体现着这种统一。因此,与客观辩证法相一致,认识不仅有相对静止的状态、有相对稳定性,也有对立统一和矛盾发展。所以思维按其本性不仅要遵守形式逻辑,概念要与对象有一一对应的关系;而且要遵循辩证逻辑,概念必须还要灵活运用。就此而言,金先生无疑更多地考察了思维的形式逻辑基础,考察了认识过程中静态的一面,而对思维的辩证逻辑基础以及认识的动态的一面有所忽略。但是,重要的也许并不在于结论,而在于如何提问、如何思考以及从什么角度出发。金先生对科学规律的普遍有效性亦即休谟问题的思考、探索,尽管还存在许多困难和问题,但他的这种思考和探索毕竟突破了西方经验主义、逻辑实证主义的理论视野,因此有着极为重要的理论意义。

第二讲
道——元学的题材

承上所述，金先生在《论道·绪论》一开始，就提出了"何为而作"的问题，那就是在新的历史条件下，对科学规律的普遍有效性的理论担保，亦即休谟问题作出自己的探索，所以他写了《知识论》一书。但是，知识论有一个元学的根据问题，《论道》为何而作，首先就是要为知识论提供一个元学的根据。同时，金先生写《论道》一书的目的还在于会通中西，实现中国传统哲学的现代转换，以回应中国近代哲学的历史主题。

1. 从比较哲学的角度论"道"

进入近代之后，中国传统哲学面临着西方文化的挑战，如何直面西方文化的挑战，并在会通中西的基础上，实现中国传统哲学的现代转换，就成为中国近代哲学的历史主题，也成为中国近代哲学家所必须面对和回答的问题。金先生作为中国近代富于原创精神的哲学家也不例外，他通过自己独特的考察，提出了这样一种基本观点：当时世界上存在着印度、希腊、中国"三大文化区"，并且每一文化区都有其中坚思想，而每一中坚思想又有其最崇高的概念和最基本的原动力。其中，欧美的中坚思想也就是希腊的中坚思想,近代以来受西方文化的挑战,并急于要介绍到中国来的西方思想,从根本上说来就是希腊精神。印度文化的中坚思想就是佛教,它对中国文化有着深远的影响。中国文化的中坚思想就是作为最高境界、最崇高概念的"道"。

从比较哲学的角度来看,西方文化的中坚是希腊精神,而其最高概念是"逻各斯"。逻各斯虽然非常之尊严,但又难免使人在知识方面"紧张"和在情感方面不舒服。而作为中国思想的最崇高概念和境界的"道",金先生虽然谦虚地承认自己没有专门研究过,但由于生于斯、长于斯,于是便在不知不觉中有了对此意味以及顺于此意味的情感,所以对于中国文化的中坚思想和最崇高的概念——"道",金先生自认为在情感上还是有所体验的。

"道"是中国人最终的目标,最基本的原动力,成仁赴义都是行道,人生的目标也是修道、得道。尽管作为中国文化的中坚和最崇高概念之"道",是儒道墨各家兼而有之的"不道之道",并且由于"言不尽意",所以儒道墨各家虽欲言但又不能尽此"道",但它们却都以此为最终目标和最基本的原动力。这个"道"不仅是人生的目标,而且是万事万物所不得不由、不得不依、不得不归的动力、规律和最终的目的。对于这样的"道",金先生承认站在哲学的立场上,用他自己的方法去研究,不见得能懂,也不见得能说清楚;但在人事的立场上,他又不能独立于自己,情感上难免以役于这样的"道"为安,思想上也难免以达于这样的"道"为得①。所以,金先生将自己的著作以《论道》命名。

---

① 金岳霖:《论道》,《金岳霖全集》第 2 卷,第 20 页。

　　《论道》一书一方面围绕着知识论要回答的问题——科学规律会不会被推翻，或者说科学知识的秩序在理论上有什么担保。中国近代要发展科学，而要回答科学发展所提出的问题，又离不开元学的根据。另一方面，金先生也面临着近代以来，西方文化的冲撞、挑战问题。在三大文化里进行比较研究，并通过比较研究来会通三大文化传统，回应西方文化的挑战，无疑是一个十分重要的问题，也是每一个近代思想家所必须思考和回答的问题。"五四"时期的"东西文化"论战，集中地表现了这一点。金先生的《论道》元学体系所要解决的一个根本问题，也是这样一个问题。因为三大文化传统各有其最崇高的概念，西方文化以希腊思想为中坚，以"逻各斯"为最崇高概念，不论是古希腊时期，还是后来希腊精神与基督教的结合，都体现着"逻各斯"的尊严。印度文化则以"如如"、"真如"为最崇高概念，体现着佛学传统。"道"则是中国思想的中坚和最崇高的概念、最基本的原动力。这三者代表着三种不同文化传统，有着根本的区别。

　　近代以来，东方文化受西方文化的冲击，同时东方文化又给予西方文化以影响。最早对西方文化产生影响的大概是佛学。叔本华最先接受了佛学的"如如"、"真如"概念。从西方文化对中国文化的影响来看，中国人最早接受的是基督教与希腊精神相结合的《圣经》文化，由于中文没有与"逻各斯"相对应的词，所以就用"道"来对应"逻各斯"。比如，在翻译《圣经》时，第一句话就是"太初有道"，表现了中国人接受西方文化、会通中西的最初尝试。

　　金先生把"道"视为中国文化的中坚和最崇高的概念，并试图通过论"道"来会通中西，以回应西方文化的挑战，无疑表现出金先生对中国传统文化基本精神的深刻体认。如所周知,从源远流长的中国文化发展来看,儒道两家对中国思想的发展有着极为深远的影响,并构成了中国文化的思想基础。这一点是没有多大争议的。中国古代思想家或者偏向儒家,或者偏向于道家,但都未能彻底脱离儒道两家。佛学传入中国之后,经过长期的演化、发展,儒释道三教合一,也未能远离"道"这一中国文化的基本精神。墨学式微之后,造成了中国文化中形式逻辑思维的缺环,但如果要讲中国文化中逻辑思维的传统又离不开墨家传统,并且从晚清到近代,墨学开始重兴,所以金先生把中国文化的中坚和最崇高概念——"道"视为儒道墨兼而有之,这与他重视逻辑密切相关。

从"道"作为逻辑范畴的角度来看,中国传统哲学围绕着天人、名实等关系问题展开了激烈的论辩。就天人之辩而言,道家提出了自然原则,儒家与墨家相近,都提出了人道原则,但二者在对人道原则的理解上存在着细微的差别。不论是道家强调自然之道,还是儒墨强调人文之道,都离不开对"道"的思考和追求,所以从天人之辩看,自然原则与人道原则制约着中国哲学的发展。就名实之辩而言,道家主张"道常无名",其贡献在于揭示了言意之间的内在矛盾;儒墨则强调"正名",墨家的贡献在于发展了形式逻辑,儒家的荀子发展了辩证逻辑。因此,可以这样说:"道"作为中国思想的中坚和最崇高的概念,贯穿于儒道墨的思想之中,或者说儒道墨三家的思想围绕着"道"而展开并制约着中国哲学的发展。

概而言之,金先生从三大文化比较的角度论"道",就是一方面在感情上维护自己的传统,另一方面在理论上为知识论找到元学的根据,这就是金先生对《论道》何为而作的回答。但是,这样一来他就碰到了一个理论问题:元学与知识论的关系问题。

2. 元学的态度与知识论的态度

金先生在《论道·绪论》中曾明确地表示了他对于知识论和元学两种不同的态度。他认为,研究知识论,可以站在知识论的范围之外,暂时忘记自己是人而采取冷静的态度去研究。相反,研究元学虽可以忘记自己是人,但不能忘记"天地与我并生,万物与我为一",即不能独立于自己,不能离开作为精神主体的自我。因为元学所探讨的就是"天地与我并生,万物与我为一","天人合一"的最高境界,所以,在研究元学时,尽管可以忘记自己,但无论怎样也不能独立于自己,独立于作为精神主体的自我,并且在研究的结果上,不仅要达到理智的了解,而且要求得情感的满足。因此,元学虽然可以另立名目,可以不用中国传统哲学的范畴,但这样一来,也许就不能"动我底心,怡我底情,养我底性"①,也不能达到元学建构的目的。所以必须用中国传统思想的中坚和最崇高的概念——"道"来表达自己的元学思想,因为"知识论的裁判者是理智,而元学的裁判者是整个的人"②。

基于对元学与知识论两种态度的以上区分,金先生的《论道》元学体系与他的《知识论》体系根本不同,不仅用《论道》作为他元学体系的书名,以"道"作为他元学体系的"总名";而且还运用诸如无极、太极、数、理、势、情、性、体、用等其他中国传统哲学的范

---

① 金岳霖:《论道》,《金岳霖全集》第 2 卷,第 21 页。
② 同上注。

畴,并运用"旧瓶装新酒"的方法对这些范畴作了改造,以表达他的元学思想,从而表现出对自己文化传统维护和继承的理论自觉。

金先生试图通过区分元学与知识论两种态度来会通中西、继承和弘扬传统,并解决近代以来西方科学主义与人文主义的对立和冲突,但他的这种区分本身又是这种对立和冲突的反映。

如所周知,西方近代哲学的发展,基本上是沿着科学主义与人本主义两条不同的路径而双向展开的。当休谟把知识经验何以可能,以及这种可能性的条件和理论担保以极其尖锐的方式提出之后,就已经预示着科学与哲学的分离。西方近代科学技术的发展,尤其是资本主义生产方式所造成的科学技术对人的异化,使科学与人生相脱节,理智与情感不相协调,表现在哲学理论上,就是科学主义与人文主义的对立。这种对立,在一些主要的哲学家那里都有表现,他们或者偏向科学主义一边,或者偏向人文主义一边,但都试图解决这一问题。康德提出了"先天综合判断何以可能"的问题,在"纯粹理性"与"实践理性"、此岸与彼岸之间划界,同时又试图通过"审美理性"来打通此岸与彼岸之间的界限。正是在这种意义上,我们可以把康德视为西方哲学家中自觉意识到这种分裂并试图弥补这种分裂的第一人。

受西方哲学的深刻影响,中国近代思想家们也在科学主义与人文主义之间陷入了难以抉择的困惑和矛盾之中。王国维首先以"可爱"与"可信"的方式昭示了这种矛盾和困惑。在他看来,西方近代的科学主义、实证主义因其尊重和追求"客观知识"的实证精神,所以是"可信"的。但"可信者不可爱",实证主义拒斥形而上学,拒绝涉足超验的领域,难免忽视了人的情感、意志、信仰和审美要求。相反,以叔本华、尼采等为代表的西方近代非理性主义思潮因其注意到人的情感、意志、信仰等要求而"可爱",但"可爱者不可信"。西方近代以来科学主义与人文主义、实证主义与非理性主义的对立,实质上是近代西方科学与人生脱节,理性与情感不相协调的表现。王国维感到这一矛盾难以解决而产生了极大的苦闷,并最终放弃了哲学研究。

与王国维相似,金先生内心也存在着这样一个矛盾。表现在《知识论》上,受罗素等人的影响,承接其传统,采取理智的态度;而在元学上,则不仅要给知识论以根据,而且要继承和发扬自己的传统,这样就不能单凭理智,而要融入自己的真情实感,甚至整个人。区分元学与知识论两种态度,把自然和人生分开,分别加以研究,这既是金先生内心矛盾的反映,也是他解决自己内心矛盾的方式。

历史地看,发展科学,科学技术运用于生产过程,极大地促进了生产力的发展,所以发展科学是十分必要的。中国近代面临的一个极为重要的任务就是实现现代化,而要实现现代化又离不开发展科学。发展近代科学从理论上来说,就是要把认识与评价作相对的区分,对科学领域的东西,采取客观、理智、实证的方法加以研究,这在近代无疑是个巨大的进步。

虽然是一个巨大的进步,但同时却造成了另一种新的偏向,产生了新的问题,那就是科学与人生相脱节,理智与情感不相协调。中国文化与西方文化一经接触,就感到了这个问题。"五四"时期的东西文化论战、科学与玄学论战,集中地反映了这个问题。

金先生试图用划分不同领域、采取不同态度的方法来解决这个问题。但在我看来,他的这种方法,仍然是把元学与知识论、知识与智慧相割裂,从而难以找到由知识到智慧、知识论到元学的桥梁,更无力解决科学与人生脱节的问题。马克思主义哲学传入中国之后,并与中国传统哲学的优秀成果相结合,为解决上述问题提供了富有启发的新思路,但如何真正理解马克思主义的精神实质,并进一步与中国哲学的优秀传统相结合,又是一个有待于进一步深入研究和探索的问题。

3.《论道》中的"道"

在我们对金先生《论道》一书何为而作的问题有一个基本的了解之后,还需要对《论道》中的"道"作一简要说明。

"道"是金先生《论道》一书的核心概念和最高范畴,也是他整个元学体系的代名词。金先生之所以用"论道"作为他元学体系的书名,按他自己的说法,那就是为了使他的元学体系更有"中国味"。

按金先生的理解,作为核心概念和最高范畴,"道"决不是"空"的,而一定是"实"的。但是,它又不是"呆板地实像自然律与东西那样的实,也不只是流动地实像情感与时间那样的实"①。所以,"道"既可"合起来说",也可"分开来说"。"合起来说"的"道"就是自万有之合而言之,道一的道。这样的"道"是元学的对象,自这样的"道"观之,"则万物一齐,孰短孰长,超形脱相,无人无

---

① 金岳霖:《论道》,《金岳霖全集》第 2 卷,第 21 页。

我，生有自来，死而不已"①。这样的"道"也就是中国哲学的基本精神。所谓"分开来说"的"道"，就是自万有之各有其道而言之，道无量的道。从理论上来说，这种"道"即为分析之道、逻辑之道。金先生将"道"规定为"式"和"能"，其中"式"是纯形式，"能"是纯材料，二者都是最基本的分析成分，二者的综合为道，即"居式由能莫不为道"②。如果将现实的历程归纳为"道"，就是"无极而太极是为道"③。这就是金先生《论道》中的"道"的基本涵义。

从总体上看，金先生《论道》一书是一个严密的演绎体系，并贯彻着严密的逻辑分析方法。但是，当金先生将中国文化的中坚思想和最崇高的概念——"道"作为其元学体系的书名和中心范畴，并将"道"看成是既可以"分开来说"，又可以"合起来说"的时候，无疑体现了其对中国传统哲学基本精神的继承和对西方哲学的吸纳。因此，金先生的《论道》元学体系是在会通中西基础上的一个创造性体系，这一体系把中国哲学提高到了一个新的高度。从中国近代哲学的发展来看，会通中西、实现中国传统哲学的现代转换是中国近代哲学的历史主题，但是，真正能够围绕这一主题而对中国近代哲学的发展作出创造性贡献的哲学家为数并不太多。金先生的元学、知识论和逻辑学相统一的哲学体系，既吸收了西方哲学，又贯注了中国传统哲学基本精神，所以，是一个会通中西的体系，也是一个创造性体系。特别是他的《论道》元学体系，在承继中国传统哲学基本精神的基础上，运用逻辑分析的方

---

① 金岳霖：《论道》，《金岳霖全集》第 2 卷，第 22 页。
② 同上书，第 48 页。
③ 同上书，第 261 页。

法,对中国哲学的"道"的逻辑特色作了深入细致的挖掘,从而把儒道墨思想中所蕴涵的哲学思维提升到了一个新的高度,构成了中国哲学发展的一个重要环节。这是金先生《论道》元学体系的理论贡献所在,有着极为重要的时代意义。

不过,金先生对元学与知识论两种态度的区分,受到了西方科学主义与人文主义相对立的深刻影响,他的这种区分并没有能够解决科学与人生相脱节、情感与理智不相协调这一时代所面临的问题,而只是对这一时代问题的理论反映。同时,过分注重逻辑分析的方法,过多的分析,就难免有可能导致对综合的忽视,而元学的领域就其本质而言,是"超名言之域",这一领域仅仅凭逻辑分析是难以企及的。所以,从总体上看,金先生的《论道》元学体系并不是一个成功的体系。但是,重要的也许并不在于结论,哲学理论本身就是一个不断探索、不断尝试的过程。金先生的《论道》元学体系以其严密的逻辑分析方法,明确、清晰的概念、范畴体系、严格的逻辑推演过程,构成了中国近代哲学发展的一个必要环节,促进了中国传统哲学现代转换的历史进程。由此,我们也许可以得出以下结论:

其一,任何外来的东西,要在中国大地上生根、开花、结果,必须中国化,而真正的中国化就是与中国传统文化中的优秀成果相结合。不论是进化论思潮、马克思主义,还是实证主义等在中国近代的传播、发生影响,都说明了这一点。

其二,通过以金先生为代表的近代哲学家的努力,实证论、经验论和逻辑分析的方法已经深入人心,成为中国近代哲学的一个组成部分。这同时也说明,哲学理论的发展离开了逻辑分析的方法是没有前途的,哲学理论如果概念不明晰、命题不准确、逻辑不严密也是没有前途的。中国哲学由于墨学的衰微而导致了逻辑意识的不发达,所以中国哲学的现代化就必须经历这样一个环节。

其三,对于金先生的著作,我们尽管不一定接受他的观点、他的结论,但作为一种思维训练,却是必须接受的。经过这样一种思维训练,我们可以养成一种注重逻辑思维的习惯,这对于一个从事理论思维工作的人来说,是十分必要的,因为理论征服人的力量就在于其逻辑。

第三讲
道是式-能

1. 道有"有",曰式曰能

如上所述,按金先生的理解,"道"有两个最基本的分析成分:式和能,所以他的《论道》元学体系的展开,就是以对式和能的逻辑设定和逻辑分析为起点的。

金先生在《论道》第一章第一、二条分别指出:"道是式-能";"道有'有',曰式曰能。"①金先生这里的"有"是与"无"相对应的。在这一章的第六条,金先生又指出:"道无'无'。"②作为对"道"的基本规定,金先生对"有"和"无"作了这样的注解,他说:"前面那个'无'字是普通有无的无,后面那个'无'字是不可能的无。""前面那个有就是普通有无的有,后面那个'有'是可能的有,最泛的有,最普遍的有。"③换言之,金先生这里的"有"或"无"都是指一种最广泛、最普遍的"有"或"无",亦即逻辑上的"可能"或"不可能"。对"有"、"无"范畴的这样一种用法,在中国哲学史上还是第一次。

---

① 金岳霖:《论道》,《金岳霖全集》第 2 卷,第 23 页。
② 同上书,第 29 页。
③ 同上书,第 31 页。

金先生这样来讲"有"（being），有就既不同于现实、实在（reality），也不同于存在（existence）。在《论道》一书中，可能的有不一定现实，现实的、实在的一定有；实的是具体的，道是实的，共相是现实的，所以个体当然就是具体的、实的，个体虽然是具体的、实的，但具体的、实在的并不一定是个体的。个体因为有体所以是存在，现实的个体化就是存在。概言之，《论道》一书有严格的逻辑顺序：有→现实→存在，不能倒过来讲。是个体的就是现实的，但现实的不一定是个体的；有不等于现实，现实也不等于个体。

2. "能"

在第一章第三条，金先生具体分析了作为"道"的基本构成成分——"能"。金先生认为，对于"能"，我们可以在"宽义的经验"即包含有推论和想象的经验中抓住它。比如抽烟。一支香烟作为整体，当我们抽它的时候，这个整体就分解为烟、灰等等。其中烟飞到空气里去，而烟灰则经过多次转换之后，到土里与别的东西混合，甚至到别的植物中去了。在烟的这种变化中，有一个"x"不断地变更为烟、灰……"x"的这种不断变化，金先生在《势至原则》①一文中称之为"殊相的变更"，其中不断变化着的"x"就是"能"。

除这种方法之外，金先生认为还有一种抓住"能"的方法，那

---

① 《势至原则》一文是金先生 1940 年 8 月提交中国哲学会第 4 届年会的论文，原刊于《哲学评论》，第 8 卷第 1 期，1943 年 5 月。参见《金岳霖全集》第 2 卷，第 355—374 页。在该文中，金先生主要以"抽象"的方法，讨论了"何以有现在这个世界"的"具体"问题。

就是"共相的抽象法"。仍以抽烟为例,如果把烟、灰都抽掉,就只剩一大堆"原子";而把原子抽掉之后,剩下来的是一大堆"电子";把电子也抽掉之后,剩下来的是"力"。原子、电子、力都是类即共相,把这些类都抽象掉,并抽象到不能再抽象的程度,剩下来的就是"能"。能是共相的抽象过程中抽象不掉的,以及殊相变更过程中无法再变的"底子",亦即存在的"质料"。

金先生以为,"能"是用来表示作为存在"质料"——"x"的一个很好的名字。因为它是活的、动的,而不是死的、静的。它有中国哲学所讲的"气"的好处,而没有西方人讲的"质料"的坏处,而且可以给"可能"以比较容易把握得住的好处。同时,这个"能"是不能够以语言传达的,因为语言所可以传达的是"共相"。所以,"在我个人,我可以说我得之于宽义经验之中。在别人,我就不敢说了。它也许是要所谓直觉才能够得到的"[1]。

金先生在《势至原则》中,对于"能"讲了3层意思,也就是3句话。第1句,说"能"是实质,认为可以用英文 substantiality 一词间接地表示,而不能用 substance 表示。因为西方哲学中 substance 表示有所谓或者说可以用概念去表示,而"能"则不同。尽管我们可以说能是实质,但并不能把"能"等同于实质那样的东西,而是说任何是实质的东西之所以是实质的,因为有"能"。"能"是其他有实质的东西的条件和根据;其他有实质的东西之所以有实质靠"能",而"能"本身则无所靠。当金先生这样来理解"能"的时候,"能"类似于中国传统哲学"气"范畴。[2] 再一句话说,

---

① 金岳霖:《论道》,《金岳霖全集》第 2 卷,第 25 页。
② 参见《势至原则》,《金岳霖全集》第 2 卷,第 369—370 页。

"能"是活动。这里的"活动",金先生认为也只能用英文 activity 间接地表示,用以表示"能"是主动的。能是"活动"本身,即能既是实体,又是活动,"能常动"。金先生的这个思想,类似于中国传统哲学"体用不二"的思想。还有一句话,就是"能"是潜能,认为可以用英文 Potentiality 一词来间接地表示。在金先生的思想中,现实是可能与能结合而成的,所以能在现实世界、天地万物之中,很显然,既不能用现实世界去形容能,也不能用天地万物去规范能。金先生的这个思想是可以商榷的。

金先生注重于逻辑分析,对"能"进行了细致的哲学分析,认为是能与可能的结合才构成了现实世界。我的看法是,金先生在讲潜能时,只讲 Potentiality,而没有讲 activity,是将潜能与活动割裂开了。实际上,活动总会有表现,感觉给予客观实在感总是离不开形形色色的现象。所以不论是用殊相的变更法,还是用共相的抽象法,最后所得到的纯材料,都既是表现、是潜能,也是活动,这种表现、活动也能为人所认识。而这种认识,归结到底,都要通过感性直观。同时,从认识论来说,实践活动总是可以提供实在感的,我们所要把握的每一条最基本的规律,都是在客观实在感中获得的。因为它是实在,总会有现实性,总会提供客观实在之体而为我们所把握。

当然,尽管由于注重分析,金先生有把潜能与活动、实质与活动相割裂的倾向,但由于金先生强调"能"常动,强调体用不二,所以他对"能"的讲法,仍然是实在论的讲法,而且更符合于中国传统。我们知道,西方哲学所讲的质料都是静的、死的,亚里斯多德就是这种讲法。冯友兰吸收了西方哲学的这种讲法,在其《新理学》中也将质料性的"气"看成是死的。与西方哲学的这种讲法不同,金先生强调"能"是常动的,这种讲法在中国传统哲学中一直占据着主导地位。不仅唯物论者如张载、王夫之等讲"气"是动的,而且唯心论者如程朱、陆王也主张"气"是动的。金先生对"能"这一概念的分析,有吸纳西方思想的一面,但本质上仍然是中国传统哲学的发展,这是我们在理解金先生"能"的时候所必须注意的。

3. 可能,式

在《论道》第 1 章第 4 条,金先生进一步分析了"可能"。他说:"可能是可以有而不必有'能'的'架子'或'样式';一部分是普通所谓空的概念,另一部分是普通所谓实的共相。"①可能就是"样式"、"形式"即"form",这个样式、形式可以有能但不必有能。这里所谓"可以是逻辑方面的可以,是没有矛盾的可以"②。而且作为逻辑上的"可以","可以"只有逻辑的意义,而无"逻辑系统"的意义。因为逻辑系统是逻辑的具体表现,逻辑系统的意义随逻辑系统而异,逻辑系统虽多但逻辑不二,所以虽然逻辑系统可以不同,但就逻辑的意义而言,"可以"就是无矛盾。

那么,如何才能把握"可能"呢? 金先生认为,"有可能"也是一句"宽义经验",尤其是"官觉经验"和"知觉经验"③方面的话,因为对于经验,我们也有以"经验之道还治其身"的情形。具体东西

---

① 金岳霖:《论道》,《金岳霖全集》第 2 卷,第 26 页。
② 同上注。
③ 同上书,第 27 页。

的表现,使我们可以得到一种归纳方面的材料,这种材料就是各个体的共相。就归纳所得的各个体共相条而理之,我们就可以得到共相与共相彼此的关联,并以之规律或范畴以后的经验,这两个方面——一方面是归纳,另一方面是共相的关联,都给我们以"可能"的思想,都给我们以可以用"样式"来摹写可能,规范经验的思想。

金先生把"可能"视作可以有而不必有能的"样式",也就意味着当可能之有能,样式为能所充实的时候,可能就变为"现实"。在《论道》第2章第1条,金先生明确地表达了这一思想:"可能之现实即可能之有能。"①按《论道》一书的逻辑顺序,先有"可能",然后才有可能的现实为共相界以及共相的个体化。但是,如果我们从认识的秩序来看,或者从实在论、唯物论的角度来看,我们承认感觉能给予客观实在,客观实在进入感觉是通过实践来实现的,人们在实践中对经验加以归纳而有共相、共相的关联,并以之规范经验,我们的思维就能够把握可能,把握共相及其关联。按照这样一种认识的程序,我们要先讲现实,再讲可能,即将事实界的秩序条而理之就把握了可能。可见,金先生所讲的秩序,只是逻辑的秩序,而不是事实的秩序。

与可能相联系,金先生在第1章第5条分析了"式"。金先生对"式"的规定是:"式是析取地无所不包的可能。"②这里的"无所不包"就是用"或"把所有的可能连续起来,这个"或"在逻辑上说,就是"可以兼"而"不必兼",即或(1)或(2)或(3)或(4)……以至无

---

① 金岳霖:《论道》,《金岳霖全集》第2卷,第50页。
② 同上书,第27页。

限。这样就表示"能"可以套进(1)或可以套进(2)或可以套进(3)……，单独套进可以，同时套进也可以，只要没有矛盾，这也就是逻辑的"必然"。

"式"作为可以有而不必有能的"样式"、"架子"，在金先生看来也是逻辑的泉源，这里的"逻辑"当然是指形式逻辑。把逻辑的根据归结于必然之"式"，这是现代西方哲学所谓语言学转向之后，讨论逻辑问题的方式，金先生对此无疑有所吸收。

4. 道是式-能

在对"能"与"式"分别作了分析之后，金先生又将二者综合起来，因为"道是式-能"，道是能与式的结合，二者是不可分割的，这就是第 7 条所表达的思想："无无能的式，无无式的能。"①

"无无能的式，无无式的能"，一方面是说式不能离开能，另一方面是说能离不开式。因为按定义，除式之外，没有可以有能的"架子"或"样式"，所以能只能在式中。同时，能是不能"消灭"的，式中总有能，所以没有无能的式。能既总在式中，式不能无能，能也不能无式，所以没有无式的能。②

金先生对能与式不可分割的如上理解，实际上是在讲一种逻辑的必然，如同理与气、形与质一样，在中国、西方这一思想都存在，如朱子的"理不能无气，气不能无理"；亚里斯多德的"形不能无质，质不能无形"。但是，正如金先生自己所强调的那样，他的"无无能的式，无无式的能"与朱子"理不能无气，气不能无理"，以

---

① 金岳霖:《论道》,《金岳霖全集》第 2 卷,第 29 页。
② 同上书,第 30 页。

及亚里斯多德的"形不能无质，质不能无形"还是有区别的。尤其是"理不能无气"，"形不能无质"这一方面，很难让人想到必然，因为在朱子、亚里斯多德那里，"理"、"形"都可以是空的。但在金先生那里，式决不能是"空"的，式不能无能是一种逻辑上的必然，更准确地说是一种形式逻辑的必然。实际上，不仅是在这里，整个《论道》一书，金先生对"必然"的用法都是很严格的，即在形式逻辑上使用的。在现代西方哲学中，许多哲学家除在形式逻辑上使用"必然"之外，还讲科学的必然。我们也更多讲科学的必然性。金先生不讲科学的必然，只讲逻辑的必然，科学之理他用"固然"。如果从形式逻辑的必然来看，确实是"无无能的式，无无式的能"。

《论道》第1章第7条之后各条，都是对"能"和"式"的具体分析。金先生的分析很细致，我们这里就不多讲。需要注意的是，在第12条，金先生对理气先后问题的分析，有其独到之处，这种分析已经超越了中国传统哲学，尤其是朱熹以来对理气先后问题的争论，有着重要的启发意义。另外，在第17条，金先生对能与式的动静问题的分析，也有值得注意之点。在该条，金先生强调式常静，能常动，尽管这种强调是就《论道》体系本身而言的，但在我看来它包含着这样一个合理的思想，那就是能是常动的，但其表现形态、条理，又有静止、稳定的状态，思想要遵守形式逻辑，这也是不能否认的。至于形式逻辑的元学根据问题，是一个可以讨论的问题，中国人过去有所忽视，金先生第一个讲了，并强调思维离不开形式逻辑，这是中国近代哲学革命的重要环节，也是金先生对近代哲学的贡献。当然，正如金先生后来所意识到的那样，在《论道》中，他对问题的解决，是形而上学的，并改变了他的观点，认为形式逻辑有其客观的现实性的根据,这种讲法无疑是一种进步。因为形式逻辑作为一种思维形式,总是现实的反映,离开了与现实的关系,形式逻辑就无法理解。

从现实的根据来看,现实是绝对运动的,但在绝对运动之中,有相对静止的一面。现实本来如此,现实之流总有其各种表现形态、条理,有其相对静止的一面。现实既然如此,思维本身也是现实的一部分,思维形式与内容要有对应关系,要有相对静止的状态,否则就不能交流思想,形式逻辑有其现实的根据。这就是金先生思想中所包含的合理性。

值得进一步讨论和考虑的是,金先生的《论道》太偏重于形式逻辑,这样就造成了一个问题,即仅仅把道看成是能与式的结合,从而把活生生的现实之道形式化、僵化。比如,在第23条,金先生把道规定为"无动静,无刚柔,无阴阳,无显晦"[①],这样的论题无疑是形式化的。当然,从式与能的角度来看,金先生认为:"式刚而能柔,式阳而能阴,式显而能晦。"[②]式无内外、无入出,而能常动、式常静,道作为式与能的综合,所以道无动静、无刚柔、无阴阳、无显晦。这在形式逻辑上是没有问题的。但这样一来,道就只成为能与式的形式化综合,成为形而上学的无矛盾的僵死的东西。这种道也与中国传统哲学所讲的道是有距离的。因为中国传统哲学讲道有动静,道有理,所谓"一阴一阳之谓道"。张载《正蒙》的第1句话就是:"太和所谓道,中涵浮沈、升降、动静、相感之性,是

---

① 金岳霖:《论道》,《金岳霖全集》第2卷,第47页。
② 同上书,第45页。

生绲缊、相荡、胜负、屈伸之始。"①都讲道的运动、变化及其内在矛盾，而金先生则过分强调形式逻辑，把道看成是静止的、冷性的东西。不过，后来金先生也意识到这一点，承认他的《论道》是一个形式化的体系。

总之，金先生《论道》一书一方面运用了非常严密的逻辑分析方法，从而使中国哲学达到了一个前人所没有过的新的境界，是中国哲学近代化以及中国哲学走向世界所必不可少的环节。从另一方面看，过分注重形式逻辑的分析方法，又造成了其《论道》元学体系的形式化局限。

---

① 张载：《正蒙·太和篇》，章锡琛点校：《张载集》，中华书局 1978 年版，第 7 页。

第四讲
本然世界与可能底现实

　　《论道》第 2 章，金先生主要讲"可能"如何有"能"而现实化的。按《论道》的逻辑，能是潜能，是活动；能老有出入，能出为道、入为道，"居式由能莫不为道"，所以当能进入式，可能即现实化。这里需要注意的是，对金先生所提出的观点和结论，我们不一定要同意，但如何提出、思考和解决问题，却是我们应该学习的。因为任何哲学，重要的不在于几个结论、几个教条，而在于对人的思维训练。我们读金先生的书，目的也在于此。

1. 本然世界是老是现实的"现实"

　　按金先生的理解，可能的现实即可能之有能，可能之有能而现实化即可能之有能而为本然界。那么，何为本然界呢？

　　金先生在《论道》第 2 章第 30 条指出："本然世界是老是现实的'现实'。"[①]这里所谓"现实的'现实'"就是指曾经的现实和任何时候都现实着的可能，即现实了的现实。可能之所以有能而现实化为本然界，亦即可能之不能不现实，必然地现实，有其逻辑上的

---

① 金岳霖：《论道》，《金岳霖全集》第 2 卷，第 76 页。

根据。这就是金先生在第 1 章所反复强调的,道是式-能,无无能的式,无无式的能是至尊无上的先天命题,它逻辑地保证着可能之不能不现实,本然世界必然地有。尽管从分析的角度来说,式与能可以分开来说,但不能分开来有。研究"式"的学问是逻辑学,研究逻辑的时候,可以不谈"能",因为我们所研究的是空架子,只要在消极方面我们能够表示逻辑命题之不能假已经够了。但是,我们所论的是形而上之"道",我们不能不谈"能",因为我们还要在积极方面表示逻辑命题之不能不真。

　　既然式不能无能,能不能无式;并且式表示逻辑命题不能假,能表示逻辑命题不能不真,所以能与式的综合为道是必然的,可能之有能而现实化为本然界也是必然的。其中变、时间、先后、大小等都是这本然世界的情形。

　　值得注意的是,金先生所谓的"现"并没有现在的意思,而只有现出来的意思;而"实"字也没有存在的意思,只有实在的意思。同样地,本然界作为老是现实的"现实",只是说它是"实实在在现出来"的世界,而不必是现在所有的"这样的世界"。

2. 本然世界是先验的世界

　　在金先生看来,本然界是可能之有能而现实化的结果。可能之有能而现实化为本然界,本然界就根本不同于可能界。但是,金先生又认为本然界也不同于现在所有的"这样的世界",而只是"实实在在现出来"的世界。那么,这种"实实在在现出来"的世界究竟是一种什么样的世界呢? 金先生进一步把这样的世界规定为"先验的世界"。

为了对金先生所谓"先验的世界"有一个准确的理解,我们有必要对金先生所谓"先天"、"先验"及其关系有一个基本的了解。

在《论道》第 1 章第 15、16 两条,金先生曾简略地论及先天与先验的分别。按金先生的理解,无论是先天还是先验,都没有"不从经验而来"的意思,也不能离开知识,或者先验而有。因为就"先天"而言,任何知识都来自于经验,任何知识也决不能先于经验而得,我们关于"先天"的知识本身也不例外。但是,"先天"之所以为"先天",就是因为先天的知识本身虽然得自于经验,但先天知识的正确性却不靠经验,而靠逻辑上的必然性。所以逻辑命题都是必然命题亦即先天命题,逻辑的世界也是必然的世界亦即先天的世界。比如,"式无内外"就是一先天命题。我们把"式"规定为析取地无所不包的可能,所以式外无可能;式外无可能,当然就表示式外无式。同时,无无式的能,所以式外无能。既然式外无式,式外无能,所以式无外。式不仅无外,而且也无内,因为式无外本身就表示式根本无所谓大小。式虽无所谓大,但宇宙在式中;式虽无所谓小,但至小亦在式中,所以式无内外。

"式无内外"作为一先天命题,我们对其知识离不开"宽义的经验",但这一命题的正确与否,却是我们的经验无法证实或证伪的。尽管如此,这一命题却是不能假必然真的命题,因为它有逻辑上的蕴涵关系,亦即逻辑上必然性的担保。

与"先天"不同,"先验"尽管也没有"不从经验而来"的意思,也没有先经验而有的意思,但又不是逻辑上的必然,我们也没有纯理论上的理由去表示。可是,只要我们承认经验,承认任何样式的实在,我们就免不了要承认"先验";而且无论以后的经验如何，无论以后的世界如何，无论以后的实在如何，先验的命题总不会假。比如"能有出入"是这样一种先验命题，可能之有能而现实化为本然世界，就是这样一种先验的世界。

至于"先天"和"先验"、先天命题和先验命题的关系，金先生在第 1 章第 16 条也作了论述。他认为，先天命题和先验命题在《论道》一书中都是必不可少的。先天命题是必然为真的逻辑命题，它肯定可能必然地现实，现实不能不有，但它对我们现有的这样的世界却毫无表示。相反，先验命题虽然不是必然命题，也没有纯理论上的担保，但只要我们承认经验，我们也就必须承认这样的命题，并且这样的命题对现有的这样的世界有积极的表示，它们表示有时空、有变动、有个体……的世界是我们所逃不了的世界。

在第 2 章第 22 条，金先生进一步从知识论的角度，对"先天"与"先验"作了分析。他认为，从知识的对象着想，知识的对象总是"先"经验而"有"。金先生强调这里的"先"表示有知识的对象是知道对象的必要条件。从知识本身着想，知识总是来自于经验，这又表示没有经验我们就无从知道对象，即获得关于对象的知识。在这里，金先生无疑坚持了实在论和经验论的原则。从实在论的角度看，金先生肯定对象之有，并且把它看成是知识的必要条件；从经验论的角度看，金先生认为知识从经验来，没有经验我们无从知道对象。

以上是从知识的对象和知识本身来说的，就此而言，无所谓"先天"与"先验"的分别，因为在金先生那里，先天与先验都没有"不从经验来"或离开知识的问题。但是，如果从"知识底正确性"

这一方面着想,就有先天与先验之分。金先生从"知识底正确性"方面,对知识作了区分。首先,是关于特殊或个体事物的知识,这种知识在承认和肯定感觉能够给予客观实在的前提下,没有何以可能的问题。因为特殊的知识总是经验的,包括直接经验、间接经验以及历史的概括,如"清朝人有发辫",都是后验性知识,这部分知识没有先天后天或先验后验的问题。其次,是对于普遍情形的知识,这些知识可以分为两部分,一部分是对于已往为真而对于将来不敢担保其亦真,这部分知识是后验性知识。另一部分普遍知识对于已往为真,对于将来,只要有经验,总有相应于它的经验,所以也是真的。这部分知识是用普遍命题表示的规律性知识,主要有康德所说的纯数学的知识、纯科学知识等。这部分知识由于涉及到将来能否引用的问题,亦即其普遍有效性有无理论上担保的问题,所以属于先验知识。第三,在普遍知识中,还有一部分与将来经验之有无与否无关的知识,亦即将来无论有经验与否它总是正确的。这部分知识金先生称之为先天知识,并认为只有关于逻辑的知识才是先天知识。

从以上的分析不难看出,西方近代哲学,尤其是休谟、康德对金先生思想的深刻影响。从某种意义上说,金先生对先天与先验的区分,对普遍知识的有效性之理论担保问题的探索,实际上是休谟、康德思路的继续和发展。

在西方近代,随着自然科学的迅速发展,科学知识的普遍有效性何以可能的问题日益突出,休谟以怀疑论的方式首先使这一问题尖锐化起来。他认为,关于事实和存在的命题可以用试验来验证;关于数和量的抽象理论可以用逻辑来证明;而普通的科学理论即一般的规律性知识却既不能证明也不能证实，因而是可以怀疑的。休谟的怀疑把康德从独断论的迷梦中唤醒，但他并不同意休谟的结论。康德认为，应当肯定数学、物理学定理都是普遍有效的、必然的。为了对这些知识的普遍有效性作出回答，康德首先对构成知识的细胞——判断作了分析，认为判断按其是否独立于经验可以分为"先天的"和"后天的"两大类；按主宾词的关系又可分为"分析的"和"综合的"。分析判断因其是观念之间的必然联系所以具有先天性；综合判断因其宾词不包含在主词之内，所以不具有必然性。分析判断是必然的联系而有先天性，但不能增加知识；综合判断与经验相联系，可以扩大知识，但又不具有先天性。所以，康德认为，只有一种既与经验有密切联系，同时又具有必然性的"先天综合判断"，才是科学知识的基础。这样一来，科学知识的普遍有效性何以可能的问题，就转换成"先天综合判断"何以可能的问题。康德从先验逻辑的角度，对这一问题作了探索。

　　从总体上看，不论是休谟的怀疑论，还是康德的先验逻辑，都未能解决近代自然科学所提出的这一重大的理论问题。尽管如此，他们所提出的问题毕竟是近代科学、哲学所面临的重大问题，并产生了深远的影响。他们之后的重要哲学家都不能回避这一问题，无不讨论这一问题，金先生也不例外。从某种意义上说，金先生的《论道》元学体系和《知识论》体系都是围绕着这一问题展开的。

　　在《论道》中，金先生设定了作为道的两个基本的分析成分——式和能，并通过逻辑推演，得出了可能必然有能而现实化为先验的本然界。在《知识论》中,金先生又将"以得自所与者还治所与"视为历程,其结果是化本然为自然,化自然为事实。外界是本然的,本然的现实化为自然的呈现或所与,这就是官能的事,而知觉进而化所与为事实。所以可以经验的世界即自然界。

我不同意金先生把本然界看成是先验世界的观点,也不同意他对自然界的看法。我以为自然界就是本然的现实,即可以认识的世界;经验化本然界为事实界,事实界就是经验中的自然界。具体来说,经验化本然的现实为事实界,由事实界的联系而有可能界,可能界与人的需要相结合而有价值界。本然界、事实界、可能界、价值界一起构成了自然界。这就是我的基本观点,这一观点我在《认识世界和认识自己》一书中有进一步的展开,请参阅。

3. 现实世界的秩序

承上所述,在金先生看来,可能之有能而现实化是必然的,可能之有能而现实化即为本然界。本然的世界或现实世界作为先验的世界,并不是杂乱无章的,而是有其秩序。那么,现实世界的秩序从何而来呢?

按《论道》的逻辑,现实的本然界是可能有能而转化来的。换而言之,《论道》是从"可能底现实"来讲现实世界秩序的。从可能的现实来说,可能在"式"中,式是析取地无所不包的可能,这实际上是用式、用可能界来解释现实世界的,这种解释在理论上同柏拉图主义相似,也颇相似于罗素早期的观点。但与罗素不同,罗素不讲共相的世界,认为共相"潜存"于具体和个体的领域。金先生认为有"式"即可能的世界,在此领域中,共相一排排一排排地坐着,所以在总体上仍然与柏拉图的理念论相类似。

正因为金先生是从"可能底现实"来讲现实世界秩序的,所以金先生尽管承认本然世界是新陈代谢、不断变化着的世界,但又认为本然世界的变化的动因在"能",也就是说可能或式是不变的,变只是能的变。他在第 2 章第 13 条中指出:"变是一现实的可能"①,"变当然不是可能底变,因为可能无所谓变与不变,即'变'这一可能也无所谓变与不变"②。"好像'动'一样,动的东西固然动,而'动'这一可能不动;扰万物者莫急于风,而风这一可能不扰万物。"③金先生的这种观点,无疑与朱熹、冯友兰十分相似。按朱熹的看法,动有动之理,气按动之理变化,但动之理本身不动。他们都是用静止的观点来描绘运动。

在第 2 章第 12 条,金先生还指出,变是能出入于可能的活动,能之出也必有其入,其入也必有其出,"出入之间就有轮转现实底可能与轮转现实的可能"④。比如一个苹果由绿变成红,一个鸡蛋变成小鸡,等等。都是用静止的观点,从共相的轮转现实来描绘变化现象,这种描绘不仅难以揭示生动的运动变化之流,而且也未能揭示出运动变化的内在根据。

总之,金先生从"可能底现实"来讲现实世界的秩序,把"式"看成是析取地无所不包的可能,在"式"中,所有的可能都用"或"相连接而有必然的关联,即逻辑,由此决定着可能必然地现实。

---

① 金岳霖:《论道》,《金岳霖全集》第 2 卷,第 60 页。
② 同上注。
③ 同上注。
④ 同上书,第 59 页。

但是,由于在"式"中只有必然的关联,其他联系或关系都被排除;只有必然的可能必然地现实,其他可能不会现实,这种可能尽管是必然的,但却只是可能而已,并且对生动的现实之流也是缺乏解释力的。同时,金先生把可能的关联看成是必然的关联,把共相的关联看成是现实的关联,共相的现实关联是可能之有能而现实化之后才有的,这样金先生无疑承认了可能是一个"超验(transcendent)"的领域。承认有一个超验的领域,实际上就等于承认了"彼岸"。那么,如何从超验的领域过渡到现实的领域、从彼岸过渡到此岸?其过渡的桥梁又是什么?

从哲学史上看,只要是承认有一个超验的彼岸世界的哲学家,都必然的面临着这样一个问题。柏拉图在提出了超验的"理念"世界之后,由于找不到从超验的彼岸向现实此岸的过渡的桥梁而走向神秘主义。康德试图通过"审美理性"来打通此岸与彼岸的鸿沟也未能获得成功。朱熹碰到这一问题之后,一方面认为太极是造化之本,是寂静空灵的世界;另一方面为了说明太极如何化生万物,又承认太极有动静。但太极有动静就不是寂静空灵的世界。这种理论有着明显的矛盾,从而受到后来哲学家的批判。冯友兰试图采取所谓"过河拆桥"的办法,来回避这一问题。但是,正如前面所反复说明的,只要是承认了有一个超验的彼岸世界,这一问题就回避不了,冯友兰的办法也未能解决这一问题。金先生的解决方式如上所述,他承认现实是运动变化的,但变本身不变,变的可能不变。至于如何由不变到变,金先生用能有入出、能常动来解释。这种解释从本质上来说,是一种二元论的解决方案。可见,无论哪种解释,都有其难以自圆之处。金先生后来也意识到了这一点,在《势至原则》一文中,有了更多的唯物论的东西。但是,承认超验的领域,在理论上总是有困难的。

我们的基本观点是:不承认有超验的领域,认为可能界与事实界是不可分割地相联系着的,但这需要作出说明和论证。

从人对世界的认识过程来看,正如马克思所说,"外部自然界的优先地位"①总是始终保持着,自然界在人类出现之前便本来存在着,有了人类精神,自然界也始终保持其本原、第一性的地位。但是作为人类认识最本质的基础,并不是赤裸裸的自然界(本然界或自在之物),而是相对于人,由于人的活动而改变着的自然界,即为我之物。因此,人类认识世界就是不断地化自在之物为为我之物的过程。作为这一过程的起点,就是感性的实践活动。在实践活动中,人们获得了对象的客观实在感,形成全部知识大厦的基石;同时,也是在实践基础上的感性直观中,人们取得所与,进而形成抽象概念,以得自所与还治所与,于是就化本然为事实。事实界是知识经验的领域,也是事与理、殊相与共相的统一。人们根据事实界事与理、殊相与共相的多种多样的联系,进而使自己的思维超出现实的领域,进入可能界。可能界是可以思议的领域。人把有利于自己的可能性作为目的来指导行动、改造自然,即把现实的可能性与人的社会需要相结合,使自然人化,就创造了价值,进入了价值界。所以,人在实践的基础上化自在之物为为我之物的过程,不仅有事实界、可能界而且有价值界,这是从人对世界的认识的角度考察现实世界的秩序,以及从现实出发考

---

① 马克思、恩格斯:《德意志意识形态》,《马克思恩格斯选集》第 1 卷,人民出版社 1995 年版,第 77 页。

察可能的讲法。这种讲法的目的不在于构造一个本体论的体系，而在于探讨智慧的学说，即关于性与天道的认识理论，或者说给本体论以认识论的根据。

当然，从人对世界认识的角度来考察现实世界的秩序，从现实出发考察可能界，就需要区分现在的有、过去的有、可能的有，并正确处理三者的关系。现在的有包括现实事物及其联系，它就像孔子所说的，"逝者如斯夫，不舍昼夜"，源源不断奔流前进：往后看，现在的有不断成为过去；向前看，现在的有不断奔向未来。对于现在(即"今")，正如李大钊说的，不能把时间看成一条线，也不能把"今"看作过去和未来之间的一个点(这样的话，今就没有长度)，而应把今看作与人现实的实践、经验相联系着的，它纳过去于今，胎未来于此。所以，就过去者来说，过去的有"已然则尝然，不可无"，因为它与现在相联系着。就未来者来说，未来的有是可能的有，可能的领域十分广泛，它不同于事实界，是可以思议的领域，或者说它不限于现在的和尝然的事实，而包括幻想的和未来的有。然而幻想也是从现实中产生的，未来也是从现在的有中孕育出来的。未来的有之所以称之为可能的有，正是因为它与现在和过去相联系的。

从这样一种角度来理解"有"，理解事实界与可能界的联系，一方面避免了对超验领域的设定以及由此造成的理论困难，另一方面这样的可能界也就不是静态的、没有变化的，可能界本身也处在不断的流变之中。现实按"并行不悖而矛盾发展"的基本原则和一般秩序而不断运动变化，可能界依存于现实，是由现实事物之间的联系所提供的，所以现实的一般秩序和基本原则不仅贯穿于事实界，也贯穿于可能界，从而使可能性因与现实之间的不同联系而分为不同的层次。

首先，可能界排拒形式逻辑的矛盾，并因遵守形式逻辑的同一律而有意义，从而把可能与不可能区别开来。这一点，我主要接受了金先生的观点。金先生在讲可能界的时候，也强调可能界尽管无限广大，但可能界是可以思议的领域，因其排除形式逻辑的矛盾而有意义。但金先生离开事实界与可能界的联系讲可能界，所以只承认可能界遵守形式逻辑的同一律而并行不悖，不承认矛盾发展。我对金先生的观点作了发展，从事实界的多种多样的联系中讲可能界，这样，事实界的基本原则和一般秩序贯彻于可能界，可能界就不仅是并行不悖的，而且是矛盾发展的。

其次，事实界的联系是多种多样的，有本质的联系、非本质的联系，有必然的联系、偶然的联系，有内在根据、有外在条件。受此制约，可能界的可能性是多种多样的，不能一视同仁。首先要区分本质的联系与非本质的联系，并据此区别具体的、现实的可能与抽象的可能。尽管非本质的联系也是客观的，抽象的可能性也是有意义的，但从认识论的角度看，要重视本质的、规律性联系及其所提供的可能性即现实的可能性。因为这种可能性与现实事物有本质的联系，并可以合乎规律地由可能化为现实。不过，本质联系所提供的可能性是复杂的，因为本质有不同的层次，而且本质本身也是矛盾发展的。物质世界分化为各种运动形态、各个发展过程，各个发展阶段，都各有其特殊的本质，其层次是不同的。在不同的结构、系统中间，同一事物处在不同的条件下可以有不同的现实的可能性，对这些不同的现实的可能性也要作具体分析。

第三,就特定的发展过程来说,我们在考察本质联系或规律性联系的时候,还要区分内因和外因、根据和条件。内因和外因、根据和条件尽管是互相联系并可以相互转化的,但把握事物的内在根据更为重要。一种运动形态、每一运动过程,总有其内在根据,这种内在根据所提供的可能性就是潜能。

可能与实在、潜能与现实在哲学史上,许多哲学家都认为是两对范畴,可能是大范畴,潜能是小范畴。但是,任何一种可能都是对象的内在根据即潜能所提供的。中国哲学家过去讲的"才"、"材质"、"性能"主要指潜能。潜能在一定的条件下能发展成现实的事物,比如,给种子一定的温度和湿度,就能抽芽、长苗。我把可能与实在、潜能与现实看成是辩证统一的,作为两对范畴,二者是有区别的,但也有统一性。具有内在根据的可能性即是潜能,潜能在条件具备时便自动化为现实。

第四,事实的流变是矛盾发展的,其动因就是内在根据,而内在根据本身也是包含有矛盾的,这种矛盾有不同的形态,每一形态本身又有其动因,构成其根据。由于根据和条件是可以互相转化的,从而又提供了各种不同的可能性。所以,要区分主要的和次要的、占优势的和不占优势的可能性。

第五,人类的理性把握了各种可能性,并与人的需要结合起来,形成理想和目标,规定人们的行动,通过实践使人的目标、理想得以实现,创造了价值。价值界是现实的可能性与人的社会需要相结合的产物。

以上,就是我们从人对世界的认识出发,亦即从现实出发讲可能的路子。从这种路子出发,我们否认了有一个超验的彼岸世界,而是承认作为自在之物的自然界即本然界的"优先地位"。但是承认本然界的优先地位,并不等于承认本然界是一超验的彼岸世界。从人对世界的认识的角度来看,自在之物与为我之物并无原则上的差别,它们都是统一的物质世界。它们的区别只在于自在之物尚未进入人的认识领域,属于"必然王国"的范围;而为我之物则进入了人的认识领域,逐步走向"自由王国"。人类认识的本质,从一定意义上说,就是不断化自在之物为为我之物、从必然王国走向自由王国的过程。这种过程首先便是化本然界为事实界,然后根据事实界的联系进入可能界,再根据各种可能性并与人的需要相结合,在实践中创造价值,进入价值界。价值界是人化的自然,同时也是人道的自然化。当人的劳动、社会生活所建立的秩序与自然界的秩序相一致而又不违背人的自然本性时,也就达到了人与自然的统一,获得了自由。这就是我在《认识世界和认识自己》一书中所展开论述的观点,也是我对金先生基本观点的发展。

第五讲
现实并行不悖

《论道》第 2 章，金先生主要讨论了"可能底现实"问题；第 3 章，金先生主要讨论了"现实底个体化"问题。可能有能而现实化，现实的本然界还要进一步具体化、分解化、多数化，即个体化。现实底个体化，首先面临的问题，就是"现实底原则"。

1. 现实的一般原则

按金先生的理解，现实的本然界是可能之有能而现实化的结果，所以本然界并不是没有理性、杂乱无章的世界，而是可以以理通、以理去了解的世界。之所以如此，是因为现实的本然界有其最一般的秩序和最基本的原则。

《中庸》曾有"万物并育而不相害，道并行而不相悖"的观点。金先生在《论道》中对此作了全新的解释，认为"现实并行不悖"是一现实的根本原则。

金先生在《论道》第 3 章第 1 条，从两个方面对"现实并行不悖"的原则作了分析。首先分别地讨论了"并行"与"不悖"。其次综合地讨论现实并行而不悖及其意义。

就"并行"而言，金先生运用反证法作了论证。他认为，如果假设现实不并行,那么只有 3 种情形:或者"不并不行"或者"并而不行"或者"行而不并"。这 3 种情形的任何一种,都有悖于现实之道,所以只有"并行"才"不悖"。就"不悖"本身而言,金先生认为可以从积极与消极两方面来说。从消极方面来说,"悖"就是指不合乎"道","不悖"就是指"合乎""道",只要现实并行是合乎道的并行,它当然是不悖的,也不能悖。从积极方面来说,"道"的不悖可以完全是逻辑问题,而现实的不悖则有时间与秩序问题,它表示"在任何时期,同时期的现实要彼此不悖,后此时期的现实要不悖于此时期及前此时期的现实"①。也就是说具体的现实在空间上有其广延,在时间上有其绵延,但又并行不悖有其一般的秩序,如"日月代昭,四时错行"。

综合地看,现实并行不悖更是一条十分重要的原则。从消极方面说,悖就是不合乎道,并行不悖作为现实原则,引用到事实上去,就等于说没有不相融的事实。所谓"事实相融"就是说如果有两件事实,我们用两个命题分别地表示它们,它们决不至于会有逻辑矛盾。这也表明,现实并行不悖不仅是"现实底原则",而且是事实界的根本原则,是任何人都要引用的原则,"侦探引用它,法庭引用它,科学家也引用它"②。从积极方面来说,现实并行不悖的原则表示本然世界不是没有理性的世界,而是"能以理通,能以理去了解的世界"③。这同时也意味着现实有其并行不悖之道,有一种自然均衡(即天均)的秩序,从而为主体以现实之道还治现

---

① 金岳霖:《论道》,《金岳霖全集》第 2 卷,第 79 页。
② 同上书,第 80 页。
③ 同上书,第 79 页。

实提供了前提,而这种秩序也就是归纳与演绎所能把握的秩序。

可见,"道并行而不相悖"的思想自古有之,金先生的贡献在于对这一思想作了系统的阐发和精致的哲学分析,使其具有了全新的意义。这既是中国传统哲学现代转换的必要环节,也是中国哲学走向世界的必由之路。

2. 现实底具体化

并行不悖是现实的原则和最一般的秩序,按照这一原则和秩序,现实必须具体化。同时,也正因为现实的具体化,才使并行不悖的现实原则得以实现,或者说现实的具体化是并行不悖的现实原则得以实现的方式,二者是互为条件的。但这里首先面临的是何为"具体"的问题。

金先生指出:"普通所谓具体是与抽象相反的。它有两成分:(一)它是可以用多数谓词去摹它底状的,(二)无论用多少谓词去摹它底状,它总有那谓词所不能尽的情形。……它有那非经验所不能接触的情形,而这情形就是普通所谓'质'、或'体'、或'本质'、或'本体'。"[①]在这里,金先生涉及了一个任何哲学、任何哲学家都无法回避而必须回答的问题,即抽象与具体、一般与个别的关系问题。按金先生的上述理解,"具体"首先是与抽象相反的东西,但具体之为具体又离不开抽象,其中可以用多数谓词去摹状的成分,就是抽象的成分,即共相或共相的关联。但是,具体作为与抽象相反的东西,其不同于抽象的所在,就是因为具体的东西

---

① 金岳霖:《论道》,《金岳霖全集》第2卷,第82—83页。

中还有谓词所不能穷尽的成分，即"质"或"体"或"本质"或"本体"，亦即"能"。

金先生对"具体"的这种理解，就其体系本身而言，无疑是一贯的，即从可能与能的结合来理解"具体"，这种理解从本质上说是从抽象的角度来理解具体的，有着分析哲学的深刻影响。

基于对"具体"的这种理解，金先生在第 3 章第 3 条对现实底具体化作了规定，他说："现实底具体化是多数可能之有同一的能。"①现实底具体化既然是多数可能之有同一的能，这无疑意味着现实底具体化是并行不悖的现实原则得以现实的方式。因为"本来不相关联的可能，现实具体化后，它们可以关联起来而不悖；本来不能同时关联起来的可能，现实具体化后，可以在不同的时间关联起来而不悖"②。

在金先生看来，现实不仅有具体化的问题，而且有个体化的问题。现实的个体化就是"具体底分解化、多数化"③。所谓"具体底分解化、多数化"，可以理解为具体的现实分化为各个领域的各种运动形态、各个发展过程、各个东西、各种事体。一方面，现实并行不悖的原则贯彻于具体化、个体化的现实世界，从而使现实世界成为可以以理通，以理去了解的世界，亦即有了归纳与演绎所能够把握的秩序；另一方面，现实的具体化、个体化又使现实并行不悖有了实现的方式。二者互为条件，构成了纷繁复杂、丰富多彩的现实世界。

---

① 金岳霖：《论道》，《金岳霖全集》第 2 卷，第 82 页。
② 同上书，第 83 页。
③ 同上书，第 84 页。

3. 并行不悖是现实的基本原则和事实界的一般秩序

现实的基本原则是什么？事实界有无其一般的秩序以及这一秩序是什么？这一直是哲学史上特别是近代哲学讨论的重要问题,金先生从现实底具体化、个体化的角度对并行不悖的论述,确实揭示了现实的基本原则和事实界最一般的秩序。因为并行不悖的原则不仅表明现实事物在空间上并存、时间上相继分化而并行不悖,而且表明事实界不违背逻辑而有自然均衡的秩序,由此决定着现实世界是能以理通、即能用理性去把握的世界。所谓用"理性"来把握,就是指能够用类、故、理等逻辑范畴来把握。具体来说,首先,它能"以类取、以类予",通过种属包含关系,把握"整体是部分总和"的秩序;其次,没有无缘无故的事物,现实事物的存在都有其理由,都有其必要条件、充分条件,即所以然之故;第三,没有不相融的事实,现实事物各有其确实性,而确实性只能是统一的,而不能是多样的,它"独立于认识而然",并构成了并行不悖的现实基础。确实性要求思维必须有确定性和一贯性,亦即遵守形式逻辑的思维规律。而转过来说,思维遵守形式逻辑的规律,也正是反映了现实事物的确实性,因此概念与现实事物有这样或那样的对应关系,而逻辑的客观基础即在于此,金先生强调现实并行不悖作为现实的基本原则的意义也在于此。

需要说明的是,金先生在提出现实并行不悖原则的同时,又提出了"现实并行不费"的原则。对于"现实并行不费"的原则,金先生在第3章第2条用反证法作了论证。他首先假设,如果现实不并行,那么只有3种现实方式:其一是"不并亦不行",其二是"并而不行",其三是"行而不并"。但是,这3种方式的任何一种,都会使可能的实现机会太少,或者说太费"能"和现实的机会。所以,只有现实并行,才能不"费"能和现实的机会,具体来说,"就是让同一的'能'同时套进许多相融的可能,异时套进许多不相容的可能"。①

对于金先生提出的"现实并行不费"的原则,我以为是值得讨论的;现实并行不费能否作为现实的基本原则,我认为也是可以争论的。因为,作为现实的基本原则,对于现实来说,必须是充分而必要的,现实并行不费对于现实来说,只是必要的,而并非充分的。同时,费与不费本身也正如金先生自己所说的那样,是"相对于我们一时的情绪"而言的。现实并行不费"不是先天命题,似乎也难说是先验命题"②。这样一种原则,显然不能与"现实并行不悖"相提并论,也很难说是一条现实的基本原则。与此相关联,我也不同意金先生把个体与具体分开来讲的观点,尽管就金先生的体系本身而言,这种区分也许是必要的,但在我看来,他的这种区分是很成问题的。因为一般而言,具体化也总是分解化、多数化的,具体的东西也总是要分解化为不同的运动形态、各个发展过程、无数个体(东西与事体),换言之,具体总是个体的。金先生把具体与个体、具体化与个体化区分开来,从而在对个体的理解上,产生了难以化解的理论困难。

金先生在第3章第8条对个体作了规定,他说:"个体是一现实的可能。"③他在对这一条的注释里进一步指出:"这里个体两字

---

① 金岳霖:《论道》,《金岳霖全集》第2卷,第81页。
② 同上书,第82页。
③ 同上书,第86页。

是所谓个体的'个体',而不是这一个与那一个个体的'个体'。以'这'与'那'去表示的个体是具体的,不能下定义的,占特殊时空的'这个'与'那个',所以它们不是此处所说的个体。此处所说的个体不是这个与那个底本身,而是它们之所以为个体的个体。"①很明显,金先生所谓的"个体"无疑有两种,一种是这里作为"一现实的可能"的个体,亦即个体之所以为个体的个体或者个体的共相;另一种则是作为具体的个体,或者占特殊时空作为"存在"的个体。金先生对个体的这种区分,无疑割裂了共相与殊相、一般与个别的辩证统一关系,是一种形而上学的观点。并且,当金先生作了这种区分之后,如何将二者统一起来,这又成为他的理论体系所难以解决的问题。所以,我不赞成金先生把具体与个体区分开来的观点。与此相联系,金先生把具体与个体作了区分,所以认为并行不费是一"非常之重要的,普遍的"现实原则;而我则不主张把具体与个体区分开来,所以并行不费很难说是一重要的现实原则,在一定意义上,可以不谈这一原则。这是我要说明的第 1 点。

　　需要说明的第 2 点是,金先生在《论道》中只讲了现实并行不悖的原则,这是远远不够的,还必须讲矛盾发展原则。因为作为现实的原则,其作用就在于揭示运动、变化的现实之流,但如果只讲并行不悖而不讲矛盾发展,那便只是描绘运动、变化,而未曾揭示运动的内在根源和根据。比如《中庸》列举日月代昭、四时错行、万物并育等现象来说明并行不悖,但这种并行不悖、自然均衡

————————————
① 金岳霖:《论道》,《金岳霖全集》第 2 卷,第 86 页。

的变化现象的根源何在？还需要深入把握其内在矛盾来解释。并行不悖是具体化、个体化的现实原则，但只讲并行不悖，现实有归纳演绎的秩序，并不能真正把握个体、具体之"体"。因为在知觉中对个体只是识别而已，而概念总是抽象的，所以要真正把握"体"，就不能停留在归纳演绎的秩序，还要进而把握现实的矛盾运动，或者说把握现实的辩证法的秩序。而对于实在之流、现实洪流的基本原则的完整表述，应该是"现实并行不悖而矛盾发展"。

"现实并行不悖而矛盾发展"作现实原则，它不仅生动地描绘了现实之流的运动、变化，揭示了运动、变化的内在源泉和根据；而且表明形式逻辑和辩证逻辑都有其客观基础。现实是并行不悖的，所以有归纳和演绎所能把握的秩序，这是形式逻辑的客观基础；现实是矛盾发展的，所以有辩证逻辑所能把握的秩序或者说辩证逻辑有其客观基础。中国传统哲学的特点之一，就在于把并行不悖或自然均衡与矛盾发展结合起来，讲"自然之和"、"太和之为道"。尽管在不同的哲学家那里，提出的观点、侧重点各有不同，比如有的提出了"相反相成"，有的强调"体用不二"，有的侧重于"理一分殊"，但都把自然的均衡看成是相对的、有条件的，并包含着差异、矛盾的对立统一的发展过程。金先生的《论道》偏重于讲"并行不悖"，而忽视了"矛盾发展"，这是其不足之处。但金先生明确地把"并行不悖"的原则提出来，并作了精致的哲学分析，这又是其特点和优点，过去没有如此讲法。《中庸》所讲的"道并行而不相悖，万物并育而不相害"是把二者混在一起讲的。金先生这里有了分别，有了逻辑的分析，这在中国哲学史上是第一次。

　　但是,金先生过于偏重分别的讲法、过于偏重逻辑分析,而逻辑分析的方法历来是一把双刃剑,过分精细的逻辑分析,有时会损害辩证的综合。实际上,对天道的认识,既离不开分别的讲又离不开综合的讲,逻辑分析与辩证的综合二者不可偏废。金先生过分注重逻辑分析而忽视辩证的综合,从而使他的天道理论带上了明显的形而上学色彩。

　　对于金先生天道理论上述特点的形成,我们既要结合中国古代的"大传统"来理解,但更重要的是要结合中国近代的"小传统"来认识,因为金先生毕竟是中国近代哲学家,他所要面对和回答的问题也必然是近代的。

　　中国近代哲学是中国近代社会的理论反映,中国近代经历了空前的民族灾难和民族危机,所以中国近代的思想家们首先是爱国者。他们或者面向自己的传统或者面向西方,前赴后继,英勇奋斗,寻找救国救民的伟大真理,都是要解救民族危亡,使中华民族自立于世界民族之林。

　　从表面上看,金先生如他自己所说的,是"哲学动物式"的哲学家,他所从事的事业也是纯而又纯的哲学理论的思考。但在实质上,他也面对着中国近代的问题,并试图回答这一问题,所不同的只是他要从哲学的角度予以回答,其目标是会通中西、实现中国传统哲学的现代转换,使中国哲学走向世界并站在世界哲学的前列。为此,金先生投入了巨大的精力,付出了艰苦的劳动。而这一切又是由巨大的爱国热情所支撑的。

　　由于中国近代特殊的历史境遇,对于近代思想家来说,"为学与为政"的矛盾更加尖锐。金先生作为"庚款"赴美留学生,开始是学商业科的，后来改学政治学，就是试图从政治上回答中国近代所面临的问题。尽管由于种种原因，金先生转而研究哲学，表面上远离了政治，但他仍然十分关注政治，其政治热情仍然是非常高的。

对于中国传统哲学，金先生虽然没有作过系统研究，也没有写过哲学史，但他的国学基础是非常好的。他对老庄、儒墨很有体会，非常喜欢古诗词，而且自己写。他对传统哲学的许多看法，在他的学生的思想中得到了继承和发展。比如沈有鼎对墨家逻辑的研究，就没有人能够超过。金先生创建的清华哲学系以注重逻辑分析见长，对传统哲学也比较注重墨家。这就要求我们在研究金先生思想的时候，要注意他的学生的思想，透过和通过金先生的学生的思想，来了解金先生的思想。

从近代思想、文化的历史流变和哲学的流变，亦即近代的"小传统"来看，金先生的贡献首先在逻辑学方面。尽管金先生不满意自己的《逻辑》一书，但逻辑与方法论问题的讨论是近代哲学革命的一个重要方面。金先生的《逻辑》一书对罗素数理逻辑的系统介绍和逻辑哲学问题的讨论，构成了近代逻辑和方法论革命的一个重要环节。因为进入近代之后，中国人一旦接触到西方文化，就不能不意识到逻辑思维方式上的民族差异。严复是第一个认真比较了中西文化特点的人。在他看来，中国传统学术的一个重要弱点，就是概念不明确，逻辑不严密。中国人习惯于从"诗云"、"子曰"出发的经学方法，极易导致独断论的"师心自用"。这都是由于中国人长期不重视形式逻辑和科学方法的研究所造成的。而西方数百年来"学运昌明"，首先应归功于培根所提倡的科学方法。中国要自强,要发展科学,就必须重视逻辑和科学方法的研究。正是有见于此,严复翻译了《穆勒名学》、《名学浅说》等著作,系统地把西方的形式逻辑和实验科学方法介绍到中国。自严复之后,许多进步的思想家如梁启超、王国维、章太炎等,都很重视逻辑学的研究,强调要用近代科学方法来取代传统的经学方法。经过"五四"新文化运动,经学独断论受到猛烈冲击,民主和科学深入人心,西方近现代科学方法大量引入,胡适的"大胆假设、小心求证"的方法在当时更产生了广泛的影响。相形之下,这些研究和介绍都缺乏系统性,而金先生的《逻辑》一书则以系统的形态,不仅介绍了西方的传统逻辑,而且介绍了当时西方最新形态的数理逻辑,并探讨了一些最基本的逻辑哲学问题,其贡献无疑远远超过了同时代的哲学家。

　　认识论问题的讨论,也是中国近代哲学革命的一个重要方面。近代伊始,魏源重新对知行问题作了考察。他既反对理学空谈性理,也不满汉学专搞训诂,而主张接触实际,注重实践和观察,提出了"及之而后知,履之而后艰"的知识理论。后来,严复、康有为、谭嗣同、章太炎、孙中山都非常注重于认识论问题的讨论。一般而言,改良派强调知,以为首要的问题是开民智。严复曾指出"民智者,富强之源"①,在认识论上主张知先于行,并有经验论的倾向。而革命派强调行。章太炎提出了"竞争生智慧,革命开民智",初步具有了社会实践观点的萌芽。孙中山则在总结领导民主革命经验的基础上,提出了"知难行易"的"孙文学说"。

---

① 严复:《原强》,王栻主编:《严复集》第 1 册,中华书局 1986 年版,第 29 页。

但是，不论是严复还是章太炎和孙中山，都没有真正解决知与行、感觉经验与理性思维的关系问题，也未能建立具有近现代意义的知识论体系。

30 年代，中国近代哲学的发展进入了创造体系的时代，一些主要的哲学家都开始尝试着建立自己的哲学体系。在认识论上，胡适讲实用主义，是经验论；梁漱溟讲王学和柏格森主义，是一种直觉主义；冯友兰讲新实在论、新理学，比较注重逻辑思维。但他们分别夸大了认识过程中的经验、直觉（意欲）或理智（思维）的环节，都不懂得认识的辩证法。在这些建立了体系的哲学家中，真正建立了具有独创性的知识论体系，并在认识论方面作出了杰出贡献的哲学家，仍然首推金先生及其《知识论》。

在洋洋 70 余万言的《知识论》一书中，金先生涉及到了近现代知识论的许多重大的理论问题。从这些问题的设定来看，金先生的知识论体系的许多重要概念和问题都是从西方引入的，但在对问题的讨论和解决上，金先生又吸收了中国传统哲学的优秀成果，并结合了中国近代哲学的发展。所以，金先生的《知识论》体系在当时不仅在中国近代哲学的发展中处于前列，而且在世界哲学的发展中也处于前沿。与同时代的哲学家相比，金先生的《知识论》体系是一个独创性的体系，并包含了更多的唯物主义和辩证法的因素，但由于分析哲学、特别是新实在论的深刻影响，它也不可避免地带有许多繁琐哲学的成分。解放后，金先生进行了真诚的自我批判，作为这种自我批判的理论成果，就是《罗素哲学》一书。在《罗素哲学》一书中，金先生运用自己初步掌握的马克思主义观点，不仅对罗素哲学作了清算，而且对自己哲学体系中的唯心主义、形而上学倾向作了反省,表现了真正的哲学进步。

不可否认,由于当时客观形势和客观环境,在《罗素哲学》中,金先生不论是对罗素的批判还是自我批判,都有过头和失实之处。但是,就这种批判的基本倾向来说,还是正确的。同时,金先生对自己以往思想的批判也是真诚的,表现出一个进步知识分子所应有的精神面貌。这就要求我们在研究金先生思想的时候,必须把他的前后期思想联系起来进行考察,这样就能把握金先生思想的全貌,也能动态地把握他的思想的不断进步的过程,从而加深对他思想的理解。

如果从这样一种基本的立场出发,那么,我们无疑会看到,从《论道》、《知识论》到《罗素哲学》、《客观事物的确实性和形式逻辑的头三条基本思维规律》,金先生都在关注着一个哲学认识论的基本问题——形式逻辑的客观基础问题,并表现为一个不断探索而又不断进步的过程。具体而言,在《论道》和《知识论》中,金先生注重于从纯思辨的角度,去寻找形式逻辑的客观基础,并将其归结于“超验”的形上学领域。在《罗素哲学》和《客观事物的确实性和形式逻辑的头三条基本思维规律》中,金先生放弃了其《论道》和《知识论》中的观点,而注重于从现实的客观事物及其“确实性”,来说明形式逻辑的客观基础问题,这在金先生的思想发展中无疑是一个巨大的进步。

最后需要说明的是,金先生在《知识论》中把知识的对象仅仅局限在“名言之域”,并对知识作了诸多的限制,但这并不意味着金先生放弃了“超名言之域”的探索。实际上,《论道》所探索的正是“超名言之域”,而且在《势至原则》一文中,金先生还初步涉及到了"名言之域"与"超名言之域"的关系问题。按金先生的设想，在完成了《论道》与《知识论》的撰写之后，接下来想写一本专论"名言之域"与"超名言之域"关系的著作，但苦于没有时间。解放后，由于客观情况的变化，金先生的这一设想没有能够成为现实，这不能不说是中国近代哲学的一个重大损失。

第六讲
现实底个体化

《论道》第3章讲了"现实底原则"之后,讨论了现实的个体化问题。

1. 现实底个体化

《论道》第3章第9条说:"共相是个体化的可能,殊相是个体化的可能的各个体。"①金先生认为,可能可以分为两类,一类是现实的,一类是未现实的。未现实的可能没有具体的、个体的表现,谈不上"共"的问题,所以不是共相,而共相就是各个体所表现的共同的、普遍的"相",即个体化的现实的可能。

接着金先生讨论了共相和个体之间的关系问题。"共相当然实在,不过它没有个体那样的存在。"②它是 real,所以内在于一类的个体;但不是 existence,所以超越于其个体,没有个体所有的时空关系,比如一本黄书在一张红桌子上,并不表示"黄"共相在"红"共相之上,在东边的东西比在西边的东西多,并不表示"在

---

① 金岳霖:《论道》,《金岳霖全集》第2卷,第87页。
② 同上注。

东"这一共相比"在西"这一共相多。一方面,共相超越它本身范围内的任何个体,另一方面,它又不能独立于本身范围内的所有个体。由前一方面讲,共相是超越（Transcendent）,由后一方面讲,共相是内在的（Immanent）。

在此需要指出的是,在金先生的著作中,概念范畴的运用十分严格、精确。"有"（being）、实在（reality）、存在（existence）都有严格的所指,"有"的含义最为广泛,对一般的可能就能说"有",共相是实在的,个体是存在的,可能虽有而不实、共相虽实而没有个体的存在。经过金先生等人的努力,中国传统哲学概念含混的毛病得到了一定程度的克服,这是中国哲学近代化的一个重要侧面。

《论道》认为,共相包括性质和关系两大类。"分别地表现于个体的共相是现实的性质。从文字方面着想,这等于说性质是对于一个体所能用的谓词所表示的情形"[1],"联合地表现于一个以上的个体的共相是现实的关系"[2],也就是说,关系是对于两个或多数个体才能实现的可能。

在此基础上,金先生还讨论了"个体底变"的问题。说:"本然世界无不变的个体"[3]。个体的变有大变和小变的分别。大变是指一个体变成多数的个体,或变成另一个体;小变是指一个体变更它的某一方面的某种性质或某一方面的某种关系。《论道》既讨论大变,也讨论小变。

---

① 金岳霖:《论道》,《金岳霖全集》第 2 卷,第 89 页。
② 同上书,第 90 页。
③ 同上书,第 91 页。

2. 个体世界和归纳原则

首先,金先生指出:"个体世界不是无量的世界,而是有量的世界。"①《论道》第 3 章第 18 条说:"在任何有量时间,任何个体不小到不可以有内,不大到不可以有外。"②从小的方面说,最小的个体,如现代物理学所说的电子,它的小不是无量的小,而是有量的小,比如我们能说它的半径是 2×10^{-13} 厘米,而有量的小就是可以有内的小。即使以后科学家发现了比电子"更小"的东西,情形仍然同样,因为以科学的方式得到的"更小"决不至于小到不可以有内。从大的方面来说,最大的个体不大到不可以有外。例如现代天文学的"宇宙",我们能够说它的直径是多少多少光年或多少多少公里,这就意味着它不是无量的大,而是有量的大,既是有量的大就是可以有外的大。总之,一时间的本然世界总是有量的世界,一时间的本然世界的容量也是有量的容量。一时间的本然世界总是有量的个体,无论如何大,不能无量的大,不论如何的小,不能无量的小。同时,一时间的本然世界所能容纳的个体的数目也不会无量。

其次,金先生讨论了有量的个体世界和归纳原则的关系。在金先生看来,有量的个体世界的理论十分重要,它构成了归纳之所以可能的本体论前提。"归纳逃不了由已经经验到的到未曾经验的推论"③。在任何时间,我们已经验的个体的数量总是有限

---

① 金岳霖:《论道》,《金岳霖全集》第 2 卷,第 98 页。
② 同上注。
③ 同上书,第 99 页。

的,假如未曾经验的同类个体的数量是无限的,则无论经验如何推广或增富,二者的比例总没有改变,这比例不改变,经验虽然增加,知识不因此而丰富。可见,假如在任何有量时间,个体的数目可以无量,任何一种一类的个体的数目也可以无量,则归纳就麻烦,也许根本就说不通。

　　归纳和有量的世界的关系问题,确实是一个重要的哲学问题,自休谟以来,不少哲学家都碰到了这样的问题。但是金先生对问题的提法却反映了一种静止的、形而上学的观念,即没有看到有量和无量之间的辩证法。事实上,在科学研究中,我们能够从一有量的世界中归纳出一些规律性的东西,这些规律性的认识在其适用范围之内具有普遍的有效性,比如,欧氏几何学和非欧几何学在它们各自的范围之内各有其无限的效力,因此,这里有一个从有量到无量的飞跃。

　　与此相关,金先生关于范畴的下述看法也同样缺乏辩证法的观点。金先生还说:"普通的定义固然是范畴,归纳的概括(Inductive generalization)都同时蕴含一范畴。每一归纳的概括都同时蕴含一定义,从这方面着想,只要那概括原来靠得住,以后也靠得住;视为定义它只有引用不引用底问题,没有为以后的经验所推翻底的问题。"①实际上,作为归纳的概括之所得,范畴来自认识的过程,随着认识本身的演变和发展,范畴必然要经历一个被抛弃或被改造或被代替的过程,而不像金先生所说的没有为以后的经验所推翻的问题。

---

① 金岳霖:《论道》,《金岳霖全集》第 2 卷,第 100 页。

3. 个体的尽性以及个体和整个本然世界的关系

《论道》第 3 章第 22 条说:"一现实可能底个体底尽性是那些个体达到那一现实可能底道。"①在这一条中,金先生区分了宽义的性质即属性(Quality)和狭义的性质即主性(Nature)。举个例子来说,我这里一当前的个体是一张纸。它是"纸",是"有形式的",是"有颜色的",是"长方的",是"白的",等等。就这个当前的无名的个体来说,"纸"、"有形式"、"有颜色"、"长方"、"白"等等都是它的宽义的性质,即属性,可是从一张"纸"来说,"有形"、"有色"是一张纸的主性,而"长方"与"白"则不是。本条所谓尽性是就主性而言的。"纸"有定义,"纸"的定义牵扯到许多其他的可能;一张纸有性质,它的性质也牵扯到许多其他性质,"一张纸底尽性就是充分地现实它所牵扯的可能。充分地现实这一可能就是达纸之所以为纸的道"②。纸之所以为纸的道是分开来说的道,但不是分开来而有的道,因为,纸这一可能既在式中,它的定义既然牵扯到许多别的可能,它的现实就是许多其他可能的现实,所以,纸的道就离不开那唯一的道。

人当然也有尽性的问题,人的尽性牵涉到德性的问题,但在金先生的著作中,对这个问题探讨不多,这是一个缺陷。

《论道》第 3 章第 24 条说:"每一个体都反映整个的本然世界。"③每一个体均有一套特别的关系和性质,每一个体的性质和

① 金岳霖:《论道》,《金岳霖全集》第 2 卷,第 102 页。
② 同上书,第 103 页。
③ 同上书,第 105 页。

关系总要牵扯到别的个体的性质和关系,同时别的个体的性质和关系也牵扯到其他个体的性质和关系,由此类推,一个体的性质和关系牵扯到所有个体的性质和关系,这就是本条所说的"每一个体都反映整个的本然世界"[①]的涵义。

从上述观点中,金先生引申出如下看法,即认为个体方面的"无量"可以用两种方式来表示:1)个体的性质和关系有无量推延的情形。因为一个体的性质和关系和所有其他的性质和关系有关联,所以,就会出现性质和关系方面的无量的推延的情形,假设 φ 为 x 的性质,说 x 是 φ 就是说 x 是 Ψ······等等,说 x 是 φ······等等就是说 x 是 θ······等等,说 x 是 θ······等等就是说 x 是 λ······等等。2)从知识方面说,如果我们要知道一个体的所有的关系和性质,我们得知道整个的宇宙。当然,这不是说,我们要知道一个体,就得知道整个的宇宙,这是两回事,不可不辨。由此,金先生得出了这样的结论:"不完全的知识也是知识。知识离不了真命题。真命题底的内容虽有贫乏与丰富底分别,而真命题底'真'没有程度高低的不同。"[②]这就值得商榷了。金先生习惯于从静态的角度来分析知识,所以得出了真之为真没有程度不同的结论。但是,如果我们从动态的角度来考察认识的发展的话,我们就会发现,真理不是一层不变的。"真"与"真"是有区别的,随着认识的发展,我们可以从比较粗浅的、某一方面的"真"进到比较确切、比较全面的"真",从科学知识的"真"进到关于性和天道智慧之"真",显然,这里的"真"是有程度的差别的。

---

① 金岳霖:《论道》,《金岳霖全集》第 2 卷,第 105 页。
② 同上书,第 107 页。

第七讲
共相底关联与逻辑秩序

《论道》第 4 章，金先生主要讨论共相的关联与逻辑秩序问题。

1. 形式逻辑的秩序

在《论道》第 4 章第 1 条，金先生从"可能界"的立场，对"可能底关联"作了规定。他说："可能底关联有可能底关联。"[①]在对这一条的注释里，金先生又进一步指出："可能底关联表示可能与可能之间有关联。可能的关联表示这关联之中有一部分是可能的。"[②]这里涉及了"可能"、"不可能"、"必然"几个范畴之间的联系。

我们知道，在金先生的整个哲学体系里，"必然"都是形式逻辑上的"必然"，这里所讲的"必然"也不例外。如果把"必然"视为形式逻辑而非辩证逻辑意义上的"必然"，那么，"必然"、"可能"、"不可能"三者之间的关系，在金先生看来，就是："无必然即无所谓可能，无可能也无所谓必然，它们底关系似乎是以'不可能'为

[①] 金岳霖：《论道》，《金岳霖全集》第 2 卷，第 108 页。
[②] 同上注。

媒介。"①

　　在第 7 条，金先生又对可能、不可能、必然的上述关系作了进一步的展开。他说："逻辑底秩序是必然与必然之间的必然关联。它不能独立于必然的关联。可是，所谓必然的关联，追根起来，就是可能与可能之间的一种特别的关联。"②也就是说逻辑秩序不能独立于可能底关联以及可能与可能底关联。

　　金先生强调，逻辑底秩序作为"必然与必然之间的必然关联"，或者说逻辑底秩序不能独立于可能底关联以及可能与可能的关联，包括着两个方面的问题：其一是可能、不可能、必然之间的"三角关系"；其二是可能、不可能、必然之间因"逻辑系统"的不同而有差别。首先就可能、不可能、必然之间的"三角关系"而言，"无必然无所谓不可能，所以无必然也无所谓可能"③。因为这里的必然是形式逻辑的必然，可能是形式逻辑的可能，不可能也是形式逻辑的不可能。换而言之，不违背形式逻辑的矛盾律就是可能，违背形式逻辑的矛盾律即为不可能，安排中律即用"或"的方式将所有的可能析取地无所不包地排列起来就是必然。正是在这种意义上我们说，形式逻辑底秩序就是"必然与必然之间的必然关联"，在这种"必然与必然之间的必然关联"的逻辑秩序中，逻辑命题都是必然的，因为它列举了所有的可能，如 $P \lor \sim P$，排中律就是表示这种必然关系的；而 $P \land \sim P$ 是不可能的即矛盾的而被排除，因为矛盾是逻辑所要排拒的。

---

① 金岳霖：《论道》，《金岳霖全集》第 2 卷，第 108 页。
② 同上书，第 117 页。
③ 同上注。

　　"逻辑系统"问题是现代逻辑所要讨论的一个极为重要的问题,在金先生心目中,是有不同逻辑系统的,并且由于逻辑系统不同,在对必然、可能、不可能及其关系的理解上也相应地有差别。尽管承认有不同的逻辑系统,也承认在不同的逻辑系统中对可能、不可能、必然及其关系的表示方式可以不同,但金先生又认为,从客观上讲,有一点是确定的,那就是《论道》中所说的"式"穷尽了所有的可能,这是必然的;同时,式与能的结合为道,也是必然的,因为能不能逃于式,而式则是穷尽了一切的可能。按照这样一种观点,金先生以为逻辑系统可以不同,不同的逻辑系统也可以采取不同的表示方法,但逻辑命题的实质仍在于表示"必然与必然之间的必然关联"。从同一系统说,"$p \supset p, \sim p \vee p, p \vee p \cdot \supset p, p \supset q \cdot q \supset r: \supset \cdot p \supset r, p \supset q \cdot \supset \cdot \sim q \supset \sim p, \cdots\cdots$ 都不同;从它们所表示的必然说,它们都是一样"[1]。从不同的系统说:"$p \supset p, p < p, p \rightarrow p, \cdots\cdots$ 都不同;从它们都表示必然,或表示同一原则这一方面说,它们也都是一样,"都表示必然之"式"[2]。

　　总而言之,在金先生看来,逻辑系统是可以"创作"的,人们可以创作出不同的逻辑系统,但无论如何创作,也无论创作出何种逻辑系统,它们归根到底还是要表示逻辑秩序,要表示必然,表示必然与必然之间的必然关联。也就是说逻辑系统可以不同,不同的逻辑系统也可以用不同的方法表示,但任何逻辑系统都不能独立于可能底关联,亦即不能独立于"式"。这就是《论道》对逻辑秩序的基本看法。

———————————

① 金岳霖:《论道》,《金岳霖全集》第 2 卷,第 109 页。
② 同上注。

2. 共相关联之种种

《论道》第 4 章主要讨论"共相底关联",在金先生看来,共相底关联虽然表现为种种复杂的情况,但以下 3 种是最主要的关联:其一,"共相底关联有可能的关联"[①];其二,"共相底关联有现实的关联"[②];其三,"共相底现实的关联表现于个体"[③]。

所谓"共相底关联有可能的关联"就是指共相的关联有"假设"和"定义",共相底关联中的可能的关联就是"假设"和"定义"。知识底增加与进行靠这类可能的关联的地方,日甚一日。"科学底进步离不了假设与定义,所谓'创造的思想'(Creative thinking)也离不了假设与定义,……不仅如此,我们依靠假设、定义、系统,及由它们所能推论得到的思想底程度也与日俱增"。[④]也就是说,根据共相之间可能的关联,人们可以提出假设,假设得到证实,就使知识增加、科学进步;同时,根据共相之间的关联,可以借助于定义用简单的概念来代替复杂的概念,并根据假设、定义和概念之间的联系,使每门科学成为演绎系统,现代的科学都是系统化的理论。这是从在对经验的概括中提出假设、依据定义来形成系统、推进科学发展的角度而对共相底关联有可能的关联的意义所作出的说明。

共相的关联有可能的关联,但可能的关联不等于现实的关联;共相底关联不仅有可能的关联,而且有现实的关系。对于共

---

① 金岳霖:《论道》,《金岳霖全集》第 2 卷,第 119 页。
② 同上书,第 121 页。
③ 同上书,第 122 页
④ 同上书,第 120 页。

相"现实的关联",金先生从知识与行为两个方面作了考察。

就知识来说,一切科学知识都在于对概念的运用,在于共相底关联①,"这句话是科学底大本营"。因为科学本身就在于讲明"共相底关联有现实的关联"的道理,科学体系的假设、推论、算学公式等等之所以能致用的根据之一,就已经发现的普遍的真命题而言,这些命题所表示的就是共相与共相间的现实的关联。这是一方面。

另一方面,从行为方面来说,人们行为所遵循的原则包括科学之所证明的、经验之所发现的、为了种种目的或要求而发明的等等,都要求"共相底关联有现实的关联"。

共相有可能的关联,所以有表现如假设、定义、系统等,但这些表现只是可能的;共相有现实的关联,它是现实的,现实的关联总是表现于个体。"个体有性质,个体与个体之间有关系,性质有内在性,关系有关联。性质与关系既表现于个体,它们底内在性与关联也表现于个体。"②因为它们表现于个体,所以凡是可以证实的命题都有个体的表现。他说:"凡可以证实的普遍的真命题都表示有个体表现的共相底关联。不然观察与实验都说不通。"③就是说共相的关联有科学的假设、定义、系统的理论加以表现,它还要加以证实;不仅要加以证实,而且还有个体的表现,有个体的表现就是通过观察、试验来加以证实。"有些现实的关联离官觉中的个体非常之远,例如电子原子界底关联,但是,如果我们能证

---

① 金岳霖:《论道》,《金岳霖全集》第 2 卷,第 121 页。
② 同上书,第 122 页。
③ 同上书,第 123 页。

实电子原子界有某种关联,某种关联至少就间接地表现于官觉中的个体。"①换言之,共相现实的关联要得以表现和实现,总离不开个体,总表现于个体。

除了以上所讲的 3 种最基本和主要的关联之外,金先生在第 4 章还具体分析了共相关联的其他情形,并在这一章的最后一条,即第 24 条得出结论认为:"共相底关联有至当不移的秩序。"②

整个第 4 章,金先生都是在讲共相底关联,他首先讲了逻辑底秩序,然后讲了共相可能的关联、共相现实的关联以及个体化的表现,全章的层次还是比较清楚的。不过,我想提出一个问题供大家讨论。

在第 15 条,金先生提出了这样一个命题:"任何方面底秩序是直线式的秩序。"③他在这里讲到时间的秩序是不回头的直线式秩序,几何学的秩序也是不回头的直线式秩序。现代数理逻辑的秩序在一个系统来说确实是直线式的,比如罗素、怀特海的数理逻辑系统就是直线式的秩序。但是,说任何一方面底逻辑上的秩序是直线式的秩序,这样一种判断就有问题。当然,金先生也谈到了皮尔斯(Peirce),皮尔斯曾表示过如果我们抓一把沙,随便一扔,这沙也有一种秩序。所以,金先生也承认:"也许有好些秩序,除时间的位置外,是回头的秩序,各方面底关联也许有回头的秩序。"④可见,金先生的话是说得很活的。问题就在于承认"也许有

---

① 金岳霖:《论道》,《金岳霖全集》第 2 卷,第 123 页。
② 同上书,第 135 页。
③ 同上书,第 127 页。
④ 同上书,第 127 页。

回头的秩序"是一回事,强调有一种逻辑的秩序,即形式逻辑的表示的秩序可以用"直线式"这一形象化的手段来表示又是一回事。

如果我们承认辩证法的秩序也是一种逻辑秩序,那么,除了直线式的秩序之外,还有螺旋式的秩序。螺旋式的秩序既是前进的,同时也是回头的秩序。当然,在当时,金先生的心目中,只承认形式逻辑,他对必然、可能等范畴也都是在形式逻辑的意义上使用的。如果从辩证法的角度来运用这些范畴,情况就会有所不同。恩格斯在《费尔巴哈论》中谈到黑格尔"凡是现实的都是合理的,凡是合理的都是现实的"[①]的命题时强调,现实性在其展开过程中表现为必然性。这里的必然性就不是形式逻辑上的必然,即不同于形式逻辑 $PV\sim P$ 那样的必然,而是辩证法的必然。

从辩证法的观点、发展的观点来讲现实的秩序,来讲发展的逻辑,那就是一种用比喻来说的螺旋式前进的无限上升运动,在这样一种永恒的运动、变化之流中,现实、可能、必然都是以条件为转移的。当然,为了交换思想,概念必须有相对稳定的状态,思维要遵守形式逻辑,不能偷换概念。可是,现实是发展的,思维也要发展以表现这种变化,概念要有灵活的使用,要使概念成为灵活的、生动的、对立统一的。也就是说不能把形式逻辑和辩证法割裂开来,对立起来,使它们互相排斥,而正是要把它们统一起来,只有这样,才能真正把握现实世界的秩序。也正因为如此,所以我认为金先生第15条的命题是有问题的。从他当时的思想来说,他只承认一种逻辑秩序即形式逻辑的秩序,而没有把辩证法

[①] 恩格斯:《路德维希·费尔巴哈和德国古典哲学的终结》,《马克思恩格斯选集》第4卷,第215页。

也看成是一种逻辑秩序,所以出现了偏差。不过,也不能走向另一极端去了,即只承认辩证法的秩序,而不承认形式逻辑的秩序,如果那样的话,也是要出问题的。过去一段时间里,我们对形式逻辑注意不够,但是对搞哲学的人来说,这方面的素养是不可缺少的。总之,形式逻辑和辩证法二者不可偏废,金先生当时有些偏,只承认有直线式的秩序,而不承认有螺旋式的秩序,实际上,二者是相结合的。

第八讲
关于时空与特殊

《论道》第 5 章，金先生主要讨论时空秩序与特殊的问题。相比较而言，这一章的内容不太容易理解，我这里主要讲两个问题。

1. 时空秩序与有限、无限的问题

在这一章的第 1 条，金先生指出："现实的时空是个体化的时—空。"①这一点，就金先生的体系本身来说，是不言自明的。因为其一，一可能底个体化非先现实不可，不现实不能个体化；其二，一可能底现实即一可能底时间化；其三，一可能底个体化首先必须现实化，一可能底现实即一可能底时间化，所以空间底个体化亦即时间底个体化。由以上 3 条便可以得出结论："现实的时空不仅不会不是个体化的时与空。而且不会不是个体化的时—空。"②

既然现实的时空都是个体化的时—空，那么，个体化的时—空以何为"关系者"呢？金先生在第 2 条指出："个体化的时—空底秩序以个体为关系者。"③所谓"关系者"就是指关系的承担者，而

---

① 金岳霖:《论道》,《金岳霖全集》第 2 卷,第 136 页。
② 同上注。
③ 同上书,第 137 页。

时—空秩序的关系者就是指时间上的先后、与空间上的左右、前后、上下等关系的承担者。金先生认为,对于时—空底秩序可以从不同的方面去理解,"从能这一方面着想,时—空底秩序总是连续的或没有间断的连级的秩序。但是从个体方面说,时—空底秩序不是连续的连级秩序。"①

既然有两种不同的时—空底秩序,即连续的连级秩序和非连续的连级秩序,那么金先生何以要特别地提出"以个体为关系者"的个体化的时—空秩序呢? 因为金先生是特别注重经验的哲学家,从经验的立场来看,我们在经验中所经验的时空都是充满着个体的时—空;同时,我们的经验也是依附于个体的经验。"为了便于了解起见,为了便于提出相对的时空起见,为了便于以后注重经验起见,我们要特别注重以个体为关系者的时—空底秩序。"②

以上,是金先生对时—空秩序的总体看法。下面,金先生提出了时面、空线、时点、空点等新的概念,建立了自己独特的绝对时空秩序的理论。

在第 3 条,金先生首先给"时面"下了一个定义,他说:"在个体化的时—空中,任何时间可以渐次缩小,时面是这渐次缩小程序底极限。"③在对这一条的注释里,金先生进一步指出,个体化的时—空就是表示我们是从能够经验的时—空说起的,个体能够经验的时—空就是个体化的时—空;相反,无个体而仅有能的时间

---

① 金岳霖:《论道》,《金岳霖全集》第 2 卷,第 137 页。
② 同上注。
③ 同上书,第 138 页。

或空间也许不是任何个体所能经验的。

　　既然是从能够经验的即个体化的时—空说起的,那么在个体化的时—空中,提出一任何长短的时间,比如一年、一月、一日、一时、……等等,我们可以用某种算学方式的方法,例如"日取其半",把该时间渐次缩小,这缩小的程序无止境而有极限,这个极限就是时面。从理论上即思议上来讲,把时间渐次缩小,"日取其半",这样到了无止境不能达的极限,也就没有时间的长度;尽管没有时间的长度,但却占有整个空间。所以在第 4 条的定义中,金先生指出:"时面是无时间积量的整个的空间。"①也就是说时面就是整个空间,在时间方面无大无小。时间有无量数的时面。

　　与时面相对应,金先生在第 5 条对"空线"作了规定。他说:"在个体化的时—空中,任何空间可以渐次缩小。空线是这缩小程序底极限。"②在对这一条的具体注释里,金先生进一步指出,在个体化的时—空中,提出一任何大或任何小的空间,用某种方式,例如在宽窄、厚薄、长短上各日取其半,我们可以把这空间缩小,这缩小底程序无止境而有极限,这极限就是空线。由于空线是一或大或小空间缩小的极限,所以空线无空间积量。空线虽无空间积量,但却占有整个时间。"空线是无空间积量的整个的时间。空间有无量数的空线。"③

　　以上两个方面是分别地论时面和空线,这两个方面综合起来,就是第 7 条的命题:"任何时面与一空线仅有一交叉点,任何空

---

① 金岳霖:《论道》,《金岳霖全集》第 2 卷,第 139 页。
② 同上注。
③ 同上书,第 141 页。

线与一时面仅有一交叉点。此交叉点,为时点—空点。"①由于"时点—空点"是任何时面与一空线或任何空线与一时面的交叉点;同时,一方面,时间无始终,所以两头无量,而空线既然是整个的时间所以也是两头无量的线,因此任何空线均有无量数的时点—空点;另一方面,就时面而言,问题尽管比较复杂,因为既有有量的时间也有无量的时间,有量的时间内空间是有量的,而只有无量的时间里空间才是无量的。但是,无论是有量的空间还是无量的空间,时面仍然有无量数的时点—空点。既然任何空线和任何时面均有无量数的时点—空点,所以便有第 8 条的命题:"任何时面任何空线均有无量数的时点—空点。"②

在该章的第 9—11 条,金先生主要讲时面、空线、时点—空点的特点。时面、空线、时点—空点的特点概括起来说,就是"任何时面据而不居,往而不返,任何空线居而不据,不往不来,任何时点—空点既往而不返又居而不据。"③正因为如此,所以"任何时面,任何空线,任何时点—空点在时—空秩序中均有至当不移的位置"④。金先生认为,正是时面、空线、时点—空点及其这种至当不移的位置,构成了"绝对时—空秩序"。

对于"绝对时—空秩序",金先生在第 12 条下了一个定义,他说:"绝对时—空底绝对秩序以时点—空点为关系者。"⑤在对该条的注解里,金先生从相对时空和绝对时空的对照中,对"绝对时—

---

① 金岳霖:《论道》,《金岳霖全集》第 2 卷,第 142 页。
② 同上书,第 143 页。
③ 同上书,第 144 页。
④ 同上书,第 146 页。
⑤ 同上书,第 147 页。

空秩序"作了进一步的展开。他指出,绝对的时—空自然不仅是相对的时—空,相对的时—空主要有"手术论"的时—空,用度量于时—空后的时—空,个体与个体之间的时—空。这里所谓的"绝对"并不是没有对,而是不与"个体"相对,其具体意义如下:"时—空底秩序底根据是时面、空线、时点—空点底位置。这位置既至当不移,秩序也至当不移。位置既至当不移,秩序既至当不移,任何时间空间的距离在此至当不移的秩序中也至当不移。"①所以,作为"绝对时—空秩序"中的"绝对"并不是无对,而是不与"个体"相对。换言之,绝对的时—空秩序不根据于个体与个体之间的时空关系,而是相反,个体与个体之间的时空关系底最后根据是绝对时—空秩序,这同时也表示绝对时—空秩序是以时点—空点为关系者的时—空秩序。

绝对时—空秩序的关系者是时点—空点,就是说绝对时—空底秩序不能以个体为关系者,而只能以时面为关系者,以空线为关系者,归根结底它只能以时点—空点为关系者。绝对时—空秩序就是这样一种时—空秩序。

从个体化的时—空秩序与绝对时—空秩序的关系来看,金先生在第 13 条明确指出:"个体化的时—空秩序根据于绝对时—空底秩序。"②在对这条的注解里,金先生进一步指出:"个体化的时—空底秩序,各个体在时—空中的位置,各个体彼此的距离(无论时间或空间),从经验、试验、度量、手术方面着想,都直接或间

---

① 金岳霖:《论道》,《金岳霖全集》第 2 卷,第 147—148 页。
② 同上书,第 148 页。

接地根据于个体与个体之间的关系。"①但是，这并不意味着个体化的时—空秩序可以脱离绝对时—空秩序，恰恰相反，经验、试验、度量总是需要标准、理解和意义，而这些标准、理解和意义正是根据于绝对时—空底秩序。

金先生曾写过一篇文章就叫《论手术论》②，在这篇文章中金先生讲，在科学的范围里，只讲手术论的时—空，即 Bridgman 的操作主义时空观③就已经够了。但在哲学的范围里，相对时—空总是不够用的。所以，金先生赞同罗素对时—空秩序的看法。他说："罗素好像曾表示过相对论一方面，固然是相对论，另一方面也可以说是绝对论，因为要在引用相对论的条件之下，我们在事实上才能找出实在准确的时—空度量。可是，这实在准确的度量底理论上的标准仍是绝对的时—空。"④也就是说，在金先生看来，相对的时—空和绝对的时—空应该分别地予以承认。关于这一点，他在《论道·绪论》中有过更为明确的表述。

金先生指出："前几年看见 Bridgman 底 *Logic of Modern Physics* 才知道科学的概念与思想可以有一个总看法。科学底大本营是试验，观察，度量……等等，而这些总离不了手术，所以科学的概念与思想都可以解释成手术论的概念与思想。这看法，科学家不见得都赞成，但是我认为它是一极好的看法。科学的概念

---

① 金岳霖：《论道》，《金岳霖全集》第 2 卷，第 148 页。
② 《论手术论》一文原刊于《清华学报》第 11 卷第 1 期，1936 年 1 月。参见《金岳霖全集》第 3 卷（下），第 1387—1406 页。该文主要对 Bridgman 的相对时—空观作了批判性评述。
③ Percy William Bridgman（珀西·布里奇曼，1882 - 1961）美国物理学家、哲学家，操作主义创始人。他的操作主义时空观是以相对主义为根据的。
④ 金岳霖：《论道》，《金岳霖全集》第 2 卷，第 148—149 页。

的确比普通的概念严格,科学的思想的确比普通的思想精确,尤其是物理化学方面的概念与思想。可是,科学的思想虽然严格与精确,而严格与精确底程度决不能达到理想的程度。手术论的'方'虽然比木匠所造的方桌子那样的来得精确,然而不能达到几何学那样的绝对的方,手术论的三十尺虽然比店里所量的三十尺布那样的三十尺来得精确,然而不能达到理想的三十尺。手术论的时空也不能是理想的绝对的时空。手术论在科学虽然是对的学说,可是,申引到哲学范围之内去,是说不通的学说。科学不承认绝对的时空,不一定表示哲学也不能承认绝对的时空。这两学说可以并行不悖,而在这本书里,绝对与相对的时空都分别地承认之。"①这就是金先生对绝对时空和相对时空的基本态度。

根据 Bridgman 的学说,科学上讲的时间、空间、微观粒子、光、场等,都可以归结为相应的操作。比如空间的长度,既可以用尺子来量,如多少米、多少尺等等;也可以按相对论的观点用光的速度作为标准来度量。用尺子量和用光作为度量标准当然是不同的。所以,在 Bridgman 看来,各门科学的度量标准是不断发展、变化的。哲学的概念分析在他看来归根到底也是一种语言的操作。因此,他认为,不论是科学还是哲学,有意义的问题都可以归结为一种可能找到的操作,也就是说用一种什么样的工具来度量,即用普通的尺子量呢还是用光的速度? 这样,按 Bridgman 的学说,有一些问题的讨论无疑是无意义的,比如时间、空间的有

① 金岳霖:《论道》,《金岳霖全集》第 2 卷,第 16—17 页。

限、无限问题。有限、无限的问题如何度量？绝对时间如何度量？自由意志如何度量？这些问题的讨论都是没有意义的。不难看出，Bridgman 的学说在本质上是实用主义的。

金先生在这里既肯定了 Bridgman 的学说在科学领域里是有意义的、有效的，同时也认为他的这一学说不能引申到哲学，因为哲学还是要讲绝对时空的。金先生对 Bridgman 学说的这种评论是有道理的，我们确实不能完全否认操作主义的意义，同时也不能不看到操作主义的局限。金先生在《论道》中对相对时空与绝对时空分别予以承认的观点也是正确的。不过，金先生在对相对时空与绝对时空关系理解上，也有其不足之处，那就是有把有限与无限割裂开来的倾向。

有限与无限的问题，在哲学史上一直是哲学家争论不休的问题，我们稍微回顾一下哲学史。

西方近代哲学中，经验论、唯理论、康德、黑格尔、马克思主义等，一直都在争论这一问题，并提出了各自的看法。

经验论所讲的"无限"概念与唯理论所讲的"无限"的概念是有明显差别的。洛克所讲的"无限"如果用一个比喻的说法，就是用一个"测锤"，从上面往河底下去测，放下去一段，又放下去一段，再放下去一段，但永远测不到底，也就是人们的经验老也达不到清晰的"无限"概念。在唯理论那里，无限则被理解为超时空的绝对。笛卡尔区分了无限与无定限，认为无限就是绝对。康德讲"二律背反"，试图解决唯理论与经验论的矛盾，但他又觉得这个矛盾难以解决，所以他既讲经验论又讲唯理论，对二者分别地予以承认。黑格尔在康德的基础上试图用辩证法来解决，但黑格尔本身有唯理论倾向,所以他把经验论、洛克所讲的"无限"看成是"恶"的无限,而认为"真"的无限就是唯理论所讲的绝对。这是各派哲学家对问题的不同回答。

马克思主义也就是唯物辩证法对无限、有限问题的看法的基本路子是正确的,但比较简单,没有得到很好的讨论。

恩格斯在《反杜林论》中讲,有限与无限矛盾的展开是一个过程。有限的东西亦即相对的、有条件的东西与无限的东西亦即绝对的、无条件的东西的矛盾,是一个无穷的系列。无穷的发展过程,而无限与有限的矛盾正是在这一过程中不断解决的。

我在《逻辑思维的辩证法》那本书里,也专门讨论了有限与无限的问题。讨论虽然比较简单,但表达了我的基本思想。在我看来,有限与无限的问题实际上应该是 3 个范畴,即有限、无限和无穷系列,有限与无限的矛盾是在无穷系列的前进运动中来解决的。我讲认识的过程,也用了这样的一个看法。当然,我也不敢说我的这个讲法就已经把问题完全讲清楚了,因为有限与无限的问题的探索本身也是在无穷系列中实现的。

实际上,一切科学成就,我们都可以从这样一种观点来看,那就是将它们视作在一定条件下所达到的主观与客观的具体的历史的统一。在一定条件下达到了主客观的统一,也就是说在一定条件下从有限中把握了无限。比如马克思的《资本论》,就是在当时的历史条件下,对"资本"的认识达到了主观与客观具体的历史的统一,在有限中把握了无限,这是应该承认的。但是,任何科学成就又毕竟是一定历史条件下的主客观的统一,认识的发展从总的历程来看,总是没有完成、总是无穷的过程。所以,我们可以承认在某种条件下达到主观与客观的一致，也就是在有限中把握了无限，但这种无限却是在一定条件下的、相对的，从总过程来说是未完成的无穷的系列。用这样一种观点来看待有限与无限的矛盾，就是把有限与无限的矛盾运动看成是辩证发展的过程。

黑格尔讲有限、无限、有限与无限的统一 3 项我认为是基本正确的，黑格尔把无限比作圆我认为也是有道理的，但是黑格尔把无限、绝对的发展看成是没有方向的、封闭的圆，从而走向了独断论。我以为，无限、绝对总是与有限、相对相联系，并"沾染"着有限、相对；无限、绝对的运动、发展也是有方向的，总是前进、上升的。人类的认识总是能够从有限中找到无限，从暂时中找到永恒，从有条件的东西中找到无条件的东西，并使之确定下来，积累下去。绝对的、无限的东西总是在认识的循环往复中、螺旋形的发展中逐步展开的。这就是我对无限、有限，绝对、相对及其关系的基本看法。

2. 关于特殊

《论道》第 5 章的后半部分，金先生着重讲"特殊"。如上所述，金先生是从时空的角度来讲秩序的，所以，金先生对特殊的理解，也离不开时空。他在第 16 条对"个体底特殊化"作了规定，他说："个体底特殊化，即个体底时—空位置化。"①就是讲个体的特殊化即个体在时空中至当不移的位置的获得或失去。在第 22 条，金先

---

① 金岳霖：《论道》，《金岳霖全集》第 2 卷，第 152 页。

生进一步指出:"个体虽特殊而特殊化底程度不一。"[①]并且从以下两个方面作了进一步分析:一方面就是个体与个体之间的特殊化程度不一,比如一张桌子和一座山;另一方面,就是同一个体底特殊化程度也不一,比如一分钟的个体和一秒钟的个体就不同。尽管如此,在金先生看来,秩序中有最低程度的问题,最低程度的个体不是特殊,"包括一切的或无时间限制的本然世界不是特殊的个体"[②]。

在该章的第 23 条,金先生又对个体所现实的可能的特点作了分析,他认为:"任何一个体所现实的可能是一综合的可能。"[③]作为一综合的可能,金先生指出:"这种综合的可能,既是可能,当然没有矛盾。可是,它虽然没有矛盾,而它仍免不了有冲突。……我们在本书所要注意的是无论甚么综合的可能都有冲突底问题。各个体既都是一现实的综合的可能,各个体底尽性总有彼此不能兼顾的情形。这种不容易兼顾的情形不但人有,草木鸟兽也有,即使无生命的东西也有。"[④]需要注意,金先生这里所讲的"矛盾"是在形式逻辑的意义上使用的,《论道》一书中所讲的"矛盾",都是在形式逻辑的意义上使用的。同时,金先生将现实的个体视作一综合的可能,作为一综合的可能,现实的个体当然不能有形式逻辑意义上的"矛盾",因为"矛盾"在形式逻辑的意义上即为不可能。

---

① 金岳霖:《论道》,《金岳霖全集》第 2 卷,第 158 页。
② 同上书,第 160 页。
③ 同上注。
④ 同上书,第 160—161 页。

金先生尽管认为现实的个体作为一综合的可能是没有形式逻辑意义上的矛盾的,但并不否认个体、具体的东西包含有冲突。尽管承认个体、具体的东西包含有冲突,但金先生并没有从辩证法的意义上来理解这种冲突,也就是说没有把辩证法所理解的矛盾看成是事物的本质,没有讲变化的原因、根据是矛盾,没有把事物的运动看成是合乎规律的矛盾运动。从这一方面来讲,缺乏辩证法是《论道》一书的缺陷所在。

如果在辩证法的意义讲客观世界的秩序,那就必须承认矛盾是事物的本质,矛盾也是变化的原因和根据。要使用类、故、理这样的范畴来讲客观世界的秩序,也同样要承认矛盾是事物的本质,是运动、变化的根据,是合乎规律的矛盾运动,而且这一点也是中国传统哲学的优点所在。中国哲学、中国哲学家讲一阴一阳之谓道,就是讲道是矛盾运动的过程。不同的哲学家讲法可以不一样,但是注重辩证思考则是中国哲学的显著特点,从先秦到近代,中国哲学有着丰富的辩证法的思想资源。金先生的《论道》一书对这个传统注意不够,辩证法思想比较欠缺。当然,这并不是说金先生的整个思想中都缺乏辩证的思考,实际上在认识论方面讲"规律"时,金先生确实表现出很强的辩证思考和丰富的辩证法思想。但在《论道》中,金先生又确实对客观世界的矛盾运动注意不够,缺乏辩证法的基本精神。

尽管如此,金先生在思考客观世界秩序问题时运用概念是非常精确的,他的《论道》一书值得好好学习,其重要性就在于此。这一点在以下几条中有着很明显的表现。

在该章的第 24 条,金先生主要分析了"殊相"。他对"殊相"的规定是:"任何个体所具的殊相是一综合可能底特殊的现实"①,这一点应该是清楚的。因为金先生将个体的特殊化规定为时空位置化,而任何一个体所现实的可能又都是一综合的可能,所以任何个体所具的殊相必然是一综合可能底特殊的现实。

作为一综合可能底特殊的现实,金先生在对这一条的注解里,对个体所具的殊相作了进一步的分析。他认为,个体之所以为个体,不仅因为它是具体的,不仅因为它大都有一套特别的性质与关系,也因为它有它的殊相,而它的殊相不是任何其他个体所有的。殊相底殊就是特殊底殊,它是一个体之所独有,它底现实总是某时某地的事体。一个体底一殊相如此,一个体所具的所有的殊相也如此。一个体所现实的共相成一可能,它底殊相也就是这综合可能底特殊的现实。两个体没有或大都没有完全相同的共相;至于完全相同的殊相,则两个体根本不会有,不能有。不仅如此,在金先生看来,任何一个体本身在不同的时地也不能有完全相同的殊相,因为殊相之殊与时空位置之殊是不能分的。所以,金先生认为,殊相如果从特殊这一方面着想,对于个体是没有多少话可说的。

尽管从特殊这方面着想,个体与特殊是没有多少话可说的,因为不同的个体不一样,同一个体在不同的时地也不一样。但由于金先生将殊相视作一综合可能底特殊的现实,所以从综合的可能这方面着想,对于个体,仍有许多话可说。以下几条,就是金先生从综合的可能方面而对个体所说的话。

---

① 金岳霖:《论道》,《金岳霖全集》第 2 卷,第 161 页。

第 25 条，金先生主要从"殊相上的变更"与"共相上的统一"两个方面，把个体区分为"事体"和"东西"。他说："相对于殊相上的变更，个体为事体，相对于共相上的统一，个体为东西。"①在经验中，事体和东西的这种差别是不能抹杀的，并且它们的表示方法也不一样，事体一般要用命题表示，而东西则用名词表示。当然，在金先生看来，个体在共相上的这种差别也只有相对意义，比如从经验的"快慢"亦即从经验的速度来讲，事体可以看成是东西，而东西也可以看成是事体。

在第 26 条，金先生又对"现在"作了分析，他对现在的定义是："现在或现代是已来而未往的现实。"②这里所谓"已来而未往"实际上就是指"当前"。金先生认为，现在作为"当前"，在不同的情况下意味是不同的，也就是说现在是有"等级"问题的。"例如'现在'国联如何如何，与'现在'花开得怎样，这两句话中的'现在'底来与往不是同等级的，在时间上，它们不表示相等的时间。"③

第 27 条，金先生主要讲"存在的个体"，他认为，"存在的个体是一现实的个体"④。也就是说金先生所理解的"存在"只是指"个体"，而"存在的个体"又只是指现在的个体。金先生在对这一条的注解里，对"有"、"实"和"存在"作了细致的区分。他指出，"有"是在最广泛的意义上使用的，比如第 1 章所讲的"有可能"、"有

① 金岳霖：《论道》，《金岳霖全集》第 2 卷，第 162 页。
② 同上书，第 163 页。
③ 同上注。
④ 同上书，第 164 页。

能"、"有式"的"有",这种"有"是仅"有"而不"实"。而"实"就是指"共相",共相不仅是有,而且是"实"即现实。那么"个体"就不仅是有、是实,而且存在。总之,"可能底有,共相底实,特殊个体底存,彼此不同"①。这种区分还是很细致的。

存在的个体是现在的个体,把现在和已往的现实结合起来,就是"事实"。所以,金先生在第28条对"事实"的定义是:"事实是已往与现在的现实。"②在对这一条的注解里,金先生进一步指出:"存在总是特殊的个体。特殊的虽是事实,而事实不必是特殊的,个体虽是事实而事实不必是个体。"③就是说特殊的个体是存在,那么存在的个体、特殊的个体总是事实,但事实又不必是或不一定是特殊。比如,"我底窗外的山涌泉是特殊的个体,中国人大都有黑头发是事实,可是,既不是特殊也不是个体"④,它只是事实而已。同时,事实也不必是现在的,但将来的东西因其还未来所以不是事实,而已往的事实现在却仍然是事实。比如孔子,孔子曾经存在而现在不存在但仍是事实。所以事实包括已往和现在的现实。

总之,金先生对以上诸如殊相、事体、东西、现在、有、实、存在、事实等等概念的分析、运用都是很精确、很清楚的。就我个人而言,金先生对这些概念的分析和运用我是赞同的。当然,每个人用字是可以有他的自由的,但中国哲学中概念的运用经常是很混乱的,金先生《论道》一书对概念的分析和运用很精确是一大特

---

① 金岳霖:《论道》,《金岳霖全集》第2卷,第164页。
② 同上书,第165页。
③ 同上注。
④ 同上注。

点,而这一特点又是值得我们认真学习的。

以上,我主要从两个方面对金先生《论道》第 5 章"时—空与特殊"的问题作了一些分析。一方面主要讲了金先生的观点,也是我对金先生赞同的地方;另一方面是我对金先生观点所作的补充或不同意金先生观点的地方。我对金先生观点所作的补充主要在以下两点。首先一点,就是在对时空的有限与无限、相对与绝对的关系上,我不完全赞同金先生的观点。时空的有限与无限、相对与绝对的关系问题,哲学史上已经纠缠了很久,金先生对绝对与相对的区分是很清楚的,对"手术论"的肯定和评论也是有道理的。但在对有限与无限、绝对与相对关系问题上,金先生基本倾向是割裂了二者的辩证统　。我在《智慧说三篇·导论》中表述了自己不同于金先生的基本看法。其次一点,我没有作进一步的展开,就是金先生在概念的运用上很准确,我对许多哲学概念的运用,都直接来自金先生。所不同的地方,就是金先生不讲辩证法的矛盾,所以在个体冲突与不冲突的问题上是缺乏辩证法的。与金先生不同,我在这个问题上比较多地继承了中国传统,用类、故、理分别地讲明了事物矛盾发展的道理,认为事物都是有矛盾的,并且不同事物的矛盾各有其特殊性;认为矛盾是事物运动、变化的原因、根据,对立统一是事物发展的规律性东西。也就是说对"矛盾"一词作了形式逻辑与辩证法不同用法的区分,除此之外,其他方面与金先生大体一致。

通过对金先生《论道》一书的学习,我们无疑会体会到,现代哲学的许多概念是需要厘清的,搞哲学不能糊里糊涂,糊里糊涂的哲学是会害人的。

专题讲演

一、中国近代哲学史上的社会理想和自由人格 *

理想的实现就是人的自由。这里不具体讲真善美的理想,着重讲社会理想和自由人格。

1. 自我开始觉醒:对新人新世界的憧憬

古代哲学家的历史观大多是复古的或循环的。当然也有变异观、进化观,但古代没有近代意义上的历史进化论。

在人格问题上,古代哲学家探讨人能否、如何成为"圣人"(儒)、"真人"(道),把道德的境界摆在首位。朱熹以"醇儒"自律,要达到"无我无欲"的境界;王守仁讲为学功夫在于致良知。理学的反对派如陈亮要求造就英雄,黄宗羲要求造就担负天地之业的豪杰。明清之际的大思想家对于理学的批判是具有启蒙意义的。王夫之反对"圣人无我"的思想,认为"我"是德之主,性灵之所持也,无我便是无道德。但一直到王夫之、黄宗羲,也还没有具有近代意义的要求自我个性解放的自由人格说。

近代开始,关于理想人格的观念就发生了很大变化。甚至在

---

* 本文是作者 1986 年 9 月 26 日为华东师大哲学系的博士研究生和青年教师作的一次讲演,由童世骏记录、整理,未经作者本人审阅。

鸦片战争以前就开始了。龚自珍、魏源都反对理学,继承经世致用的传统,要求"不拘一格降人才"。龚自珍固然也期望豪杰之士,同时又站在平民立场上说话,认为普通人有所发明便可成为天下豪杰。他要求个性解放,挣脱枷锁,追求自由个性,认为天地非圣人所造,而是众人所造,而作为众人之最的是"非道非极而自命曰'我'","我"即是世界第一原理。世界是无数"自我"所造。这使哲学取得了鲜明的唯意志论色彩,也是中国近代人道主义的开端。这是在鸦片战争之前(1822—1923)。1926年魏源作《皇朝经世文编》,主张物必本乎我,善言我者,必有乘于物,此处"物"即众人。"我"与"众人"的关系的讨论构成了中国近代哲学的极重要的一环。它同自由人格有紧密联系。但龚、魏都没有提出新的社会理想。

洪秀全的《原道救世训》中引用《礼记·礼运》的说法,把其中所说的"大同"作为社会理想重新提出来,它实际上是农业社会主义。不过他和洪仁玕提出要建立新天新地新世界、天下一家天下太平的社会理想,并且认为可以通过人民群众的斗争在地上建立天国,确实可以说,潜在地包括一种革命的世界观,不过禁锢在神学的外衣之中。重要的在于他提出了新的社会理想。

新的理想要以新的哲学历史观作为基础。但是中国人在很长时期未找到这种新的"道"。龚自珍、魏源都认为"器变道不变",洋务运动的主导思想也是"中体西用",这种思想作为中国人的指导思想达半个世纪之久,是什么原因?

原因之一,中华民族遭受了空前未有的灾难,全民族都感到莫大的屈辱,要捍卫民族的尊严,保卫民族的传统。所以,"中学为本"的口号在当时几乎是无人怀疑。与此同时，中国哲学固有的自强不息、改革自新的思想支持着早期儒家，两者的结合便是"中学为体，西学为用"。

原因之二，中国封建传统力量强大，"中学为体、西学为用"是对强大的保守势力的妥协。鸦片战争之前，龚、魏要求改良的呼声自鸦片战争一直到戊戌变法前夕都是沉默的。

2. 历史进化论和人道主义

进化论批判了复古主义、天命史观和"中学为体、西学为用"的历史观。康有为认为历史不是一乱一治的循环，也不是回到古代去，社会理想指向的是未来而不是远古，也不是循环。这是中国哲学史上一个前所未有的思想。康有为的《大同书》中的理想与《礼运》的大同不一样；他要实现的是一个天赋人权、自由平等博爱的人道主义的乌托邦。进化论之不同于形而上学之处在于它认为类不是一成不变的，而是要不断演变、转变并构成从低级向高级的转化过程。根据这种进化论，社会就要发生变化、进步。这种近代意义的历史进化论是从康有为开始的。以此为据，中国人就要奋发图强，向前进取。这种观念是戊戌到"五四"期间整个一代人的指导思想。

严复讲天演，认为人类历史是群种之争的关系，梁启超认为人类进化的主体是群而非人，而这种群中重要的就是它的社会心理。严复受到斯宾塞等实证论影响较大，梁启超受到社会学中的心理学派的影响较大。同时梁启超对社会心理、群体意识在历史进化中的作用作了探讨。严复把"革"的观念放在进化中。这个命题被革命派接过去:革命是进化的工具。章太炎主张"竞以器",而不是以社会心理为主要工具。这里可以看出向唯物史观的前进。但与章的"俱分进化论"相反,孙中山的进化论充满革命乐观主义,认为在大同社会中,互助是人道进化的原则。后来他强调民主主义同(他所理解的)共产主义的一致性。这标志着从人道主义走向社会主义。在自由人格方面,严复译了《群己权界论》,"自由"既指 liberty,又指 freedom。把自由看作人道进化的目标和动力,人道的进化是不断摆脱束缚、走向自由的过程。同时他认为人有意志自由,它是行为可以区分善恶的前提。只有让人自由才可以培养理想的、自由的人格。孔子把"言必信,行必果"看作是君子与小人的区分,严复把这看作民主制度下每个人的品德。而这要求人有独立人格,摆脱依存关系。梁启超更明确。他的《新民说·论自由》说:自由就是"我"的自由,而"我"有两个"我",一个是与众生对待之我(群己关系),一是与体肤对待之我(形神关系)。这是对龚自珍提出的物我关系的具体化。就形神关系而言,唯我为大,精神上受奴役,是最大的屈辱。为此梁启超提出"破心奴"的口号,有意识地把这个口号同培根的四偶像说、笛卡尔的怀疑论联系起来,认为世界的第一原理就是"真我"、良知、理性,它是最高的审判官。从群己关系来说,梁强调人的自尊,人的独立人格,要求国之自尊,开始于国民之自尊。当然他同时也强调了小我与大我、利己与利他的统一。章太炎主张人生来就是独立的,没有一个造物主对我发号施令。选择虽然受环境的制约,但都是人的理智或意志作出的:"依自不依他"。他还有这样一些思想:在革命斗争中培养自由意志,等等。

3. 唯物史观和社会主义

民主主义思想家提出"大同"理想,把中国革命的理想同人类大同的道路联系起来。随着革命的发展,这种思想也在变化。但都讲大同,使之与传统观念联系起来。这里孕育着一种新的历史观和人生观。后者的主要代表是李大钊、陈独秀、鲁迅。陈独秀沿袭了经验论,李大钊继承了理性主义,鲁迅继承了进化史观。这又可以看做一个水到渠成的过程。

李大钊本来是一个进化论者,他把进化论与理性主义相结合,包括有尊重真理、尊重群众的观点。转向马克思主义之后,他对心物关系、群己关系作了比较正确的解决。他认为唯物史观包括两个方面。第一,是关于人类文化的经验说明(用社会存在说明社会意识,用经济基础说明社会文化)。第二,是社会组织进化论:用社会基本矛盾说明社会经济形态的进化。历史的进化就是社会的变革过程,其中牵涉到时间观的问题。时间只能前进,不能倒流,是一次性的、不可重复的。当时的梁启超、新康德主义者都根据这一点否认因果律在这里的有效性。强调历史研究要注重个性化的研究。李大钊认为虽然历史事件是个别的、不可重复的,但人的每一个实践活动都是现在的,"今"与过去与未来不是割裂的,它不是一个没有内容的刹那,它是当前可以抓得住的实践。"今"是生活、动力、行为、创作。人的实践活动就是依据过去的材料用现在的劳作来创作未来。现在是时间的首脑。用此观点来看历史事件的长河,就可以看出一定的发展趋势,因为每一个当前之今都是依据过去之今、开未来之今。这有点像王夫之所说:现在包含过去之沉积,又开未来之途。李大钊主要讲的是人的实践活动。这样就可以把人的活动看做是有因果律可寻的。

李大钊在《史学要论》中把马克思主义和李凯尔特的学说放在一起讲,并对历史科学注重个性化这一点是有所吸取的。同时又捍卫了历史有规律的思想,为此他对时间问题作了思辨。

李大钊之前,大同理想都包含自由、博爱、平等、互助,李大钊原来也有这种思想,后来意识到阶级斗争是不可避免的,但又认为阶级斗争和互助博爱的统一、社会主义与人道主义的统一,主张物、心两面的改造不可偏废,从而使旧社会中受到限制的人道主义得到充分的发挥,使人人都把人的面目拿出来对待人的同胞。一方面是个性解放,一方面是大同团结,这两者似乎相反,实则相成,前者是民主主义的实质,后者是社会主义的实质。西方与中国都沿着民主主义向社会主义的道路,其目标都是实现既有人道主义又有社会主义的理想。也就是《共产党宣言》中所说:"每个人的自由是一切人的自由的条件。"①这种新的历史观伴随着一种新的人生观,使人生观成为脚踏实地的人生观。李大钊因此要求人们欢天喜地地从事不可重复的历史活动。这是一种避苦趋乐的乐观主义的人生观。但他认为一切快乐归根结底都来自劳动,一切苦难都可以通过劳动来解脱。但劳动者的解放不能依靠别人的恩典,必须有意志自由才能获得真正的自由、人的解放。这些都是新的思想,也是中国近代哲学合乎规律的发展结果。虽然有些提法不够精当,但李大钊的理论在总体上是正确的。而且,比之后人,较少片面性。我不赞成把李大钊说成是一

---

① 马克思、恩格斯:《共产党宣言》,《马克思恩格斯选集》第 1 卷,第 294 页。

个初步的马克思主义者。中国的马克思主义一开始从李大钊那里就表现出成熟性。在科学与玄学的论战中，陈独秀有贡献，但也有若干错误，如他把唯物史观和实用主义都当作社会科学。瞿秋白后来批判陈独秀有实用主义倾向、好为人师、独断专行，这个批判基本上是正确的。但瞿秋白在理论上也有不足之处。他讲社会有定论，真正的社会理想是根据社会公理求得的明天的现实。但他没有看到，真理是过程，理想也是过程。并不是马克思一规定了理想，理想就一成不变了。他否定历史偶然性，把它说成是对因果之无知的结果。这个提法是错误的，完全抹杀了偶然性和个别性，把决定论绝对化了。他认为天才、杰出人物、思想家、艺术家都是作为历史工具而出现的，这种工具纯粹是历史的产物。这一面当然是有的，但不能把这点绝对化，忽视各个人都是目的这一点，忽视这个人道主义原则。否则就会引导到错误上去。瞿秋白的这种观点当然有其历史的理由。因为革命形势在客观上要求培养献身精神、集体主义、组织纪律观念。尤其是"四·一二"政变之后。但这种理论可以成为左倾的理论根据。瞿秋白个人并不是教条主义者，他一贯反对独断论，但当时党的整个思想更多地犯"左"的教条主义的错误。

毛泽东在理论上继续了瞿秋白的不足，这包含着深刻的理论教训。

刚才讲这些，反映了中国近代哲学革命的成果，包含着观念上的变化，也包含着沉痛的教训。中国马克思主义虽然以唯物史观为根据，但对社会经济、对中国文化的研究是不够的，对于中国社会主义道路的理论探索是不够的。由此而造成了严重失误。

把社会主义真理和理想看做是一个过程的思想,在过去是不多的。根据这种思想,社会主义就不会是一个固定的模式。在自由人格的问题上,前人贡献了大量很好的思想,由于中国深厚的封建传统和近代所受外强压迫之苦,就不容易达到正确的结论。严复讲自由,但对中国人来说,他还要求首先是种群之自由而非一己之自由。章太炎、孙中山都强调这一点,对组织纪律、权威的强调是必要的,但同时也为历史工具论之类的思想提供了产生条件。共产党人在继承中国哲学的自觉原则的传统方面是很成功的,但没有重视补之以中国古代哲学所缺乏的自愿原则。在哲学理论上,关于历史宿命论与唯意志论,必然、偶然与自由的关系,都没有搞清楚。相比而言,还是李大钊的理论成就高一些。

二、中国近代哲学中的心物之辩 *

1. 基本特点

（1）认识论和历史观的结合。中国古代讨论心物问题主要是天道观和认识论，如程朱。古代哲学没有社会存在和社会意识的观念。历史观上的一些唯物主义萌芽并不等于考察了社会历史领域的心物关系。但中国近代，为回答"中国向何处去"的问题，社会历史观的问题突出了。这同西方近代也有区别。中国近代哲学的分阶段，就是按照历史观来分的：进化论——唯物史观。认识论与历史观相互渗透，最后达到能动的革命的反映论。这个结论就是用来概括辩证唯物主义认识论和历史观的。

（2）突出了对主体性的考察。龚自珍的"天地人所造"①，魏源的"善言我者，必有征于物"②，对我—物关系的这些讨论表明"自我"开始觉醒，这是近代人道主义的开端，反封建、反权威主义。梁启超明确提出我—物关系包括两个方面：我和众人关系（群己关系）、心和物的关系。我作为主体是和物质相对的精神。同时，

---

* 本文是作者 1986 年 12 月为华东师大哲学系的博士研究生和青年教师作的一次讲演，由童世骏记录、整理，未经作者本人审阅。
① 龚自珍：《壬癸之际胎观第一》，王佩诤校：《龚自珍全集》，上海古籍出版社 1999 年版，第 12 页。
② 魏源：《皇朝经世文编叙》，《魏源全集》第 13 卷，岳麓书社 2011 年版，第 172 页。

又有个体与群体的关系("小我"和"大我"的关系)。可称为心物、群己之辩。这是社会历史观上讨论的根本问题。但这个问题也渗透到认识论中,中国传统哲学讨论很少。近代哲学把两者结合起来讨论,从而突出了对认识主体和社会历史的主体的考察。

（3）有了实践的观点。心物之辩在古代哲学中已有长期考察,且有很大贡献。但没有马克思主义的实践观点。只有发展到唯物史观,才有社会实践的观点,即从人的社会性、人的历史发展来考察认识问题。

中国传统哲学如孔子说君子"三畏",正统派儒家都讲天命史观。认识论上都以圣人之是非为是非。这是独断论的学说。一旦圣贤教训被拆穿,成了空洞的骗人的把戏,独断论就变成了相反的虚无主义。中国的封建统治者用"居阴为阳"的办法来推行儒家的天命论和独断论,也会导致虚无主义。这就是传统的腐朽的意识形态。

近代哲学的成果就是以能动的革命的反映论来反对这种腐朽的传统。把人类认识过程看做历史发展过程,并把人类历史看做是改造世界的实践过程,而不是对天命的遵从。

2. 中国近代哲学心物之辩的演变

康有为、梁启超有先验论倾向,严复有经验论倾向。梁启超着重考察认识论和历史观中的主体性,主张要破"心奴"、古人之奴、境遇之奴、命运之奴,等等。同笛卡尔的系统的怀疑、培根的四偶像说联系起来。人的理性应当成为判断一切的标准;思想之自由,真理之所自涌;承认心灵之自由才能发现真理。去掉其唯心论,这些都是对的。梁启超对群己关系也有重要认识。人类的进化不是个体的进化,而是群体的进化——"大我",即人群中的个体,体现于国民意识、社会心理之中。故他所说以群为体即以社会心理为体。社会历史中的心(大我)作为实体与其作用的关系,小我与大我(个性与共性)之间的关系,是社会历史观中的两大问题。他认为社会由社会心理创造。英雄圣贤的个性影响到整个社会,使其逐渐变为一个时代、一个社会的共性。这当然是错误的。但在其形式之下,梁对群体意识作了初步探索。

在知行之辩上,康、梁强调知的方面,强调"开民智",而革命派强调行,章太炎提出竞争出智慧,革命开民智,猜测到了社会实践是认识论的基础、主体对个体的认识是一过程,从行先于知到知先于行。孙中山的观点在这点上与章太炎相似。

在社会历史观上,章太炎与梁启超也有分歧。在讲群的进化时,章说人类"竞以器",把竞以器与合群结合起来,用工具的创造和使用来说明群的起源。工具是分工协作的结果,而正是工具的使用使人合成群。礼器源于兵器,礼制是人群竞争的工具。这包含了唯物史观的萌芽。

这说明心物知行之辩和心物群己之辩开始结合起来,这标志着哲学在向唯物史观进步。

"五四"时期,李大钊从进化论过渡为马克思主义者。在进化论时期,他就很重视对于主体的考察,以理性、自我为权威。后来接受了唯物史观,进一步认识到就是普通人在历史上也有其地位。只有认识了社会存在的演变规律,使个人同进步的人民群众结合起来,才能获得自由和手段。这样他在唯物史观的基础上来解决心物知行、群己之辩。"今"就在于有行为有动作,否则这一刹那之"今"就丧失了。通过现在的劳作我们可以凭借过去来创造未来。历史就是由现在创造,可见他高度重视主体的能动性。

　　李大钊着重引导人们向前看,而鲁迅则着重用唯物史观来分析国民性、民族心理。他着重对中国传统文化的腐朽方面作了深刻的批判。上等人尊孔行礼不过是做戏罢了——"戏场小天地,天地大戏场"。既然做戏,就不用认真,而且前面做戏与后面真相是不一样的。这种人是没有操守的,是虚无党。实际上是寇盗,他们需要一批奴才、走狗的配合。奴才不同于奴隶。奴隶并不满足于自己的地位。奴才则安于自己的地位,让人也满足于奴隶的地位。但奴才并不真相信天命,他也想转化为主子。中国的奴才是同流氓相结合的,也没有操守。中国的旧社会就是主奴的等级秩序,其维护工具就是礼教。由此养成中国人的两大观点:面子观点和天命观。但这种观点事实上被暴君和奴才不断地破坏着。小偷丢脸,但大官僚就不算丢脸。一切都由命运,但花钱请道士可以改变命运。哲学家可以把这也说成命,但这样也就使命成为不确定的了。所以尽管儒家用天命论来维护封建等级制度,但这样的观点不断地被破坏。这种情况对人民群众有利又有弊:无操持使人民成了一盘散沙,缺乏信仰,同时又可以看到这种不相信的东西是可以改变的。但中国人的这种习惯势力非常难于改变。如不改变,就如同沙上建塔,顷刻就会倒塌。

　　在此之后,马克思主义者用唯物史观对中国社会进行了正确的分析,找到了正确的革命道路。马克思主义哲学同中国革命实践的结合,也从认识论上回答了心物之辩。毛泽东作了总结,体现了认识论和历史观的统一。对心物、知行、群己的关系作了辩证唯物主义的解决，在哲学理论上有很大贡献。

3. 总结

中国近代哲学对心物之辩的考察有重大成就：把马克思主义哲学同中国哲学的优秀传统结合起来，提出能动的革命的反映论，它又为方法论的近代化，为自由观上的探讨，提供了理论依据。

但理论上有严重的失误，在对主体性的考察上的封建意识，既忽视个体的独立人格，也缺乏近代的群己观点。近代思想家作了考察，但后来理论上有差错：把主观能动性夸大了，导致了唯意志论；使主体性只剩下一个阶级性，既忽视了每个人的自我，也忽视了对民族心理、社会心理等方面的探讨。其实"立场"并不是那么单纯的。观点除了立场的作用之外，还有文化传统、科学的作用。对方法，更不能忽视运用方法的领域。这还牵涉认识论上的意见和真理的问题。对意见的争论中要作观点的分析，而观点的分析过去则采取非此即彼的斗争哲学。再加上"阳谋"、"引蛇出洞"之类的手法，使大家只能说违心之论，根本无法进行意见争论。其实，在上者对自己所说的那一套也并不相信，而是在做戏。在下者就不知所措，这样便造成了信仰危机。我们实际上是把鲁迅对中国传统心理的分析忘记了。中国传统有优秀的地方，也有一个非常腐朽的传统：用居阴而为阳的权术来推行天命、礼教，实际上搞一套见不得人的把戏。在统治稳定时期，礼教、天命以独断论形式压在人民头上，正统派儒学"为王者师"，为封建统治作论证,使它本身精致化,但统治者本人也在破坏它,使之成为僵尸、无物之物,谁也不认真相信这一套,但它可以变换外衣,比如,披上马克思主义外衣,继续做戏、骗人,仍然是用居阴而为阳的办法,僵尸仍然在做戏。我想,意识形态领域中的革命、哲学的革命,真正的对象就是这种传统。否则,革命就是沙上建塔。

.

三、关于中国古代哲学和自然科学
关系的几个问题 *

看了书稿的提纲,提几个问题给大家考虑。

1. 关于中国古代社会的背景问题

自然科学的发展,离不开中国古代社会的具体条件。在这方面要有一个总的看法。但在这方面,比如对中国古代社会的性质,大家的看法还是有分歧、有争论的。李约瑟提出了看法,当然他笼统地把中国古代社会的性质归结为亚细亚的生产方式,我们不一定同意他的看法。我们可以用自己的称法,用不着拿西方的来套东方,但应当也有自己在这方面的看法。春秋时期是一个大的历史转变时期,在它之前如何去称呼?孟子有个说法,叫三代。现在流行的说法是奴隶制,另一种认为是原始公社,这两种提法都有些问题,因为当时还没有发展到像古希腊、罗马那样的奴隶制,农业生产方面主要是井田制,还保留着农村公田的形式。共同劳动,是孟子加以理想色彩的描述。政治上是"天下为一家"的

---

* 本文是作者 1992 年 1 月 8 日就《中国古代哲学与自然科学》一书的编写与华东师大哲学系教师的一次谈话,由李似珍记录整理,未经本人审阅。

时代,统治者具有剥削的性质,利用超经济力量加以统治。到春秋时期打破了公私田界限,公元前 594 年,鲁国实行初税亩,是它的标志之一。这时劳动者与生产资料结合的主要方式是小家庭生产,私田是地主经济。

战国以后中国经济长时期是地主经济与小农经济结合在一起,地主要进行超经济的强制,农民破产了地主就无法剥削,为此要维护小农经济,王道、霸道就此产生。这种制度与宗法制结合在一起,本来井田制经济体制时就是实行的宗法制、家长制,正式进入商鞅变法后,宗法制并没有得到彻底破产,而是与封建制度结合在一起,与原来的"礼制"结合在一起,使中国社会很稳定,传统文化能持续发展,中国封建社会统治者积累了非常丰富的统治经验。这些条件能促使中国的科学技术在很长时期持续发展,当这种科学在农业社会里发展,崇本抑末政策使商品经济发展比较缓慢,发展资本主义社会困难,就使发生、发展于西方社会条件下的近、现代科学在中国发展困难。以上是一个意见。

2. 科技起源问题

这里涉及术、道关系,即术数与科学的关系。科学发源于神话、巫术,这个大家都承认。如开天辟地、女娲补天,有雄伟的气派,表现了中华民族战天斗地的精神。早期的神话与印度、希腊比较,显得零碎、不系统,后来形成《封神榜》、《西游记》的形式,已经是文人加工的结果,不是原始社会的故事。原始人把自然力神化,形成神的谱系,希腊、印度都有神的谱系,是一个很完整的谱系,中国的神话较之大为逊色。但中国这一时期术数却影响后代很大，人们认为通过巫术（术数）可以使人神、人天交流思想，人可以通过它窥测天意、影响外界。这里包含迷信，也包含最初的技术知识。到一定阶段，从中概括出原理，那就是由术进入道，中国古代很多人坚持道术为一，道是从术发展出来的。这一点为什么要强调？因为研究西方文化的很多人认为古希腊自然哲学家基本上是根据神的谱系写宇宙谱，与宇宙发生的演变密切相联系，完全可以对应。现代美国哲学家奎恩认为，西方的原子结构的理论，就体现了这种对对应关系的理解，不过后者较前者用起来更方便一些。中国人没有完整的谱系结构，但中国人的科学哲学开始是《易经》，就是从术数入手，将卜筮、看卦的实践与道结合，也提供世界图式。它把自然界、人类现象归结为八卦，八卦又可归结为阴阳两个原理，非常重视天人之间的感应。用八卦办法可以窥测天意，人可以知吉凶祸福，以此指导行动，避免灾难。这种八卦说体现了天与人、人与自然的统一，术与道的统一，但这是从术数提高到理论。老子反对技术，主张复归自然。庄子《应帝王》讲拜列子做老师，碰到神巫技，对此采取尊重的态度，但要术技进于道。庖丁解牛，经过长期的实践达到道，此技更高。

　　总起来说，我国古代的科学起源时是从术数而进道，不是从神话谱系而来的。学进于道是从技来讲的，不能脱离技。

3. 天人关系问题

　　西方哲学讲人与自然、世界的对立，中国哲学家则比较侧重讲两者的统一、交互关系、相互作用。在中国没有像西方那样的将心物绝对对立的二元论。随墨学衰弱，中国原子论学说没有得到发展。在中国人看来人与自然界息息相关,人与自然相互作用达到辩证的统一。中国哲学家、科学家认为人与自然通过矛盾斗争达到绝对统一。在中国人特别是汉族人看来,人生的终极关怀不是天国,乐土不在彼岸而是在此岸,现实世界就能达到人的自由。这是中国文化很重要的特点。儒家认为实行仁义礼乐、仰观俯察,就可以穷神致化。道家主张通过废弃人为,达到与自然一体。二者观点虽然不同,但都要求在现实世界获得自由,都在此岸而非彼岸。后来总的趋势是儒道为一,穷神致化、统一天下。汉族人也有宗教信仰,道教就是自己的宗教,它认为人是宇宙的缩影,通过修炼、服药可以成仙,得造化之机,不是到彼岸去。道教很现实。佛教是外来宗教,讲涅槃。到中国之后发展为禅宗,讲说菩提只在心生灭、当下即可成佛,也是讲在现实世界。中国人的终极关怀在现实世界中获得,而不是在天国。天人可以统一,现实的人世间就可以成为天国,西方净土就在眼前。这种理论可以推动科学发展,中国农学、医学都认为自然界与人有联系,有统一原理,通过自然界与人交互作用就可以掌握规律。一方面认为道法自然,另一方面认为人定胜天,制天命而用之。这种观点也包含着对达到技与理、认知与评价的统一,不过由于没有达到统一性,所以有局限性。

4. 关于古今关系

　　古今之辩也是先秦以来哲学上重大的论争,同中国优秀的文化传统有关。西方文化在不同时期以不同民族为主体,中国文化以中华民族为主体,一贯持续地发展,这与西方不同。中国人最重视积累文化。儒家的传统方式就是积累方式,就是根据儒家经典逐段逐句积累。这里有保守的一面,认为古代比现代好,孔孟、三代比现在好,助长了经学独断论,这是消极的一面。但是讲古今关系,通古今之变的目的在于通变,要有批判精神,对前人的著作、成就有批判的态度。中国的大思想家、大科学家如王充、张衡、贾思勰等都很富有批判精神。中国科学发展到后来,沈括的《梦溪笔谈》、徐光启的《农政全书》、宋应星的《天工开物》、李时珍的《本草纲目》都是百科全书式的,会通古今,对前人的成就加以继承。因为善于通古今之变,各门科学形成自己传统。医学从《黄帝内经》、数学从《九章算术》、农学从《齐民要术》形成传统,没有理论把它贯彻起来就不可能形成系统。有种说法中国只有经验的零星记载,这种说法不一定正确。人类如没有自己的理论,就不可能形成传统,问题是我们研究得如何。书中的第二部分找自然科学中的哲理比较困难,医学、数学有独特的理论,这一点比较能得到大家的承认。我国算法体系的生命力很强,但有些人习惯于拿西方做参照系。

5. 关于科学的逻辑与方法论问题

西方科学讲究通过实验进行研究,中国古代有那么多的科学成就,有什么逻辑、方法?墨子作了研究,有它的特色,但从科学发展来说,更多的是从辩证逻辑取得方法论的指导,形式逻辑一直没有得到很好发展。但气一元论同中国自然观相联系,有着长时期的发展。为什么会造成这种情况?首先是中国古代得到发展的科学,主要是同农业生产相联系的科学,这种科学把人与自然统一的思想发展起来,和把自然看成有机联系、人与自然息息相关的思想相联,这样就形成把握这种道就能体现人的知性的观念。中国哲学史上,先秦的名实、言意之辩在同时代的科学著作里如《内经》等也有反映;汉末言意之辩表现为言尽意论、言不尽意论的争辩,它的这种思想与体用不二思想,在科学里也有影响,促使科学前进。唐代禅宗提出对理性思维更尖锐的责难,宋代哲学批判了禅宗,进一步发展了辩证逻辑,科学家吸取了这些思想。这些都是哲学与自然科学关系的结合点。可以从自然观看,也可从文化观看。

　　另外,有些提法上可以斟酌一下,如关于原始宗教的问题。自然科学达到怎样的形态是理论体系的形成?科学分类与科学之间的关系,中国人有些特点,我们始终没有掌握住,如音律与历法都有很重要的成果,为什么始终没有解决这些问题?内丹问题如何?没有解决的问题不少。

四、思维和存在关系的三个层次[*]

思维和存在的关系粗略地看，有两个方面：第一，思维是存在的反映。这是就主体反映对象而言的。这个问题墨子已经提出了，辩证唯物主义则认为是能动的反映。第二，思维是物质的属性，是物质发展的产物，这是就主体来看它的物质基础。南北朝范缜提出了刀的锋利与刀刃的关系的比喻。是否承认这个关系是唯物和唯心的界限。辩证唯物主义认为意识是社会的产物，劳动的产物。能动的反映和社会劳动的产物，归结起来是实践的观点，这是辩证唯物主义与旧唯物主义在解决思维和存在关系问题上的根本区别。马克思《费尔巴哈论纲》的第一至三条都讲这个问题，列宁《唯物主义和经验批判主义》中的第一、二、三章也讲这个问题。

深入一步来看，即进入到本质、规律的层面来看，则仍可从两方面展开。第一，是否承认物质运动有规律性，是进一步划分唯物唯心的界线。有些唯心论者可以承认物质的存在，但是不承认物质运动固有的规律性。如亚里士多德也讲物质与形式（规律），

* 这是作者 1960 年 6 月 14 日在上海市《马克思主义哲学》教科书编写组小组会上谈话的一部分，由张天飞记录、整理，未经作者本人审阅。

但他认为形式即规律是基本的。中国的朱子也讲理与器,但是他说理在器先。黑格尔则认为逻辑的东西先于历史的东西。凡是把规律放在物质运动之前,并把规律作为基本的东西来考察,则是一种客观唯心主义。唯物主义者认为物质第一性,并认为物质具有固有的规律性,荀子说"天行有常,不为尧存,不为桀亡"(《荀子·天论》),规律是客观的,人的概念是客观规律的反映。辩证唯物主义则讲客观规律性与主观能动性。第二,从意识是物质发展的结果、社会生产劳动的产物方面来看,整个物质运动具有规律性,物质到意识,而意识本身也有其发展的过程,从物质的属性到思维,从感觉到概念。黑格尔的《精神现象学》,写了精神现象,讲的是精神的运动,这当然是从唯心主义观点讲的。而辩证唯物主义在考察认识发展过程以后,则提出意识是从社会劳动基础上产生的,由不自觉到自觉,由不自由到自由,从自然的奴隶到自然的主人。

如果再深入一步,就是客观辩证法、认识论和逻辑的统一,世界观与方法论的一致。客观世界最一般的规律就是辩证法,人类思维最发达的形态就是辩证逻辑,而客观规律反映到人的认识中来则是认识论,同时也是世界观,而主观还治于客观、用世界观去认识世界改造世界就是方法论。黑格尔把问题颠倒过来,是唯心主义。

五、关于马克思主义哲学教科书体系和 内容的一些设想*

（一）

今天谈谈 1960 年版教科书①改编的问题。这本书的架子是我定的，通稿也是我通的。印了大、小两版。

改编可分两步，先搞成一个教材，粗一些没关系。辩证唯物论容易一些，历史唯物论困难一些。先搞辩证唯物论部分。

这本书有几个问题需要注意：

第一，书的内容"左"得要命，因为那是书记处的任务。要把左的东西去掉。书的理论特色在于对毛泽东的哲学思想的一些阐述，对一些基本原理的阐述。

第二，书的材料陈旧，要充实一些新的、特别是自然科学的材料。比如信息论、系统论、控制论，适当在这方面化点功夫。此

---

* 本文第一部分是作者在 1985 年 4 月 4 日同华东师大政教系马克思主义哲学原理教研室教师的谈话，第二部分是 1986 年 1 月 2 日同该系马克思主义哲学博士课程班学员谈话，由童世骏记录、整理，未经作者本人审阅。

① 1960 年，中共中央书记处布置一些人员编写马克思主义哲学教科书，冯契负责上海版本的教科书的编写，写了两稿，1961 年初，上海的书稿与江苏、福建两地编写的教材合并为一个华东版本，以《辩证唯物主义和历史唯物主义》（试用本）的书名由上海人民出版社出版。

外,对于西方哲学多作些分析,不要简单化。西方这些年来没有大哲学家,罗素之后没有大哲学家,可以渺视他们;但是他们的思想并非一钱不值,如皮亚杰,就有许多可肯定的东西。辩证唯物论也面临一个开放的任务。马克思主义哲学不是一个封闭的体系,不要离开世界哲学的潮流。马克思主义哲学同中国传统的结合标志着世界哲学的开端。

从50年代以来,我是围绕认识论搞研究的。一是逻辑和方法论,一是人的自由和真善美。可以吸取我的一些观点、比较有稳定性的观点。

书的前面原来打算有一章是从哲学史的角度讲哲学基本问题,不能局限于西方哲学史。中国人讲哲学不能光讲西方哲学史,而要讲中国哲学史。有了我的书之后,在这方面的工作可以说没有什么困难的。我的《中国古代哲学的逻辑发展》的主要工作就是说明了中国人的思维发展也遵循某种客观规律,即辩证唯物主义所揭示的规律。我的书可以作为辩证唯物主义的教科书。

后面出的部分是要讲逻辑方法论,最后加一节,讲科学方法论,或方法论的基本原理。

这样搞下来,辩证唯物主义作为大学的教科书是可以用了。按照原来的计划搞,前面加一章,后面加一章。

历史唯物论比较困难一些,可迟一些搞。可去掉其中有些章节,如阶级、国家,这些内容可让政治学去讲。“社会意识形态”也不是历史唯物论的讲法。历史观只要讲社会存在和社会意识、社会基本矛盾、阶级和两类社会矛盾,群众观点。要突出两类社会矛盾的学说。历史唯物论的出发点的问题,是“人”还是其他,可以考虑。以前的教材确实忽略人，但出发点不一定要放在"人"。从哲学史来看，讲人道观的问题有两个方面，一个是历史观，一个是人性论。人的自由或人生观打算明年以后抽半年或一年时间讲"人的自由和真善美"的问题。

教材要讲两个问题：人性、人的本质，一是人的理想，包括社会的理想（共产主义），一是个体的理想（理想人格）。理想化为现实就是人类的文化和人本身。哲学的思维和存在的关系问题最后归结为理想和现实的关系问题，或者说包括三项：现实（社会）、理想、人（理想的主体），与哲学基本问题的三项（自然界、概念、人脑）相对应。理想成为现实就是人类的文化和人本身，就是物质文明和精神文明。

辩证唯物主义部分今年搞，历史唯物主义部分明年搞。明年上半年先搞历史唯物主义的前半部。目的是搞出一个较粗的给大学生用的教材。

以后搞成一个哲学专著，作为研究所的项目。这本专著的面貌可以这样：

"绪论"：哲学是哲学史的总结，即从史的角度（中国的和西方的）来看马克思主义哲学的历史地位。

下面可以设想分成几篇。

"认识论"放在第一部分。这个想法很特别。当时提出这个设想的借口是突出毛泽东思想，但真正的意思是：人们对于物质的认识是一个过程。哲学上的物质定义是从认识论上下的，是认识论的开端。但这仅仅是人们对于物质的认识的开端。经过一个认识过程，人们获得越来越多的科学真理，从而证明世界统一于物质,这个"物质"比单纯的"客观实在"内容要丰富得多。这样以认识论为开端,是把思维和存在的关系问题这个认识论问题贯穿整个哲学体系。"认识论"可以从能动的革命的反映论讲起,还讲一些感觉和概念的关系问题,感觉和理性的问题,意见和真理的关系问题。认识论的内容现在可以讲得比较丰富一些。可以吸取其他学派的观点,金岳霖的观点也可以吸取。

认识论后边的第二部分:"世界统一原理和世界发展原理。"这一篇很困难,现在只有一章,将来要搞成一编。讲自然观,马克思主义哲学遭到挑战,人们最不满意之处就在这一方面。物质、运动、时间、空间、意识,这些在传统哲学中属于本体论部分。要力争有所前进。

第三部分:辩证法。物质运动最根本的规律就是辩证规律。从专著来说,客观辩证法和主观辩证法放在一起讲。这样讲有其方便之处。写教材可保留原样。写专著可强调这一点:一个规律(原理),就是对立统一规律——对立统一规律作为客观自然界的规律和作为逻辑思维的规律。接下来讲范畴,用"类"、"故"、"理"来串,把客观辩证法和概念辩证法结合起来讲有利于讲范畴。把量变质变、肯定否定作为范畴。有一对范畴中国哲学家讲得多、西方哲学家讲得少,那就是"体""用"范畴。如果西方人要从中国人那里汲取什么力量的话,这很可能是一对重要范畴。加一对"性质"和"关系"的范畴。数理逻辑中专门讲类和关系,要吸取。讲了范畴以后,再讲方法。

第四部分是"社会历史观"。能动的革命的反映论不仅是认识论的基本原理,而且是社会历史观的基本原理。讲社会存在和社会意识的关系、社会的物质关系和思想关系。两类社会矛盾在哲学史上是"王霸"、"德力"之争。过去没有解决这个矛盾,后来中国共产党人在理论上解决了。

第五部分,"人生观"。现实、理想和人格对应于哲学基本问题的三项。现实是指社会的现实,不但是物质的关系,而且包括取得物质形态的精神(艺术作品、科技产品、道德关系)。理想不但指道德理想,也包括科学的设想、蓝图。人格是指个体,没有个体就没有理想的主体。

我所做的工作是具体论证了哲学是哲学史的总结,用认识论来串整个哲学原理。在认识论、逻辑学、方法论方面做了一些工作,分析了中国人和西方人的逻辑思维的特点、形式逻辑和辩证逻辑是知识、经验的必要条件等等。另外一方面的重要工作是在真善美的统一方面的工作。我自信社会领域中与哲学基本问题的三项相对应的三项(现实、理想、人格)我是把握住了。

希望你们深入下去搞一些具体问题的研究。

(二)

1. 对于哲学体系的考虑

哲学体系可以用不同方式来构思,我从来认为没有什么不可改变的次序安排。在形式上,体系可以多种多样。《反杜林论》提出一个形式上的安排,这是经典的,也是那个时代的产物。《联共(布)党史》又是一个体系。随着时代的发展、科学的进步,哲学本身在不断发展,形式上可以有不同的安排。我在 50 年代讲辩证唯物论提出了一个体系上的设想,60年代初编成了教科书。当时是中央书记处交代的任务,上海写的教科书的体系是我提出来的。现在张天飞等同志想在那本书的基础上搞一个教材。这也是一种安排的方式,与现在一般的教材不大一样。现在尚未编出来。我当时的考虑是按认识论来编排。这个架子我今天谈一下。

最先是一个序论之类的,从哲学史的角度来谈,包括西方、中国的哲学史发展。比较简要地谈一下哲学与哲学史的关系、从哲学史的总结的角度来讲哲学原理。讲得比较概括些。讲得好不容易。我在《中国古代哲学的逻辑发展》中则是把哲学史当做哲学的展开来讲。

第一部分是认识过程,从思维和存在的关系问题开始讲。基本思想我在《逻辑思维的辩证法》的开头两章讲了,不过是从逻辑思维的角度讲的,认识论的许多基本思想没有展开,但是已经包括在内了。有些安排与别的书不同。例如,把意见和真理作为认识论的一个重要问题来讲,这不是我的创造,先秦人已经讲了,我不过从辩证唯物主义的角度提炼了一下。

第二部分讲世界统一原理和发展原理,也就是自然观的那部分。从认识论来讲,世界统一原理是作为认识成果来提出的。认识论的开端是列宁所讲的物质概念,而作为世界统一原理的物质不是认识的开端而是认识的成果。认识论的开端要讲客观实在,讲感觉能够给予客观实在。这样,我区别了两个物质概念:作为认识论开端的物质概念和作为世界统一原理的物质概念。在这部分还要讲物质运动、时空等等。

第三部分讲辩证法。一般的教科书中把客观辩证法与主观辩证法放在一起讲的。对立统一规律既作为客观世界的最一般规律，也作为逻辑思维的最根本规律。讲范畴也是这样。范畴的体系我按照中国哲学的历史总结、按照类、故、理三者来讲。类、故、理这范畴的分类是中西哲学的共同结论。范畴的运用就是方法。

第四部分，社会历史观。唯物史观的基本原理，讲社会存在和社会意识的关系、社会基本矛盾、两类社会矛盾。不需要像现在的历史唯物主义教科书那样讲得那么多，不需要多讲政治学、策略、科学社会主义方面的内容。历史唯物主义的安排现在要有突破更困难一些。

第五部分，人生观。讲人生的理想、人类的自由、真善美的价值。现在一般教科书不讲这些内容。但传统哲学和现代西方哲学讨论得很多。中国哲学讲到"人道"的时候，讲社会历史的演变过程、个体发育的过程（理想人格的培养），前者属于历史观，后者属于人生观部分。

我想说明一下，这是在60年代初就有的设想，后来没有搞得很细。原来的稿子中左的东西也很多，现在想修改一下，看看明、后年能不能搞出来。

我认为，哲学体系的安排不是唯一的，不要受框框的影响。当然每一种安排都是有理由的。我们如上的考虑，也是有理由的。其一，从马克思主义哲学本身的发展来看，哲学作为哲学史的总结，哲学史作为哲学的展开，这本来是从认识论中提出来的命题。因此从认识论方面来串，可以对以往的成果进行较全面的总结。100多年来马克思主义哲学发展有突出的地方，也有薄弱的地方。如对哲学与自然科学的关系考察较少。其二,这样的安排可以涉及当代哲学家在考虑的许多问题。其三,从社会主义建设来讲,我们要发展社会主义文化、培养社会主义新人,如果多考虑一些人生观、逻辑和方法论方面的问题,会比较合适。别的同志有别的理由、别的考虑也完全可以。哲学固然要有形式上的体系,特别从近代以来。但更应重视实质上的体系。孔子说"吾道一以贯之也",但《论语》从形式上来看,成什么体系?

2. 关于感性认识和理性认识的关系的一些问题

首先,关于感性认识向理性认识的飞跃问题。"飞跃"这个概念大家都比较熟悉,但可能误解了。飞跃是质变,但质变有两种形式,一种,物极必反。另一种,对立双方在保持着动态平衡的条件下实现转化。比如人和自然界的生态平衡中有双方的互相转化、飞跃。这种情况下矛盾的解决表现为对立双方保持联系的同时互相转化。宇宙中这种形式的转化很多,并不是非此即彼的飞跃,而是在保持动态平衡中的飞跃。认识过程中的飞跃都是后一种飞跃。从感觉到概念的飞跃不能理解为抛弃感觉、达到概念。不是这样。概念、理论如果是科学的,就要同感觉、实践经验保持着巩固的联系。同时,飞跃也不能看做是简单地一次完成的。认识过程中从感性到理性的飞跃是由一连串飞跃构成的,就像人的发育、国民经济的增长可以由一系列飞跃构成一样。从哲学史的发展来看,每一个小圆圈构成一个飞跃,好多飞跃构成一个大的圆圈。一次完成的观念是一种形而上学的观念,不是辩证法的观念。对认识过程中这种飞跃作细致考察的话,有许多问题。最先的飞跃是从感觉到概念。这一点金岳霖先生的《知识论》讲得不错。我在《逻辑思维的辩证法》中讲两条：以类行杂，以微知著。以类行杂，是用一般来统率个别、杂多。例如小孩子看到火车时，大人告诉他这是一辆"火车"。如果他学会了这个概念，他会运用了，他就可以在玩具店指着玩具火车说"我要这火车"，或在其他地方知道眼前的是火车。这样形成的概念同感觉经验还是有巩固联系的。毛泽东说"去粗取精、去伪存真"，可以实现于"以类行杂"。"以微知著"，相当于毛泽东讲的"由表及里、由此及彼"，是一个把握本质的问题。小孩子许多概念只是前科学的概念，而不是科学的概念。从前科学概念到科学概念还有一个飞跃过程。我们日常生活中的许多概念都是前科学概念，而科学概念则深入了本质。当然本质还要深入，从感觉到概念因此不是一次完成的，不是互相割裂的。概念能摹写、规范感觉经验，从而使感觉的所得成为判断了的。这样的感觉就成了事实，像"这是一个茶杯"之类的，就是我们平常所说的"感性认识"。它是感觉经验被概念判断了的。事实之中的本质联系反映在概念的结构中，就叫科学理论（如果被检验、论证过的话）。这样就有事和理的关系。事和理在人类认识过程中不断地矛盾着。事实源源不断地涌进来，理论加以说明，有时说明不了，就产生矛盾。理论不但说明事实，而且超越事实、可以预见事实、要求事实来检验。这也是一种矛盾。这种矛盾就成为问题。问题产生思维过程。由于人的不同、问题各方面不同，就产生了意见、观点的矛盾运动，这个矛盾运动贯穿于发现问题、解决问题的矛盾运动之中。在这个矛盾运动中，通过逻辑论证和实践检验，就可以达到明辨事实、划清界限的目的。这才是真正地发现了真理。人们叫做真理的知识，总是经过论证、经过检验的。当然科学的真理还要经历从抽象上升到具体的过程。从各门科学来说,总是一条条原理被发现、被论证之后,然后再进一步加以系统化、完善化。只有达到一定的历史阶段,才可以在一定领域中真正达到具体真理。这当然也是一个飞跃。德国哲学家从这点考虑,便区分了知性和理性,认为只有到具体才真正达到理性。我们现在不一定赞同这个说明,但要看到理性认识内部包含一系列飞跃。这样看来,现在的教科书太简单了。许多前人已经讲清楚的东西,现在的教科书都没有讲。我不过是把前人讲的内容串了一下。

其次,关于休谟问题。休谟问题包括两个方面:过去不能保证不被将来推翻;归纳原则不是由归纳得来的。这两个问题的讨论由来已久,现在西方哲学也讨论不休。我不能在这里详细讨论这个问题。休谟,像金岳霖先生批评的,出发点太窄:不承认有客观实在,而只承认此时此地的我的感觉经验。休谟用的工具也太少,不承认从感觉可以飞跃到概念,不承认有抽象概念,"idea"仅仅是意象或表象。我们的出发点要比休谟宽得多:肯定实践是认识论的基础,实践经验可以把握客观实在。进行实践时,总是把对象当作客观实在来对待的。在实践中得到的感觉、经验当然因此也是能够把握客观实在的。其次,我们承认从感觉到概念的飞跃,以及随之而来的一系列飞跃。这也就是把辩证法运用于认识论。这就使我们的工具丰富得多、有效得多了。这就使知识经验的必要条件不仅仅是一个形式逻辑的问题,而且也是一个辩证逻辑的问题。休谟认为知识经验的必要条件是形式逻辑——不能保证知识经验,康德用先验逻辑来补充形式逻辑,黑格尔顺着康德的路子前进,提出辩证逻辑。我们是沿着前人的路子前进的。知识经验有两个必要条件,形式逻辑和辩证逻辑,从感觉经验而来的概念反过来规定感觉经验,于是便有事实的知识和理论的知识,经过逻辑论证和实践检验之后,就具有了普遍必然性。这样,就超越了休谟的问题,使休谟问题不成其为问题。从亚里士多德开始,形式逻辑是不管归纳的。但辩证逻辑既包含归纳也不只是归纳。得自现实之道反治现实的过程是归纳与演绎的统一、分析与综合的统一。这是辩证法的讲法,与休谟的提法不一样。金岳霖把归纳原则看做接受总则。但我认为辩证逻辑是接受总则。肯定辩证逻辑,归纳问题就不成其为问题。因此我对休谟问题的解决是超越这个问题、改变问题的提法。

3. 如何理解认识过程中知、情、意结合的问题

这个问题比较大。西方近代哲学有一个把知、情、意分开考察的趋势。这使研究深入了,但未免把三者分割了。于是产生了另外一种倾向,特别在大陆上,强调情、意在认识过程中的作用,有些人搞到下意识去、搞到伦理主义去。但知、情、意这三者之间的关系确实要好好研究。马克思讲从前的哲学只讲认识世界,但重要的是改造世界。把实践引入认识论,就必须把情、意考虑进去。因为实践过程不但有认识的作用,而且有情感和意志的作用。比如造一所学校,不但要符合客观规律,而且要符合人们的意愿、需要,包括审美情感上的需要。学校应该很重视环境对学生陶冶性情起的作用。人类把握世界的方式主要就是理论思维、道德实践和审美活动,这三者与知、情、意相联系着,它们所创造的价值就是真、善、美。如果把人生观放到哲学原理体系中讲的

话,特别要写知、情、意的统一。人生的理想,不论从社会来说,还是从个人来说,都是要创造真善美统一的理想社会(境界),要培养真善美的人格。人的自由无非意味着真善美理想的实现。从伦理学上来说,道德理想成为人的自觉自愿行动的规范,从审美活动来说,人的自由就是在人的活动对象即人化的自然中直观自身,这就是审美的理想在人化的自然中得到实现。从认识上来说,自由就是真理的理想在实践结果中得到实现。

现在提出在哲学中讲人生观,这很好。我是一直赞同讲人生观的。中国传统哲学家历来是注重讲人生观的,孔孟、老庄都是这样。

4. 中国传统思维方式的特点

关于这个问题,我在《中国古代哲学的逻辑发展》中已经讲了。人类当然有共同的思维规律。中国人和西方人的思维方式有共同之处。但由于历史传统不同而有民族特点,这是不应忽视的。这种特点大家在探讨,我也提出了一些看法。思维用语言来表达,语言是思想的物质外壳。从语言表达来看,中国人就有其特点:喜欢讲对仗,喜欢用成对辞(阴阳、东西、冷热等等)。所以中国的语言比较多地有辩证法的因素。但从形式逻辑的角度来看,中国语言的严密性不够。就如严复批评"气"这个词,含义多不胜数,太模糊了。这是明显的弱点。我主要从哲学和科学的关系提出一个看法(李约瑟有类似的看法):中国古代科学的辉煌成就是用什么方法、什么逻辑得到的? 我的结论是中国比较多地用了朴素的辩证逻辑的方法取得这些成就的,在天文学、农学、数学,一直到沈括那么大的科学家,都同辩证逻辑的运用有关。西方比较注重形式逻辑，中国则长期忽视。中国人比较多地讲气一元论，而不讲原子。这和中国古代社会更多地发展农业、古希腊社会更多地发展商业和手工业有关。中国古代在世界上地位比较突出的学科如医学、农学、天文学，都和农业有较大关系。在文学艺术方面，中国人比较早地发展了抒情的艺术，古希腊人则比较早地发展了叙事（造型）艺术，中国人也有雕塑，但更重意境而非现实。戏剧、小说到了唐代以后才发展起来，在明清达到高潮。美学理论比较早地注意阐述形象思维的辩证法。小说、戏剧要写矛盾（"木不平则鸣"）的观念、注重意境的观念，很早就有了。这些方面联系起来看，中国人的思维方式的特点是比较早地注重辩证思维，但常常比较模糊、不太精确，就像绘画中，只重神似，不求形似。中国近代哲学对于中国形式逻辑不发达这一弱点给予很大重视。在现在，形式逻辑是不会再被忽视了。在克服弱点的同时，还要发挥自己的优势。像徐悲鸿的成就之所以比较高，就同他博采中西之长有关。鲁迅的作品也是这样。在哲学方面，中国古代辩证逻辑比较发达有利于中国哲学接受马克思主义，但同时造成了朴素辩证法与唯物辩证法的界限不清的可能。此外，中国传统辩证法外衣下还包括了不少坏的东西，比如"居阴而为阳"的权术。

5. 今后哲学革命和哲学发展方向的问题

我用了"中国近代哲学革命进程"的提法。至于这场革命是否已经终结，则要具体考察。到了毛泽东，有些问题，例如历史观、知行观，得到了较好的总结。有的问题则没有好好总结。即使总结也是相对的，还要不断发展。不应该停留在某一形态上。

在今后,有一个重要问题是逻辑和方法论的问题。这个问题在中国近代虽有重视,但无很大成就。另外,人生观的一些重大问题也没有很好解决、总结。这些方面的理论缺陷使我们的头脑不太清楚。做一个人起码应做什么这一点也不知道了。哲学和自然科学的关系不够紧密,这也是一个问题。近代搞哲学的人的主要目的是解决政治斗争中的问题,而忽视了同自然科学的联系。在这一点上,中国近代哲学家比中国古代哲学家、比西方近代哲学家要差。

从中国近代来说,一直在讨论古今中西问题,中西哲学有合流成为世界统一哲学的潮流。但这方面还有许多工作好做。比如许多世界第一流哲学家的全集都没有翻译过来。我们现在还没有像唐代玄奘时期那样把大量外国学术著作翻译进来。唐朝之所以能把中国与印度的文化合流成中国的佛经,与唐玄奘的工作有关。中西哲学合流的工作很可能要中国人来做。搞哲学的人当然要关心改革、开放,但不要纠缠于枝枝节节,而要注意一些大的问题。

哲学通信

一、致邓艾民[*]

（1980 年 1 月—1984 年 7 月，18 则）

1. 1980 年 1 月 2 日

艾民：

从太原回来后还没有跟你写过信，不知你近况如何？ 念念。"文化大革命"中的暴行使得人们失去了通信、写日记的习惯，这也是可悲的后果之一。有时读读古人的那些书札，不免感慨系之。

我每两周讲一次"中国古代哲学的逻辑发展"，最近可以结束。打算化半年时间把它整理出来，大约是 20 多万字的一本书。估计先秦部分在三月间可打印出来，那时便寄给你看。我对自己的这项研究回顾了一下，感到还是比较粗糙，有两个重要问题也还未能提出自己的看法。顾武武说："著述之家，最不利乎以未定之书传之于人。"^①所以是否发表，还是有些踌躇。但是想到文化大革命前那么多手稿、笔记都被抄去而丢失了，便觉得还是先印出来，好保存些。

我所谓"两个重要问题"是指：（一）在中国哲学史上哲学和自

＊ 邓艾民，西南联大同学，北京大学哲学系教授。

① 顾炎武：《与潘次耕书》，黄珅等主编：《顾炎武全集》第 21 卷，上海古籍出版社 2011 年版，第 129 页。

然科学的关系是如何演变的？（二）关于"人道"的理论是如何发展的？这两个问题我还没有形成一定的见解。所以，这本书如果发表，也可能被讥为"蔽于天而不知人"。不知你对这两个问题有点看法没有？

在太原听你说起国家的"气数"问题，我回来后也常想这个问题。对我们国家来说，从清末搞洋务起，经第一次大战时期，50 年代，已经失去了 3 次好机会（相反，日本人都利用了这 3 次机会）。看来，80 年代是又一次好机会，这次决不应再错过了。但一定要吸取历史教训，不然，还是会错过机会的。所以，我还是想好好研究一下近代哲学史，这更有现实意义。

昨天元旦，是 80 年代第一天。我刚铺纸握笔，打算给你和小董写两封信，老马①来了。他在我们这里玩了一天，晚上才回去，他要我向你致意。

祝你们全家新年愉快！

契白
1980,1,2。

2. 1980 年 3 月 19 日

艾民：

前后二信均早收到。本来想等把我的"记录稿"先秦部分印出来寄给你，所以回信拖延了。现在才知打印稿还得过些日子才能印好，还是先给你写封信吧。

---

① 老马即马瑞祺，工人出身，地下党员，抗战时期在云南陆良县援华美国航空队飞机场工作，解放后任上海制笔零件厂厂长，已离休。

中国哲学史近代部分，我没有现成的讲稿，有一些想法。但这一部分，我至今串不起来，所以在叫上海哲学所、师大和研究生同时在搞，希望在三五年内能有成果。我以为主要困难在于：中国哲学史与西方哲学史如何合流？马列主义与中国革命实践（包括中国传统）如何结合？不能认为这个合流与结合过程已经结束，现在还在继续着。但到1949年达到一个什么水平，却该有一个估价。

你信中提到历史分期问题，我缺乏深入研究。现在我仍采取郭老的说法。没有别的理由，只是因为传统的说法总是把夏、商、周三代看作一贯的，春秋战国是个大变动。我认为，这个问题还有待于更多的地下文物资料来作参证，暂时还不能作结论。

关于人道问题，我也没有想清楚。在50年代，我提了两个口号，一是化理论为方法，一是化理论为德性。后来在"文化大革命"中，受到了多次批判，而似乎也没有批倒。其实，我的意思无非是说，哲学是世界观与方法论的统一，是世界观与人生观的统一。正是这后一方面，即天人关系问题，中国哲学讨论得很多，我在从事的研究课题是"中国哲学思想的逻辑发展"，就天道观说，我对它的逻辑发展提出了一点看法，并且从世界观与方法论统一方面作了一点探讨。但就人道观说，我还拉不起一条线索来。正如生物有个体发育与物种进化两方面一样，人类有德性的培养与社会进化两方面。唯物史观是关于后一方面的理论，这是马克思的贡献。但是关于人的德性的培养的理论，我们讲得很少，而遭受破坏很大。我想，如果能够就中国哲学的人道观的逻辑发展提出一点看法，将是很有现实意义的。黑格尔写了《精神现象学》，现代存在主义者也注意到要研究个体的精神现象的演变、发展问题。马克思主义者应该在社会发展中来研究个体的精神发育过程,研究各个时代的思想家如何从不同侧面反映了这个过程。理论的反映和实际过程并不都是一致的,理论不仅有片面性,而且可能是虚伪的(如道学家)。从中国历史来看,有着百家争鸣气氛的时代,比较有利于个体的精神发育,因为这样的时代有利于做到:一、言行一致;二、个性比较全面发展。而专制主义的统治,总是容易造成虚伪的道学家、两面派。社会既然分裂为阶级,德性当然是有阶级性的,时代条件是否有利于个体精神发育,也可以从阶级斗争和生产发展形势来说明。不过这还不够,个体的精神发育,德性的全面发展,说到底,是要达到真、善、美的统一。从理论来说,就是认识论、伦理学和美学三者都以它为研究对象。所以,要考察一个哲学家关于人道的理论,不仅要看他在社会历史观上的主张,还要看他关于真、善、美方面的见解。中国哲学家讲"性与天道"的"性",包括 nature、essence、virtue 等多重意义。人的本质要从社会历史、阶级性方面来说明,这是一面;同时,人的本质应了解为从 nature 发展出 virtue 的过程(通过实践与教育),而它的全面发展,就是要求达到真、善、美的统一的人格。

　　拉拉杂杂写了这些。

　　祝你们全家安好!

契白
1980,3,19。

3. 1980 年 5 月 14 日

艾民：

今天邮寄给你《中国古代哲学的逻辑发展》（上册）打印稿两份，是还没有装订的。社会科学院没有人装订，弄到师大，订书机没有空，所以至今没装订。就请你自己装订吧。一份给你留着，一份要请你化时间提意见，意见就写在稿子上，以后请你寄回给我。

第二篇（秦汉至鸦片战争前）的记录稿已基本上整理好，这星期就可交出去打印。按照前面的速度看，大概至少两个月才能印出来。

你信上讲到几个圆圈，我大体上也是这意见。关于宋明时期，我在第二篇中已提出了一点看法，即主要是围绕理气（道器）之辩与心物（知行）之辩而展开的一个圆圈。但我全书都只画了一个粗线条的轮廓，有待于进一步深入研究。以后第二篇寄给你，供你参考，再请你提意见。

关于近代，我至今还串不起来。有一点初步的想法，就是把它看作是中国哲学史与西方哲学史合流过程，达到马克思主义与中国革命实践（以及中国传统）相结合。中国近代是个革命时期，直接影响哲学的政治思想斗争，可以概括为"古今、中西之争。"各个阶级都对这个问题提出自己的答案，《新民主主义论》所作的总结，基本是正确的。中西、古今之争反映到哲学领域，人们探讨中西文化的哲学基础之间的同异，产生了种种说法，不仅中国人讨论，外国人也讨论。这个问题至今尚未得到解决。至于围绕哲学根本问题而展开的论争，中国传统思想关于理气（道器）之辩与心物(知行)之辩仍以不同形式继续着,只有到戊戌变法时期,西方的机械唯物论和进化论才真正对中国人有了影响,此后,特别是"五四"前后,西方各哲学流派纷纷介绍到中国来,并都或多或少和中国传统思想相结合,出现百家争鸣的局面。"五四"前后能成"家"的是哪些人?这值得好好研究。实用主义、柏格森、罗素、尼采、无政府主义,这些大概就是在中国"五四"时期真正起了影响的西方哲学流派,而经过中国人之手,它们也和中国某种传统哲学结合起来了。这些流派,以及马克思主义者,所争论的哲学问题,主要是两个:一是由道器问题演变来的进化还是革命的问题,一是从知行问题发展出来的认识论的问题。是不是这两个?如何概括?也还值得研究。而后,从"五四"到1949年,经历了一个马克思主义与各种思想进行斗争的过程,陈独秀和李大钊,瞿秋白和鲁迅,毛泽东、刘少奇和周恩来,大体代表了不同阶段。另外,我以为,自五四以来的自然科学是有成就的,因此还需要考察一下科学方法论的发展。但马克思主义与自然科学的结合,是尚未解决的问题。中国近代以100年的时间便走过了西方自文艺复兴以来所经历的路程,这当然是好的,但是也带来问题。从哲学来说,没有典型的机械唯物论,没有产生 Hume,没有产生 Hegel。一些认识的必要环节没有得到充分发展,因此也使马克思主义哲学具有某些先天的弱点。弄清楚有哪些弱点,有哪些尚待解决的问题,这对哲学的发展是很重要的。研究近代哲学史特别具有现实意义。

　　启华和孩子们均此问好!

契白
1980,5,14。

4. 1980 年 8 月 10 日

艾民：

七月卅一日信收到。中国哲学史学会理事扩大会议想来已结束。

你的《论朱熹太极说》我已读了。觉得不错，是化了功夫的，写得很清楚，关于朱熹太极说，主要的问题抓住了。引的一些外文著作，我多未读过。作这样比较研究，给人有启发。但我想，你可以把你已经发表的《朱熹格物说》联系起来考察一下，看太极说与当时的科学思想有些什么关系。例如，周敦颐的《太极图说》和道教的炼丹术有关，而讲内丹、气功的都以为人是一个小宇宙，这就是"人人有一太极"了。宋元时期是中国科学发展的又一高峰，这时产生了像张载、沈括这样的唯物论者，也产生了程朱格物说。朱熹是个很博学的人。若能说明朱熹的学说与当时的科学、文化如何相联系，而他又是如何失足而陷入唯心主义的，就能给人理论思维的教训。

你信中提的几点意见也很好。李约瑟的第 2 卷，[①] 我已大体翻过一下。他的见解很有启发性，但我在几个主要问题上感到不足或不敢苟同。第一，他贬低了唯物主义传统，说像王充那样过早地批判神学，对科学不利；第二，他把真正的辩证逻辑（如《内经》）和形而上学（如董仲舒）混为一谈了；第三，他过分夸大了中国与西方哲学思想上的差别，看不到人类认识发展有其共同规律（注意差别是对的，但不能过于夸大）；第四，他没有考察：如何同

① 指李约瑟主编的《中国科学技术史》第 2 卷。

科学的发展相联系,中国的哲学与逻辑也经历了一个发展过程。

　　我把哲学史的对象概括为"基于社会实践的主要围绕思维和存在关系问题而展开的认识的矛盾运动",这就是说,哲学史首先是认识史,而辩证法则是认识史的总结。我的讲稿现在贯彻了这个观点。"蔽于天而不知人",确实是个缺点,但中国哲学史中的真、善、美关系问题,我现在还提不出看法,以后来共同努力吧。至于你说的不能把哲学的党性放到哲学史对象中去讲,我以为要把哲学对象与哲学史对象区别开来。哲学作为科学,其对象为自然、社会和思维的一般规律,亦即最高的真理。哲学是通过主要围绕思维与存在关系问题而展开的不同哲学体系的斗争而发展的,这个发展过程(哲学史)也即真理发展过程。问题在于:多年来把哲学体系之间的斗争简单化为党派斗争、阶级斗争,而忽视了黑格尔说的"诚然",所有的哲学体系都被推翻了,但也应当承认,没有一个哲学体系是能够被推翻的。

　　我九月下旬可能到厦门去一次,参加辩证逻辑会议。最近我把"记录稿"中荀子、易传、内经等有关部分整理成一篇《中国古代辩证逻辑的诞生》,到会议上去讲一讲。打印出来后会寄给你一份。

　　暑假中孩子都回来了,比较热闹。这几天秦泥①的女儿秦蕾到了上海,住在我家,即将去青岛。

　　向你全家问好。

契白
1980,8,10。

---

① 秦泥,西南联大同学,《人民中国》(日文版)编辑、记者,中国作家协会会员。

5. 1980 年 10 月 9 日

艾民：

从厦门回来,看到你的信和寄来的书,很高兴。《中国哲学史(上)》已交给曾乐山一本。

厦门的讨论会开得还不错,北大也有两个人参加的。我在会上讲了一次,谈一般的研究途径与方法时,反应不错;而讲到中国古代的辩证逻辑,都听不大懂。现在搞辩证逻辑的同志,多数是从形式逻辑转过去的,缺乏逻辑史与现代科学的知识准备,因此有局限性。

在厦门碰到湘潭大学的汪澍白同志夫妇,不知你认识否?你去过湘潭,也许见过面。这位汪先生特别来找我谈了一次,给我看毛在青年时代写的《给黎锦熙的信》和关于《伦理学原理》的笔记。这些东西我过去没见过。读了之后,对他的早期思想就比较了解了。看来主要是德国的唯意志论和陆、王——曾国藩——康、梁这一传统的混合物。一个人在青年时代形成的世界观,后来虽可以改变,但是到老年又可能复归。现在大家在讨论极左路线的哲学基础,它的秘密可能要到早期著作中去找。

你给我的讲稿提出的一些问题和意见,都很好。我将在修改时认真考虑。上海人民出版社要我明年出书,我想还是慢一点,明年把《逻辑思维的辩证法》的讲稿整理出来后,再回头来修改《中国古代哲学的逻辑发展》,后年可能出版,但仍加上“初稿”字样,征求意见。以后争取把近代部分补上,成为一本完整的著作。

《记录稿》下册尚未装订好,现在后勤部门总是拖拖拉拉。关于庄子,我已整理了一篇文章,发表在最近的《学术月刊》。寄一份给你。

杭州的宋明理学讨论会大概在 11 月举行,因为要等浙江把他们的《王阳明》一书印出来。

秦泥未见面,不知他到上海来了没有?

向你全家问好。

契白

1980,10,9。

6. 1981 年 1 月 8 日

艾民:

杭州分手后,已一个多月了。我最近忙于搬家。以后来信请寄"上海华东师大一村 464 号。"

汪澍白夫妇前天到了上海,住在师大。将请他作两次报告,开一二次座谈会。他到上海来想访问几个人,还打算到南京、扬州去一趟。

我这个学期讲了《逻辑思维的辩证法》的认识论部分,已结束。哲学史上争论不休的认识论问题,我以为是四个:(一)感觉能否给予客观实在?(二)普遍、必然的科学知识何以可能?(用康德的提法,即先天综合判断何以可能?)(三)逻辑思维能否把握具体真理?(也即名言能否把握"道"的问题。)(四)理想的人格能否形成?(也即人能否成为"圣人"的问题。)我对前面 3 个问题考虑得较多,对第 4 个问题考得少。这个问题在中国哲学史上占有重要地位,而当前也有重大现实意义。儒家有个好传统,把认识论与伦理学统一起来了。道家对伦理采取否定的态度,但庄子把哲学和诗统一起来，产生了深远影响。为什么唯心主义和宗教在培养人的性格方面能起积极作用？这是个值得很好研究的问题。在阮籍、嵇康身上，我们能看到庄子的影响；在文天祥、黄宗羲身上，我们能看到孟子的影响。孟子和庄子的哲学之所以能培养人格，除了社会历史原因之外，还有其认识论上的理由。它们都包含着认识发展的某个合理环节，并且孟子的哲学理想就是道德理想，他给人指出了一条如何通过道德实践和修养来实现理想的途径，而庄子的哲学理想就是审美理想，他善于把哲学思想化为艺术形象，供人欣赏，因而也就培养了性格。

我以为，一方面要研究什么样的时代条件最能使人性解放（如春秋战国、文艺复兴时代，都有百家争鸣气氛）；另一方面要研究什么样的哲学对于培养人的性格具有积极作用。王夫之说的"在上申韩，在下佛老"①的局面应该结束。

向你全家问好。

契白
1981, 1, 8。

7. 1981 年 3 月 29 日

艾民：

好久不给你写信了。你近况如何？念念。

我在开学初较忙。后来因《教育研究》多次索稿，便抽空写了一篇《孔子的仁知统一学说述评》。我前信上讲到在孟子那

---

① 王夫之：《读通鉴论》，《船山全书》第 10 册，岳麓书社 2011 年版，第 653 页。

里,认识论即伦理学。孟子是继承孔子的,这个思想应该说开始于孔子的"仁知统一学说"。所以我化了点时间认真考虑了一下,打算充实到《逻辑发展》一书中去。我这篇文章讲如何培养仁知统一的理想人格是孔子的教育学说和哲学理论的中心问题,对于你写《朱熹与教育》可能有点参考价值。我提出了几个论点:一是仁知统一学说肯定人的尊严(人道主义)与信任人的理性(理性主义),使人很自然地联想起苏格拉底的"美德即知识,所以是可以由教育而来的"。二是教育过程是提高人的认识和培养人的德性的过程,所以德育与智育、认识论与伦理学是统一的;为要培养仁知统一的人格,既要发挥理性的自觉能动作用,又要有生动活泼的充满爱心和互相信任的教学组织。三是儒学虽被封建专制主义利用,仁知统一学说在教育上却起了持久的积极影响。

上海几个单位(复旦、哲学所、师大等)想协作搞《哲学辞典》,计划先搞出中国哲学史、逻辑学和外国哲学史三部分来,已经在拟辞目。他们又推我挂个名,我的意见还是要全国协作,不过可以由上海先搞起来。等辞目拟出后,将派人到北京来征求意见和要求协作。

关于朱熹讨论会,如果他们发请帖,我再考虑工作安排。《朱熹方法论》,我也尚未动手。

启华同志和孩子们均此问好。

契白

1981,3,29。

8. 1981 年 5 月 24 日

艾民：

先后来信均收到。你写的《王守仁唯心主义泛神论》一文，我已读了。我以为写得很好，基本观点我都同意。你的论证周密，引用了一些外国资料，都很好。不过你把王守仁说的"意"解释为"意志"，可能易引起误解。我曾经为这个字伤脑筋，后来我以为它具有"观念"、"意向"双重涵义。这是因为考虑到自张载以来，已作了"志"与"意"的区分，而王守仁说"尔意念着处"、"意欲温清"等等，是指动的观念、意有所向。这和"志于仁"、"志于圣"的"志"是有区别的。

哲学史记录稿，我已嘱办公室寄给你一份。请教育部同志给我提意见，我很欢迎。但我的书只是一家之言，恐不宜于列为文科教材。而且我也并没有把它作为教材来写。有些应该给学生的知识我没有写，各章节篇幅很不整齐，近代部分暂时也还不能补上。照现在的样子，是不宜于做教材的。当然，可能有些教师和同学愿意参考一下。所以，我以为你在跟教育部同志谈时，只说欢迎他们提意见，是否能作为教材，且等出版以后的反映吧。我将不以教材的形式来束缚自己，因为你知道，现在人们心目中的教材，是有个"模式"的。

祝你全家安好。

契白

1981,5,24。

9. 1981 年 12 月 6 日

艾民:

回沪之后,一直没有通信。近况如何,念念。我这一个月很忙,大连的审稿会议也抽不出时间去参加。主要是因为上海又搞提升职称的事,我虽然并不具体管,但最后还是要处理许多矛盾,开许多会,搞得头昏脑胀。

不过还是抽空把在浙江和江西讲的"真、善、美的理想"整理出来了。斯大林的女儿讲老一辈革命家都是理想主义者,而他们这一代却不是。在中国也是如此。所以,讲这样的问题,可能被认为不合时宜。但是,如果没有理想,人生还有什么意义呢? 在十年动乱中,"左"的空想造成极严重的破坏,因而使人产生怀疑情绪,这是很自然的。但是,经过怀疑而又能坚持理想,才是真正坚强者。

我不满足于只做个哲学史家。如果天假以年,还是想把《论真、善、美》一书写出来。而且,从这样的观点来回头看哲学史,也就会给哲学史以更新面貌。不过,需要做大量工作。李泽厚写了《美的历程》,他作了有益的探索,是很初步的。美、善、真都有其历史发展,并且还和宗教史有联系。而哲学史则是这一切的概括,因为哲学是各个时代的思想的精华。

向你全家问好。

契白
1981,12,6。

10. 1982 年 3 月 28 日

艾民：

2 月 27 日信早收到了。这个月我已动手修改稿子，孔、墨、老、管等已基本修改好了。下星期要参加市政协的会，要停一下。按照这进度，可能要到年底才能修改好。

你给我提的建议很好。我已认真考虑了一下，如何把真善美统一的思想贯彻进去。先秦部分，我觉得还好办。后来的发展，我却至今还概括不好。恐怕只好像你说的，留下余地，提示一些方向就算了。

关于真善美的统一，我在《学术月刊》上发表的其实只是个提纲，而且我怕引起麻烦，删去了第二节，即关于异化和人性论问题。如果以后扩展成为一本书，大概就是再把"科学、道理、艺术"一部分分成 3 章，一共写 6 章。我以为，关于"人道"的理论，是围绕理想与现实的关系而展开，这也仍然是思维对存在的关系问题，所以关于哲学史的定义，仍可以用我那一句话概括，因为哲学研究真善美问题，也是从认识史考察的，主要还是考察认识的辩证运动，考察认识论与伦理学、美学的统一。

中国哲学的特点是什么？在自然观与逻辑学方面的特点，我觉得已经比较清楚了。但是在伦理学与美学方面（以及与之相联系的认识论问题），我感到还说不清楚。美学，我同意闻一多的一个见解：中国人是个抒情的民族，而希腊人和印度人一开始就讲故事。因此，在谈到审美理想时，中国人比较早地发展了"意境"学说，而西方人则比较完备地提出了"典型性格"学说。中国人的"意境"学说在六朝已确立，为唐代艺术的繁荣作了理论准备。而这种关于意境的学说,可以上溯到庄子和"乐记"。所以,对美学,我还能讲出一点道理。关于伦理学,大家感到中国哲学重伦理,但到底是什么特点? 西方中世纪讲宗教道德,中国人则讲纲常名教,到近代,西方人批判宗教,中国人反对礼教。我感到,从异化与克服异化来说,是明显的特点。但是,从道德本身来说,从认识论的意义上来分析道德理想的因素,西方人和中国人各有所侧重的是什么? 中国人发展了什么具有民族特色的伦理学学说? 我还讲不清楚。也许,等我把先秦部分整理完之后,能讲出点道理来。中国人的伦理学说,在孔孟荀那里已经奠定基础了。它的优点和弱点(包含使人异化的可能),大概在先秦儒家的学说中都可找到,而庄子对儒者的批评是有道理的。哲学的"人道"观在于给人指明培养理想人格的途径:通过自然和人的交互作用(从现实汲取理想又使理想变为现实),在实践中进行教育(包括真、善、美各方面的教育),在一定社会组织中的集体帮助与个人发挥主观能动性相结合,这是培养人的一般规律,也是认识论的一个重要问题。而讲到这个问题时,就要讲认识论与伦理学、美学的统一。中国人比较早地发展了辩证逻辑、美学上的意境说、伦理学上的什么学说(我还找不到好名称,总是包括在儒家的仁知统一学说中),这是中国哲学的特点。

　　这就是我的一些考虑。请你也考虑一下,中国人的伦理学说的特点在那里? 另外,还希望你提出更多的具体意见。

　　祝你全家安好。

契白

1982,3,28。

11. 1982 年 6 月 12 日

艾民:

5 月 22 日信早收到。我在上月底赴南京,参加中国哲学史学会华东分会的年会和孙叔平《中国哲学史稿》的审稿会议。北大楼宇烈来参加了,可能你已见到他了。这次会开得还不错,规模不大,就中国哲学特点问题各抒己见,虽还不深入,但思想比较活跃。

我作了一个发言,有记录稿,等打印后当寄给你一份,请你提意见。我打算在我的书中增加一章(第二章),讲一下"中国古代哲学的特点"。基本观点在前信中已跟你谈了,不过在南京发言时,我提出:儒家的仁智统一学说的特点在于强调道德行为的自觉性,强调道德是可以教育成的。西方伦理学家讨论意志自由问题,强调指出道德行为出于自愿的选择,这一点,儒家未予以足够重视。自觉是理性的品格,自愿是意志的品格。忽视后者,易陷入宿命论;忽视前者,易导致唯意志论。西方有一个很长久的唯意志论传统,而中国儒家则有严重的宿命论倾向。形成这种差别的原因(至少是原因之一),在于中国人的道德与礼教相联系,而西方人的道德与宗教信仰相联系。讲信仰,要出于自愿;而遵守礼教,则要靠自觉。

你提到宗旨问题,这确实很重要。在 50 年代,我以为总的口号仍然是马克思主义与中国革命实践相结合,我提了两个补充的口号,即"化理论为方法","化理论为德性",意思是理论与实践的联系要在两方面深入下去,一方面哲学要成为方法论,另一方面要以科学的世界观培养新人。后来挨了批判,我便不提这两个口号了,不过我的思想路子还是顺着这两方面前进的。我的兴趣主要是两个问题:逻辑思维能否把握宇宙发展法则? 人能否获得自由,或自由的人格如何培养? 我以为,正是这两个问题,将能使中国传统与西方传统趋于合流。此次在南京我谈到了近代中国的哲学革命问题:古今中西之争是一次哲学革命,它已经历了进化论阶段,马克思主义与中国革命实践相结合的阶段,它还在继续中,目标是要达到中西哲学合流,因而为发展科学与培养新人提供理论指导。至于现在提什么口号最能吸引人、推动人,我也在考虑。

你提出的其他意见,我也作了认真考虑。"两个对子"的提法,我已经去掉了,庄子的阶级属性问题也已作了修改。孔子,把他作为士阶层(从贵族分化出来的)代表,说得活一点。历史分期是个问题,我缺乏研究。但总觉得夏商周三代是一贯的(有所损益,根本制度是一贯的)。三代的社会性质应如何定性? 还有待于地下发掘。有奴隶制,有广泛存在的农村公社制度,占统治地位的是氏族贵族。这应该用什么名称来概括呢? 把中国近代叫作"半殖民地半封建社会",而不是简单地称为"资本主义",这是科学的规定。对三代的社会性质,也应该有一个科学的规定,而不是简单地叫作"奴隶社会"。孔子是维护三代的制度的,政治上有保守倾向。

向你全家问好。

契白

1982,6,12。

12. 1982 年 9 月 12 日

艾民：

9 月 7 日信及《哲学史教学资料》(下)收到了。前不久冯象来信,说你因脚痛没有去纽约,知你提早回来了。

我到昆明去了一次,来去匆匆,市面上是繁华还是萧条,我都没有看。主要是看老朋友,把酒话旧,恍惚回到了 40 年代。联大旧址去看了一下,保留的东西不多。四烈士墓、闻一多衣冠冢、李公璞墓及西南联大纪念碑集中在一起,算是一处"古迹"了。翠湖里水已近干涸(据说是因圆通山修地下工事,把地下水的水源切断了造成的),所以已无昔日风味,而且游人如鲫,也无法在湖边漫步了。但是尤加利树还是那末高大,西山还是郁郁苍苍,天气还是四季如春。昆明还是值得再去一游的。趁着许多老友健在,你应该争取机会去一次。

陈盛年①到北京参加十二大,不知你见了么？他在为云南地下党"改正"问题上尽了很大的力。中央已发了文件。被打成右派、反党分子的原地下党员,省一级的都已改正了,现在区、县也在改正了。所以现在到云南去,是这些老朋友们心情最愉快的时候。当然有的快要离休了,有的在担任工作后又遇到了新矛盾,还有子女问题,等等。不过总的说来,在这些朋友们的生活圈子里,气氛是轻松的。

你的《王阳明哲学》,我希望你写成一本专著,可以把源流及王学的演变都写进去,也引用一些国外资料。我现在有一个打

---

① 陈盛年,西南联大同学,当时任云南省省委组织部副部长。

算,想约几个志同道合的人编一套"哲学丛书",审稿是严格的,要求能反映 80 年代的水平,有创造性见解,可以作为文化积累,过几十年后人家还是要看的。我所谓"哲学"是广义的,包括哲学各分支以及教育哲学、法哲学之类。但"丛书"只收理论性著作,不收资料性著作。我已跟少数人谈过此事,你以为如何? 首先,我希望你能把你的书写成合乎这个要求。另外,请你考虑一下,还有什么人可以作为约稿对象(要有确实把握的)。

我的《中国古代哲学的逻辑发展》一书,先秦部分已接近完成,可能把这部分先出版,作为上册。《逻辑思维辩证法》的讲稿已印好,正在装订,等装订好了,便寄给你。

祝你全家安好。

契白

1982,9,12。

13. 1982 年 11 月 29 日

艾民:

我到衡阳去参加王船山学术讨论会,又到湘潭、长沙,上星期才回上海。原来我以为你也会去的,北大的同志说你感冒了,身体不好。不知恢复没有? 念念。

湘潭大学校长左维也到衡阳参加会议,他说跟你也很熟,他和汪澍白一定要我到湘潭去做一次报告(汪现在是湘潭大学副校长),盛情难却,只好去了。但我在湘潭只住了一天。

回来见到你寄来的"王阳明"第四章。你的稿子我还来不及细读。"代序"早已读了,这"第四章"我也读了。基础是好的,以后再细细推敲,加工,可以成为一部好书。关于"知行合一"的特点分析,前人还没有这样做过,是有特色的,自觉和自愿、理性和意志的关系是个很重要的问题。王阳明的知行合一说对这问题作了探讨,有所贡献,就如你所分析的。但他讲心之本体"无少欠缺","复性"就是圣贤,是唯心论的主张。王学进一步发展,泰州学派引导到唯意志论去了,李贽有明显的非决定论倾向,所以黄宗羲说他们"赤手可以缚龙蛇"。中国封建时代有个悠久的宿命论传统,束缚着人。王学导致唯意志论,虽是错误的,但它是对宿命论的反动。没有王学,也不可能有王夫之的"造命"、"成性"的理论,和黄宗羲的"心无体,工夫所至,即是本体"的学说。王夫之和黄宗羲已抛弃了"复性"说,而把"性"看作一个不断完善的过程了。我在衡阳讲了一下王夫之用"成性说"反对理学唯心主义的"复性"说,以后打算整理成文。冯友兰老是宣传他的"境界"、"受用"、"孔颜乐处"之类,就是"复性"说、或者说披了画皮的宿命论。

　　你的"代序"中引了《哲学笔记》上的译文,"哲学史,简略地说,就是整个认识的历史",并进行了讨论。[①] 我根据 1958 年的德文本,在 1987 年曾向中译者提出质疑。据德文本编排,"哲学史"与以下"各门科学的历史"等并列。"因此,简略地说,就是整个认识的历史"、"全部认识领域"是对"哲学史、各门科学的历史"等各项的概括。据说,俄文的新版本现在也已改过来了。中译本大概也会改过来。

---

① 列宁:《拉萨尔"爱菲斯的晦涩哲人赫拉克利特的哲学"一书摘要》。参见《列宁全集》第
　　38 卷,人民出版社 1963 年版,第 399 页。

　　"哲学丛书"的设想,我跟肖萐父谈了,他也说很好。上海人民出版社负责同志很支持这事,愿意赔钱。主要问题是要有几部真正能站得住足的著作,一出来就可以打开局面。中国哲学史方面,还可以。最困难是关于哲学基本原理的著作。现在人们只能"编书"而不能"著作"。只是把经典著作的原理通俗化一下,甚至抄袭别人,那怎么能叫作著作呢? 不知你那里有人真正在著作否? 题目大小都可以,就是要真正的著作。而且,我设想的哲学是很宽广的,包括如"教育哲学"、"历史哲学"、"生命哲学"之类。

　　中国哲学史学会开理事会,我决定不参加会议,曾乐山会来参加的。12 月份会议很多,但我决定一律不参加。我争取把《中国古代哲学的逻辑发展》上册再看一遍,在 12 月 10 日左右交出版社。然后就动手修改下册。

　　为纪念马克思,我作了一个关于"中国近代哲学革命"的报告(在长沙、湘潭也是讲这题目),已整理成文。我对近代哲学的发展线索提出了一个看法。以后寄给你,请你提意见。

　　祝你全家安好。

契白
1982,11,29。

14. 1983 年 3 月 5 日

艾民:

　　正想给你写信,收到了你 3 月 1 日来信。我收到"大百科、哲学卷"开会通知后,已去信请假。因为 3 月份会太多,福州关于哲学规划的会据说定在 17 日召开，这是不能不参加的。所以"大百科"的会只好请假了。我同时还去信说明，不要担任"中国哲学史副主编"之类，因为以后要集中几个月审稿、定稿，我事实上不可能参加。

你要我到北京时作报告、座谈之类，以后再说吧。你的"四句教"一章已收到，等以后全部稿子收到，当细读。

我现在正在修改魏晋部分。因为见到报刊发表了几篇关于刘徽《九章算术注》的文章，受了启发，考虑了一下中国的数学理论和《几何原本》的差别问题。刘徽奠定了中国古典的数学理论，不是像欧几里得那样的公理系统，而是一个算法理论，它当然遵循演绎逻辑，但也揭示了数学的逻辑思维中包含有丰富的辩证法因素，如正负的对立统一、极限的方法，几何与代数相结合的方法等等。正是由于有了这样一个数学理论，使得中国人在数学的许多方面（代数学、割圆术、体积理论等）长期居于世界领先地位（直至宋元）。关于中国古代哲学和科学的关系，我现在达到这样的看法：在先秦，一方面是墨经中的原子论、形式逻辑与力学、光学相联系，另一方面是气一元论、朴素的辩证逻辑与医学、天文历法、乐律相联系。到汉代，墨学衰微，气一元论获得了大发展，哲学与天文学（宇宙形成论），与医学（形神问题）有着紧密联系。到魏晋，随着辨析名理的进步，刘徽奠定数学理论基础，到南北朝，与体用统一原理的确立相联系，贾思勰建立了农学体系。而后到宋代，与张载对有无（动静）之辩作总结的同时，沈括制定了比较全面的科学方法，促进了宋元时期的科学的发展。但是，中国人未能制定像西方那样的近代实验科学方法。明清之际的思想家，他们的成就在哲学的思辨方法、史学方法和考据方法上。这有社会原因，但哲学方面也有其不可忽视的教训。

向你全家问好。

契白

1983,3,5。

15. 1983 年 8 月 17 日

艾民：

7 月 25 日信早收到了。自得知你进医院之后，悬念无已。我起初感到颇为震惊，后来冯象去医院看望了你，来信讲了你的情况，放心不少。

这次接到了你的信，使我吃惊的是你还做那么多工作。我以为你应该多休息，不要搞得太疲劳了。还是要把健康放在第一位，最好把一切工作都放下，只读读陶渊明的诗，每天写几张大字，到户外散散步。来日方长，要争取恢复过来，以后能做更多工作。

我在上月下旬到长春去了一趟，几个协作单位共同讨论"中国近代哲学史"的写作提纲。此书由我主编，我发了个言，提出了一些看法。记录稿等印出来后，可以寄给你一份。上海人民出版社的夏绍裘同志也去参加了。他回来时经过北京，曾想去看你。我叫他不必去，因为怕你没有精力接待客人。《王守仁思想研究》一书，你也暂时把它放下吧，以后再说。我大略翻过一下，基础是好的。我现在已在开始整理《中国古代哲学的逻辑发展》的宋明部分。等整理到王阳明时，将把你的稿子仔仔细细读一遍，有意见我会告诉你。

原来听说 9 月份要开国务院学位委员会所属各学科评审组会议，如果召开，我将参加，我会来看望你的。

冯象现在上海，月底回北京。你需要在上海买什么药物之类吗？可以请启华或孩子写信给我。

祝你早日恢复健康！

契白

1983，8，17。

16.　1983 年 10 月 27 日

艾民：

你健康恢复得如何？时在念中。据老钱①来上海时说，你好得多了，而且比较稳定。我想你一定能早日恢复的。

本来我打算这个月底赴北京，参加纪念汤先生②的讨论会，也了解一下《大百科·中哲史》审稿情况，顺便可以到医院里去看望你。现在因为 11 月 3 日在上海举行中国逻辑史讨论会，通知已发，不好改期，而上海是主办单位，我不好不参加，并且还一定要我发个言；这样，月底便又无法赴北京了。11 月 5 日西安举行中国哲学范畴讨论会，曾几次来信约我去。我决定去一趟，如你见到汤一介，请你为我代致歉意！纪念汤先生的会，我本来是决定来参加的。我想叫逻辑史讨论会延期，来不及了。

你的《王阳明》以及给"大百科"写的有关条目，我都看过了。

---

① 老钱即钱宏，西南联大同学，中国社会科学院近代史研究所研究员。

② 指汤用彤先生。

基本上都是好的。等你身体恢复以后,再把"王学的发展演变"部分写下去吧。我还建议你在前面部分增加一节"王阳明的方法论"。我以为朱熹侧重分析而王阳明侧重综合,而且王阳明提出"六经皆史",讲婴儿如何发展为成人等,都具有方法论的意义,这影响到浙东史学。我的书已整理到朱熹、陆象山,还没写王阳明,等整理出来,可给你参考。

祝你早日恢复健康!

契白

1983,10,27。

17. 1983 年 12 月 8 日

艾民:

来信收到了。在西安时,听汤一介说,你在第二阶段放疗中经过良好,一点副作用也没有,所以我以为你已日渐恢复,不会有大问题了。接读来信,才知又有反复。不知这几天病情如何?十分挂念。我不懂医药,不知降转氨酶有无特效药?若有,国内能买到否?如果有,请把药名告诉我,可以在上海打听一下。

同时,我以为你还是以休养为主,不要多工作。人固然不能违背自然规律,但也要善于利用自然规律。有病则静养,尽可能使心情舒畅,不要劳累过度,这便是利用自然规律。

《王阳明》一书,你不必急,将来总可以成书的。目前你最好把它放开,不要老在心里挂着它。你信上说最后要我加工,这是可以的。但你还是暂时把它放开的好,写作需要高度集中精力,最影响身体。等你身体恢复时,可叫你的研究生根据你的意见,陆续把初稿写出来。以后全书要我定稿,我一定遵命照办。

我在前些日子已把"王守仁"一节改写了,扩充为一万数千字。现在我达到这样的认识:正如朱熹代表"分析"的环节,王阳明代表"综合"的环节。他讲综合,不像陆象山那样囫囵吞枣,而把"一理"(心体)的展开了解为历史过程和发育过程,这表现在他提出的"六经皆史","婴儿"之喻和"种树"之喻等。这和他的泛神论倾向也是联系着的。

你给我的辩证逻辑讲义提的意见很好。也很希望你的研究生能提出宝贵意见。我要到1985年才能整理此书,篇幅要扩充一些,基本架子大概就是这样了。我还想争取把"论真善美"写出来,不知能如愿否?今年夏天在复旦举办的美学进修班中我又讲了一次,题为《先秦儒道两家论人的自由和美》,也涉及了后来的嵇康、韩愈等。关于真、善、美的关系问题,是多年来最吸引我的问题,所以总想把它写成一书。

祝你早日恢复健康!向你全家问好!

契白

1983,12,8。

18. 1984 年 7 月 4 日

艾民:

回上海后一直没有给你写信,不知你近来健康状况如何,悬念无已。启华说你一关又一关地闯过来了,想来还是能继续克服难关,恢复健康的。你现在能起来散步吗?夏天卧床,会感到痛苦些。望多多保重!

　　我这半年特别紧张，因为《古代哲学》的中册、下册要发稿，又办了一个"中国近代哲学史"的进修班，要讲课，再加上一些会议及其他工作，所以忙得不可开交。昨天讲了最后一堂课，我已经比较粗糙地把近代部分（1840—1949）贯串下来了。暑假中可以把记录稿整理出来，以后打印了，会寄给你一份。我把书名叫作《中国近代哲学的革命进程》，暂时不公开出版。

　　《古代哲学》的中、下册已先后发稿，正在排印中。大概明年初可出书。这两册中的章节，我发表的较少。王阳明一章，我已交《华东师大学报》，不久可印出来。我会寄给你的，你有精力时可以翻翻，跟你的看法基本上差不多。

　　暑假中有两个会议，我是否去参加，尚未决定。如果路经北京，我会来看你的。我也可能等把"记录稿"整理出来后，找个地方去休息几天。

　　祝你早日恢复健康！

　　启华和孩子们均此问好。

冯契

1984.7.4。

二、致左启华 *
(1984 年 8 月—1989 年 10 月,7 则)

1. 1984 年 8 月 22 日

启华同志:

你的信和艾民遗书、遗稿均收到。见到艾民最后的笔迹,我心如刀割。我原以为还可能在暑假期间到北京来见面的,没想到他这么突然就与世长辞了。

我昨天到了北京,是来参加教育部和科学院召开的学科评议组会议,住在香山饭店。我想去看看你,但不知你哪一天在家? 哪一天有空? 如果在 26 日下午到北大看你,对你方便不方便? 请打电话或写信跟我联系。

冯契

1984,8,22。

2. 1985 年 3 月 1 日

启华同志:

你在春节写的信早收到了。挂号寄来的稿件昨天收到,我根

---

* 左启华,邓艾民夫人,北京医科大学教授,北医大第一附属医院医生。

据你信中开的目录核对了一下,没有遗失。

你化了许多时间、精力整理艾民遗稿,我粗粗翻了一遍,认为大体上已找齐了,可以编一本《朱熹、王阳明论集》了。

王阳明部分共 5 篇,艾民都已寄给我。其中《泛神论的世界观》和《王守仁的一生》已发表(后者发表在《燕园论学集》,我这里也有)。这 5 篇我已看过,有两篇要作一些补充。《大百科》上的 6 个条目(都是关于王阳明一派的)我也有,想利用其中的内容作为补充。

这次收到你寄来的朱熹部分几篇,我想,至少有 3 篇是可以用的,即《太极说》、《格物说》和《朱子语类·序》。另外关于"朱熹生平"的那篇,等我再仔细看看,再作决定。

把以上这些文章集在一起,可以出一本书了。我将写一篇"序"或"后记",说明一下艾民这本遗著的特色。关于出版,我已跟上海人民出版社的编辑讲过,他们要我整理出来给他们。估计是可以出版的。

《太极说》一文,记得艾民曾告诉我发表在香港《明报》。找不到《明报》,就用打印稿好了。《朱子语类·序》,你从出版社得到定稿或清样时,就请寄给我。我从《古籍整理简报》中已看到此书即将出版的消息。

祝你们全家安好,祝你
身体健康!

赵嘱附笔问候。

冯契

1985,3,1。

3. 1985 年 4 月 9 日

启华同志：

航寄老邓的两篇"序"和你的信收到了。我正等着这两篇"序"。《朱熹和"朱子语类"》一文是写得很好的。

我已经基本上把老邓的《朱熹、王守仁哲学论集》编好了，朱熹部分收"太极说"、"格物说"、"语类"3 篇，王阳明部分收"生平"、"泛神论"、"知行合一说"、"致良知说"、"四句教"5 篇。有几篇我作了一点文字上的加工。另外，我还写了一篇 3 000 字的序。过几天我还要从头到尾再看一遍，然后交上海人民出版社，请他们考虑。我将给他们说明，这书要赔一点钱，但有学术价值，不能因为不能赚钱就不出版。如果他们不大乐意，我便再想法转给上海古籍出版社或别处。总之，一定争取出版，时间可能拖一些。

老邓的《传习录疏释》，北大如能印，当然最好。如不能印，以后再想办法跟中华书局或上海古籍出版社联系。

匆此，祝

你全家安好。

赵嘱附笔问候。

冯契

1985，4，9。

4. 1987 年 5 月 11 日

启华同志：

好久没有和你联系了。你身体健康吧，你们一家近况如何？时在念中。关于艾民遗稿的出版问题，去年秋天我曾告诉汤一介同志,他大概已转告了。

前年我把艾民的《朱熹、王阳明哲学论集》编好了交上海人民出版社,他们本来告诉我前年底就可发稿的。但后来他们一拖再拖,主要是怕赔钱,我不愿让编辑太为难,去年便叫他们退回给我,请华东师大出版社出版。华东师大出版社同意了,我便叫我的一个助手又把原稿作了一些编辑上的加工。上个月已经正式发稿了,前几天碰到出版社同志,给我看了封面设计,他说估计 3 个月可以看清样,年内正式出版。原来预定今年 10 月、11 月间在福建武夷山召开朱熹哲学讨论会,我希望能把艾民的书带到会上去。不过这个会是否能如期召开,还不知道。

经过情况大体如此。我想你也一定记挂着的,所以写个信告诉你。清样,我的助手会看的。等书正式出版时,我立即寄给你。

祝你

健康! 赵向你们全家问好!

冯契

1987,5,11。

5. 1989 年 3 月 21 日

启华同志:

久未通讯,不知近况如何,时在念中。孩子在国外都好吧!

老邓的书,早已看过清样,打了纸型。但去年因出版滑坡,把它拖下来了。我考虑到出版社的困难,不好意思多催促。最近因为 4 月初浙江要开阳明学的国际性讨论会,我便敦促出版社快点把书印出来,好送去参加会议,出版社同意了。预计本月底便可出书,我将带 120 本书去参加会议。

这次国际阳明学讨论会,是因为日本人捐款重修王阳明的墓(在绍兴),又要到余姚参观王阳明讲学遗址,而由浙江社会科学院筹办的。日本有两个代表团来,还有美国、港、台的一些学者参加,所以规模还不小。老邓对王阳明的研究,我认为是第一流的。把这本书带到会上,会产生一定影响。我想,这也是符合他生前的愿望的,想必你也是会同意的。

关于给会议赠书的费用,我想征求你的意见:是不是可以在稿费中扣除? 我想你不会计较稿费多少。我将在会议上说明:此书是邓艾民教授的遗著,是作者的夫人赠送给大家的。

另外,还需要赠送给哪些人? 你那里一共需要多少本? 外地的是否开个名单请出版社寄? 都请你考虑一下,写信告诉我。

等样书出来时,我会寄给你。我大约在 4 月 3 日赴杭州,4 日到绍兴,8 日回上海。

专此,祝你

健康!

赵芳瑛向你问好!

冯契

1989,3,21。

6. 1989 年 5 月 3 日

启华同志:

4 月 27 日信收到了。知你访美归来,近况佳胜,甚慰。

我在 3 月间给你信,因为得不到回信,估计你不在北京。后来写信去问了宋瑞兰,才知你到美国去了。我于4月初去杭州,到绍兴参加王阳明墓揭碑仪式,到余姚参加"国际阳明学讨论会"。老邓的书,到4月6日才由出版社派人送到余姚。我向会议作了一个简单的说明:"许多与会者都认识邓艾民教授,他对朱子学、阳明学作了许多研究,特别是阳明学,他起了带头作用,《大百科·哲学卷》有关阳明学的条目都是他写的。如果他健在,一定要来参加这个国际阳明学讨论会的。现在我们听不到他的精彩的发言了。不过出版社把他的遗著赶印出来了。我受他的夫人左启华教授的委托,给与会代表每人赠送一本。"——大意如此,我没有得到你的同意,便以你的名义这样讲了,请你原谅!日本代表团团长冈田武彦教授(日本阳明学会会长)特别向我问了你的近况,要我向你道谢。除了参加会议的中外学者之外,另给余姚的王阳明纪念馆及余姚乡贤研究会送了几本。

因为借了国际会议的东风,出版社总算把书印出来了。但是是在苏北阜宁印的,质量较差,还发现一些错字,我感到很抱歉。下次重印时再改正吧。因为估计你不在北京,所以一直没有把样书寄出。昨天才邮寄两册给你,可能要过几天才能收到。

今天得到你的信后,我打了电话问出版社,知道书已经从苏北运来了。(4月初只赶印了120本送到余姚。)我讲到赠书请出版社代寄的事,他们同意了,请我们开名单去。我告诉他们,估计还要80本,赠书费用,都在稿费中扣除。他们说稿费可能定为15元1000字,因请人编辑加工,扣除2元1000字,征求我的意见。我说这由他们定,作者的夫人不会计较的。

关于赠书名单,我草拟了一份,请你考虑一下,是否适当,还需要增加哪些人？"哲学界"有许多人在余姚已送了，不再列入。"老友"大多是昆明同学。北大中国哲学史教研室 10 本，包括给教师和老邓的研究室，我可以写信给楼宇烈，请他分发。哲学系资料室给 5 本，不知你以为如何？我将请出版社印一个条子，说明"受作者夫人左启华同志委托，赠送此书"，不知你同意否。

另外，我将要出版社寄 20 本给你。我这里也将留下近 20 本，华东师大有些同志要送，我没列在名单上。这样，连同名单上列的，共 91 本。

等你回信，我便通知出版社寄书。名单上的人，我都有地址。如你添上名字，请加通讯地址。

即颂

近祺

赵芳瑛向你和孩子们问好。

冯契

1989，5，3。

7. 1989 年 10 月 28 日

启华同志：

好几个月没有通信，不知你近况如何？时在念中。6 月风波，想来对你不会有什么影响。我们也一切均好，可请放心。

艾民的书，在 5 月间曾由出版社寄给你 20 册，想早收到。（另寄给北大哲学系楼宇烈 10 册，他回信说收到了，已分发给中国哲学史教研室同志。）但在这之后，印刷厂在送书时出了点岔错，这里的出版社没有收到书，于是未能按照我们开的赠书名单寄书。

查询了几个月,才知印刷厂把书送到他们在上海的办事处去了。最近才去把书取来,按名单把书都寄出了。(附条,说明是受你委托赠送的。)

你曾来信说可以多赠送一些,我后来在名单上又增加了一些名字。但我考虑这已足够了,至于各单位图书馆之类,他们自己会买的。事实上,这里的出版社估计不足,只印 2 000 本。现在书运到后,进出口图书公司便要了 200 本去(大概因为开了王阳明学术讨论会后,国外来定购的),除了满足我们赠书之外,其余分配到各地新华书店去了。所以现在出版社仓库里已无库存。

出版社把稿费及赠书费用、所得税等结算了一下,开了个清单来给我看了。尚余 1 100 多元,将直接汇寄给你。这是艾民多年的心血,本不能以稿费计算。这里化了劳动的青年同志,都已给了他们适当的报酬,多余这点钱,你就收下作个纪念吧。

我写了篇序,出版社已另给我稿费。其实,在出版事业大滑坡的时候,他们能把书印出来,就是对我最大的酬报和安慰。不过印刷质量不能令人满意。如果能重印一次,我将请他们改正错字,印得好一些。

即颂

近安。

赵芳瑛向你和孩子们问好!

冯契

1989,10,28。

三、致董易 *
（1973 年 1 月—1995 年 1 月，46 则）

1. 1973 年 1 月 30 日

易兄：

我于昨晚回到上海度假（从苏北大丰五七干校回来），读到 1 月 8 日来信，非常高兴！

赵现在在参加中学教材的编写工作，比较忙。冯棉因为气喘病，一直在家待分配。老二冯象原在云南弥勒（这是你熟悉的地方）插队，已上调到绿春（接近越南边境）为中学教师，担任初中班的语文与英语教师，前两天刚回上海探亲。老三冯欣现在上海外贸局所属的一个工厂。老四冯伟还是中学生。

我去年上半年在这里搞哲学史的教学工作，12 月初到了苏北大丰的五七干校。现在我们的干校是半年轮换一批，又读书又劳动，生活很愉快。因为冯象回家探亲，所以我也回来一次，预定在 2 月 12 日晚回大丰去。

到干校两月，心情有些变化。常常想到：孙行者在回到唐僧那里去之前，先跳到东洋大海中把自己洗刷了一番。我也应该彻

---

* 董易，西南联大同学，中国社会科学院文学研究所副研究员。

底洗刷自己身上的唯心精神,以求在思想上真正入党。也常想起毛主席在"七千人大会"上引的"报任少卿书"的那段话,以此鼓励自己,锻炼革命意志,并努力从群众中吸取新鲜知识。然而,"诗"恐怕终究像决绝了的恋人一样,再不肯转过身子,回眸微笑了啊!"逻辑"这位老友可能还不致抛弃我。

问陈士修同志好! 大雷均此。

契白

1973,1,30。

2. 1975 年 10 月 4 日

易兄:

记得是在年初接到你的信,一直没写回信给你。固然是由于无善可述,也实在是太懒了。

我仍在参加《法家著作选注》的审稿工作,已快一年了。这一工作大约到 11 月可告一段落。审稿完毕后,以后看看清样,不必经常到总工会去办公了。另外还要过问一下一本有关中国哲学史的青年读物的编写工作,每星期到出版社去跑一趟。精力已经远不及从前了。因为在春天经医院检查,发现患了肺气肿,并有肺原性心脏病迹象,所以已戒了烟,但酒没有戒,只稍加节制而已。我不能像老马那样打太极拳,但每天早晨散步半小时,做广播操,已成习惯。总之,还希望多活几年,为党做点工作。虽然自己明白,终于没有长成为可以给千百人乘凉的大树,而只是一棵沙地里的小小的酸枣树。但是矮小的酸枣树,也希望能结出几个小红果,给过路的孩子尝尝。

赵仍在参加中学教材的编写工作。我们最小的孩子已在今年春天分配到崇明农场。说起来是几个孩子有工有农,但知识分子的家庭习气对他们影响太深,我是很希望儿女"不肖"的,但是没有办法,他们还是喜欢一回家就捧书。

祝全家安好!

契白

1975,10,4。

3. 1976 年 11 月 3 日

易兄:

这些日子,心情真是激动呀!上海的热烈气氛,你从报上已经见到。"四人帮"被粉碎的消息一传到上海,人们便涌上街头欢呼、游行,开声讨大会。群众中长期被压抑的情绪喷射出来了,真好比火山爆发,势不可当。斗争是一定会胜利的。

我也多喝了几杯酒,而且是"善酿"、"香雪"。螃蟹也吃了,不过没有去管是公的还是母的。正如你所说,多少年没有像现在这样欢乐过了。这是又一次真正的解放。我也在考虑:"烈士暮年,壮心不已",还应该为党为人民多做点工作才是。"四人帮"被粉碎,再次证明我们这个党是有希望的。"一个又有集中又有民主,又有纪律又有自由,又有统一意志、又有个人心情舒畅、生动活泼,那样一种政治局面"①正展现在我们面前,原来的种种顾虑、重重担忧都烟消云散了。我正在计划,化 5 年时间,把一本"逻辑问

---

① 毛泽东:《建国以来毛泽东文稿》,中央文献出版社 1987 年版,第 543 页。

题"写出来,这就算对一生的哲学工作作个总结,留给后人一点东西。其中将写一章"形象思维的逻辑",你也许有兴趣。至于诗,我原来以为是和它永别了。虽然一想起就感到惆怅,但现在也没有重新提笔的打算。或许,天假以年,还能写点什么吧。

士修同志和大雷均此问好。

契白

1976,11,3。

4. 1977 年 11 月 26 日

易兄:

10 月 16 日信早收到。寄来《鲁迅手册》也已收到。翻了一翻,觉得你们很化了气力,是一本会受读者欢迎的书。但如"两个口号的论争",不知现在应如何提法?恐怕还得修改。

北京老友国庆节在你处聚会盛况,赵来信也谈了,人越到老年,便越怀念年轻时的友朋。昆明、陆良那一时期的生活,实在令人依恋,我这里还留着一张我们许多人和老熊①在一起的照片呢。

你搞《五四以来短篇小说选》,我觉得是一项有意义的工作。当然,大多数作品是幼稚的、短命的,能入选的不多,要下沙里淘金的工夫。但是,能从中摸索出一点规律性来,将会比古典作品更有教育意义。我也打算化点工夫搞一下"五四"至 1949 年这一时期的哲学史。

---

① 老熊,即熊从周,大革命时期就加入中国共产党的地下党员,1940 年代任云南陆良县县长。1941 年皖南事变后,西南联大的一批进步学生疏散下乡,去陆良中学教书,由他兼任陆中校长。1946 年 7 月被当地反动势力设计下毒致死。

现在这里的同志搞的一本"哲学简史",只写到"五四"以前,因此像一只断了尾巴的蜻蜓。但"五四"以后应如何写,我也毫无把握。"中国古代哲学的逻辑发展",我有一点看法;但"中国近代哲学的逻辑发展"如何,我至今没有一点观念。不过我打算攻一下这个"关"。

我从 10 月份起给这里的哲学教师每两周讲一次课,趁此机会把过去写的读书笔记整理整理,明后年把《逻辑问题》的讲稿写出来。但工作头绪还是较多,又要参加运动,精力不集中。

士修同志、大雷均此问好!

契白
1977,11,26。

5. 1977 年 12 月 12 日

易兄:

12 月 3 日信收到。不知你身体恢复了没有? 甚为悬念。

我以为你可以先写出一些短篇、速写之类的东西来,为《流星群》作准备。研究一下"五四"以来的作品,对写作会有帮助。一是了解作者的性格,如你所说的郁达夫其人等。二是了解作品中的人物,如巴金所写的,虽然很肤浅,但当时颇有影响,是反映了人们的一些思想感情的。在产生《红楼梦》的前后,有许多在题材、风貌上类似的作品,但只有《红楼梦》是成功的。所以,30 年代作品,是有可以借鉴和吸取教训之处的。那些作品也反映了那个时代的一些思想感情,然而为什么不够典型,不够深入呢? 这就有教训可以研究。

一个人到了老年,就常常会回忆起青少年时的情景,感到特别亲切,并觉得有了新的意义。"五四"以后的那一段,对中国革命来说,正是青少年时代,以后世世代代的革命者都要回忆它。这是就整个历史说的。而拿我们个人来说,碰到青年时代的老友,可以推心置腹地谈个不休。所以,对于我们这些人来说,真正能了解和怀有热情的时代,还是《流星群》的时代,不过到了老年来回顾,应该也有新的意义了。

得知要开社会科学研究规划千人大会,很高兴。但也想到自己应作点准备才好。口袋里不带点东西就到北京,会感到惭愧的。打算给哲学史读物写一篇"前言",批"四人帮"在哲学史上的谬论。这要到下个月才能动手。

士修同志、大雷均此问好!

契白

1977,12,12。

6. 1978 年 3 月 12 日

易兄:

日前寄一信,说我即日将到北京参加宣传会议预备会。后来又得通知,说这个会议将延期到 4 月份,所以暂时不会动身了。这样也好,四五月间到北京,春光明媚,百花盛开,更会使人精神焕发。

我这阵子忙了一些,主要是因为参加一些社会活动,工作头绪多了,我在给这里的哲学教师讲"列宁《哲学笔记》中的辩证逻辑问题",每两星期一次。从 1956 年至 1963 年间,我在逻辑和认识论方面提出过一些论点,现在回头看看,觉得也无大错。尽管挨了批,而且把我的原稿、笔记、资料全部抄了去,不知去向。我现在还是决定重新把它写下来。在上海社联恢复活动的会上,我发了个言,就讲了这个想法。前几年,我确实顾虑重重:司马迁写"史记",可以"藏之名山,副在京师",但我却不可能。因为生怕那一天会被抄了去,构成什么罪名,连累亲友。现在这种顾虑打消了。

虽然受了长期的精神折磨,人已入老境,但粉碎了"四人帮",确实意味着一个新的发展时期开始了。我希望,中国的这个新的发展时期,是一个能产生大作家和哲学家的时代。应该是这样,要不然,怎么叫社会主义的优越性呢?但也要人们努力去争取,要有一些敢想敢说的志士仁人才行。

士修同志、大雷均此问好!

契白
1978,3,12。

7. 1978 年 4 月 26 日

易兄:

3 月 25 日信早收到了。

确实如你所说,这是一个真善美与假恶丑形成强烈对比的时代,要力争上游,做出点工作来。年龄虽然大了,只要持之以恒,搞上 10 年,写 100 万字著作(当然不在字数,要真正有点价值的)留赠后人,也就不枉此生了。让我们为此目标而奋斗吧! 你以为如何?

　　我最近给自己搞了一点规划,就是想用 10 年左右的时间,在逻辑和认识论、中国哲学的逻辑发展、美学(如可能再搞点文学)这些方面写出 100 万字来。今年我要带几个中国哲学史的研究生,明年我打算成立一个辩证逻辑小组,也带几个研究生。这样结合教学来搞研究写作,稳扎稳打,目标应该能达到的。不过,也要加强锻炼,保持身体健康。也要能保证 5/6 才行。我决心要争取不搞行政工作。上海社会科学院正在筹备重建,领导班子尚未搭好,已有人非正式地征询我个人意见。我表示不再搞哲学所的行政工作,愿做个兼任研究员,带点研究生。

　　祝全家好!

契白

1978,4,26。

8. 1979 年 5 月 13 日

易兄:

　　哲学规划会议一再延期,地址从昆明改到西安又改到济南。上月中旬我到济南去参加会议,在济南住了 10 天。大明湖、趵突泉、千佛山都使人颇为失望,不仅没有老残所写的景色,也破坏了我在解放初到济南时获得的印象。到曲阜去了一天,更觉扫兴。孔庙、孔林被破坏得不像样。塑像毁坏了,墓碑砸烂了,断碑上还留着“砸烂孔老二”字样,坟被挖了(据说其中一无所有),现在又新堆了个土馒头。孔子的故乡竟成了个没有文化的地方。招待游客的宾馆里,新挂了许多字画,竟像是小学生的作业,别字连篇。当然山东博物馆是值得一看的。那里有山旺的化石,有银雀山出土的竹简。

　　前不久去参加了陈琏①的追悼会,最近又得到刘三②死了的确讯,真是"访旧半为鬼,惊呼热中肠"。这几天老想起一些往事,如在昆明和刘三一起啃枣子下酒。他后来神经失常了,到上海抱了我给他的蚊帐满城跑等等。一个热情、正直、善良的灵魂落得如此下场,是什么原因造成的呢? 如果老实人总是吃亏、受屈,一个社会怎么能进步呢? 一定要发扬正气,要歌颂那些老实人,傻子。

　　士修、大雷均此问好。

契白

1979,5,13。

9. 1980 年 1 月 2 日

易兄:

　　已经进入 80 年代了。昨天元旦,上午我刚铺纸握笔,打算给你和老邓写信,老马来了。他在我们家里玩了一天。他要我向你问好!

　　80 年代将是大有作为的时代,我相信这一点。让我们互相勉励吧!

　　我一年半来每两周讲一次"中国古代哲学的逻辑发展",最近可以结束。已经向这里的党委打报告,请求给我半年时间,让我可以关起门来整理这一本书。分量并不大,大约 20 多万字,我希

---

① 陈琏,西南联大同学,地下党员,陈布雷的女儿,"文化大革命"期间被迫害致死。
② 刘三即刘忠渊,西南联大同学,地下党员。1938 至 1939 年间曾负责联大地下党支部的　工作。

望尽可能写得精练一些。我已经对自己这项研究作了回顾,感到还是比较粗糙,而且还有两个问题未能提出自己的见解:一是在中国哲学史上哲学与自然科学的关系是如何演变的? 二是关于"人道"的理论是如何演变的? 这后一问题牵涉到历史观和人性论,认识论和伦理学、美学等各方面,我现在还无力加以概括。我只有一点朦胧的看法:在先秦、唐代和明清之际的短暂时间,"人性"曾得到比较健康的发展,而在其他历史时期,人的发展是片面的、畸形的。特别是在长期的封建专制主义和礼教的统治下,"人性"受到的摧残、束缚是十分残酷的。而且"习与性成",有一些恶劣的东西,因为习之既久,简直已成了中国人的第二天性。鲁迅对此是很有体会的。我们过去看问题太天真,经过"文化大革命"的浩劫,才使得我们的头脑变复杂了些。但是,如何对二三千年来的"人道"进行理论的概括、批判,以利于发扬优秀的传统,我现在还提不出一个看法。

　　我们一切如恒。

　　祝全家安好!

契白

1980,1,2。

10. 1980 年 3 月 31 日

易兄:

　　3 月 26 日信收到。大雷给赵阿姨的信也收到了。春节以来,一直想写个信问问你和士修同志健康如何,拖到现在,甚歉。看了你这次信上讲的,比较放心了。赵说她的血压和胆固醇数据都比你高，不过自我感觉比你好些。看来你是因为写作，疲劳过度了，需要多休息。我在这个冬天也常常有点力不从心的感觉，工作稍紧张些，就咳嗽啦、牙痛啦、痔疮出血啦等等。这架机器已经老了，这是自然规律。只好让它少做点工了。

关于郁达夫，我了解不多。如打印出来，请寄我一本，先睹为快。我在这里带的几个中国哲学史研究生，多数将选"五四"时期的题目。不过我自己还没有把精力化到这上面去，以后总要化工夫摸一摸的。有许多被歪曲、颠倒了的事，现在终于在逐渐扶正了。瞿秋白、鲁迅都是比较喜欢郁达夫的，记得是鲁迅说过，郁达夫没有"创造气"。你的论文，可能把郁达夫的形象"扶正"过来。

给刘少奇、瞿秋白平反，对于搞理论、文学的人来说，当然有特别重要的意义。读了丁玲纪念瞿秋白的文章（发表在《文汇增刊》），很有感触。《多余的话》，最近没有读，以前是读过的。在1939年初，我随120师的一个团从晋察冀到冀中，同行的是一个名叫雷锡学的青年同志，他喜欢文学，但当时是部队的政治工作干部。两人在行军时同行，晚上睡在一张床上。有次谈到《多余的话》，我和雷都很有同感，以为搞文艺的人不宜于做政治工作，这是"历史的误会"，在瞿秋白身上造成了悲剧。当时雷决心要向组织提出要求，以后让他摆脱政治工作，专攻文学。在过平汉路时，我和他分手了。而没有想到，他不久就在一次战斗中英勇牺牲了。我为此曾写过一篇文章纪念他，发表在部队的报纸上，记得在这篇文章中，我还特别写了两人关于《多余的话》的议论。瞿秋白是个非常真实的人。在世上为人，谁没有缺点呢？第一要真实，不要言行不一，装腔作势，把自己吹成天上的神。

　　我的主要精力还是在整理《中国古代哲学的逻辑发展》(记录稿),估计在 4 月份可以整理好。还是个粗坯,打算从 5 月份起就若干问题加工,写成几篇论文。这几天在整理唐代部分。就文学艺术说,唐代是真正百花齐放的季节。而且在这些诗人们身上,我们真正看到了思想变成人格、理论化为德性,这是别的时代比不上的。李、杜、王维等人把儒、道、释的思想对象化了、形象化了。为什么他们能够轻而易举地做到这一点? 这是个值得研究的问题。但我还讲不清楚。

　　冯象来上海过春节后已回昆明。他今年不能参加研究生考试,争取明年投考吧。他现在才二年级。不过他们学校领导说,可能让他提前毕业。因此,明年有投考的可能。

　　祝你们全家安好!

　　希望大雷注意身体,加强锻炼,不要太用功了。

契白

1980,3,31。

11. 1980 年 5 月 26 日

易兄:

　　又是许久没通信了,你身体好么? 开始写《流星群》了么? 念念。

　　今天邮寄给你《中国古代哲学的逻辑发展》(记录稿,上册)一本。我化了几个月时间整理这个记录稿,已经告一段落。上册刚装订好,下册还在打印,估计要到暑假里才能印出来。还是非常粗糙的,有待于进一步加工。请你有空时翻翻,有意见请写信告诉我。老邓那里我已寄去了。

下一步想组织几次讨论,请一些同志提意见。同时打算抽几个问题写成文章,以便还稿债。至于成书出版,我还想搁一搁。下半年我要先搞另外一个题目:《逻辑思维的辩证法》。

在以前,可以同屈原一样说:"路漫漫其修远兮,吾将上下而求索。"现在却不能这样彷徨求索了。"汩余若将不及兮,恐年岁之不吾与。"老有种急迫感,缺乏从容思考的心情,这实在是不好的。但也控制不住自己,能工作的年数很有限了,怎能从容不迫呢?

成都四川医学院有一位叫曾紫霞的来信,自称是刘国铉[1]生前好友,要给刘国铉写一篇传记,供中美合作所美蒋罪行展览馆用。她要我写点材料寄去。我写了·点,可惜已回忆不那么具体了。但因此却联想起许多往事,昆明、陆良的一幕幕情景,历历在目。去年老黄[2]的女儿雨谷来上海时,曾告诉我,她父亲老说,在昆明,磨黑、陆良的几年,是他一生中最幸福、最难忘的年代。大概多数老友都会有此想法。那虽然是艰苦的岁月,但充满革命的激情、理想、友谊,那是一个可以培养性格的时代。

士修身体好么?大雷正在紧张准备考试吧!冯伟也在准备考试。我们一切均好,都比较忙。

祝你们全家安好!

契白

1980,5,26。

---

[1] 刘国铉,西南联大同学,小说《红岩》中刘思扬的原型。
[2] 老黄即黄平,西南联大同学,地下党员。1941 年皖南事变后,曾离校先后去磨黑中学、陆良中学教书。1979 年后,任昆明云南医学院院长。

12. 1980 年 6 月 29 日

易兄:

你 6 月 4 日写的信早收到了。你提到的那些新作家、新小说,我没时间去注意。等过些天,有空了,将找几篇来读读。但恐怕我不会欣赏这些时髦作品。我还是赞成"为人生而艺术"的老口号,而且认为真正的艺术总是要给人以艺术理想(诗的意境、典型性格),也就是要给人揭示生活中的本质的东西,并给人教育。这都是老观念,但没有一部大作品不符合这些老观念的。

祝安好!

契白

1980,6,29。

13. 1980 年 8 月 10 日

易兄:

8 月初北京有个中国哲学史学会理事会扩大会议,我没有参加。利用暑假在家整理了几篇文章,给杂志,还稿债,现在也已基本完成。接着便想读点书,准备下一年的课。9 月下旬可能到厦门去一次,参加辩证逻辑的会议。

关于小说,我现在接触不多,以后有时间一定要找一些来读读。中国正在步入一个新的时代,我的看法也是如此。我在上个月把我那"记录稿"中的庄子一节修改成一篇文章,题名《对庄子的相对主义作一点分析》,已交上海《学术月刊》。庄子是中国哲学史上第一个起来反对独断论和专制主义的哲学家、诗人,当然,他用的是相对主义的武器,自己走到另一个片面去了。但他的历史功绩正在于此。我以为,在教条主义、专制主义的统治之后,必然会出现庄子那样的相对主义、怀疑论思潮。所以,我以为对当前青年中的"信念危机"不能一笔抹煞,现在正需要作认真的新的探索。现在回顾一下我们在三四十年代的思想感情,有许多天真可爱之处,但也实在太幼稚了。我们现在的眼界确实比从前开阔得多了。但要求更开阔些,把问题引向更深入去,这就用得着相对主义和怀疑论。列宁说过,辩证法无疑地包含着相对主义,但不能归结为相对主义。不经过相对主义的洗礼,无法到达真正的辩证法。我猜想,今后将会有一个相当长的时期,为了打碎坚冰,需要提倡一种存疑、探索、民主、宽容的学风,而这就需要庄子、休谟。在艺术上,我猜想,可能会产生一种新型的"批判现实主义"。诗,可能缺乏动力;小说和戏剧,应该能产生大作品。当然,我只是猜想而已。历史不会重演,但有某些重复现象。在有了马克思主义之后,哲学仍然要通过对立的哲学体系的斗争、通过百家争鸣而发展;在有了社会主义之后,社会也仍然要通过异化和克服异化而前进。我对一些"时髦作品"不感兴趣,主要是因为:面对如此重大的现实问题,哪里还有工夫在形式的枝节上作推敲呢?过多地注意新奇形式的作家,正是思想贫乏的表现。

拉拉杂杂写这一些。士修同志、大雷均此问好。

契白

1980,8,10。

14.　1980 年 12 月 11 日

易兄:

10月29日信早收到。因为忙乱,没有及时回信,甚歉。11月
25日到杭州去参加宋明理学讨论会,老邓也来参加了(他已回北
京)。回到上海,见到你寄来的《文学评论》2本。我把你的《郁达
夫论》的后面一部分一口气读完了。长袖善舞,这样的评论文章
本身就给人以艺术享受。我特别注意了你讲"异化"的那一部分,
我想,大概还没有人像你这样来评价过郁达夫以及他所塑造的
"零余者"形象。这是创造性的见解。

我现在也在考虑异化与人道主义问题。从1957年以来,为此
不知检讨了多少次,确实如你所说,这种检讨就是异化现象,回想
起来,令人羞愤难当。我最早从安徒生的《影子》领会到异化对人
性的摧残,写过一篇杂文。后来才读到马克思的《手稿》,①深有同
感。人只有把人的本质对象化,才能逐步认识和发展自己的本
质。然而对象化却包含有异化的可能。异化是个历史范畴,在不
同历史条件下有不同形态。生产力水平的低下(因而社会分工与
剥削制度不可避免)和人们处于愚昧无知状态是异化由可能变为
现实的一般条件,这种条件随着历史发展而改变着。鬼神迷信、
金钱拜物教、封建礼教、个人迷信都是异化现象,都是特定历史条
件的产物。要克服异化,就必须改变这种历史条件。在今天,在
经历了个人迷信的"浩劫"之后,痛定思痛,就越发感到研究异化
与人道主义的重要性了。现在大家已开始认识到,要克服这种特
定的异化现象,还是要提倡民主与科学,并且要从制度改革入手,
使劳动者的积极性发挥出来。

---

① 指《1844年经济学哲学手稿》。

　　前不久由上海文艺出版社出版的《美学》第 2 期,有朱光潜节译的《经济学—哲学手稿》。我粗粗翻了一下,未曾核对原文,但觉得大体上他的解释是比较好的。马克思在手稿中讲自然主义与人道主义的统一,这同中国哲学中的"天人合一"思想(特别是像王夫之、黄宗羲所说的)有相似之处。我在 50 年代作过几次讲演,讲《手稿》中的自然主义与人道主义思想,讲真、善、美的统一等等。这些讲稿都被抄家抄去了。

　　这次到杭州和老邓一起游了西湖。我从 60 年代以来没有去过了,旧地重游,不免感慨系之。当然,湖光山色依然是妩媚的。但增添了不少"煞风景"之处,而苏小小墓、秋瑾墓等都被挖平了。岳坟算是修复了,新的塑像,新的对联,还可以。在大门外右壁嵌上几行字,说岳庙于 1966 年遭受破坏,1979 年修复,化人民币若干万元云云。如果在前朝,那一定要立一块高大的石碑,请大手笔写一篇"重修岳王庙碑",把遭受破坏的前因后果讲清楚,要后代人永志不忘。而现在却只能写几行字。整个说来,杭州这个城市显得破破烂烂。我在最后半天独自个登上吴山(老邓已经走了),心里暗笑,我也是个马二先生。然而"儒林外史"中的吴山的繁华景象,现在连影子也找不到了。但也颇为热闹,我在山上的一个茶馆中喝了一杯茶,茶室中座无虚席,热气腾腾,充满叽叽喳喳的鸟雀声,震耳欲聋。茶客十之九是提着鸟笼来的,不是任伯年画的那种穿长衫马褂的玩鸟的人,而是穿人民装的退休职工和青年。这算是吴山上独一无二的"太平盛世"景象。然而,我在震耳欲聋的雀声中,感受不到一点诗情画意,坐了一刻钟便逃走了。

士修、大雷均此问好。

契白

1980,12,11。

15. 1981 年 1 月 8 日

易兄:

我最近给研究生讲课,也讲了一下异化问题。虽然我也认为,即使到了共产主义社会,人们仍将通过异化和克服异化而前进;但是总应该越来越自觉些,不要重蹈覆辙。王夫之说过,"在上者为申韩,在下者必为佛老"①。如果加上一点补充,说申韩和佛老后来在道学的形式下得到了折衷,那末,我以为这话正揭露了数千年专制主义的本质。而个人迷信造成的祸害,也仍然是"在上申韩,在下佛老"。这当然是可以用客观社会条件来解释的。但是应该更自觉些,努力在理论上和实践上来克服这种异化现象。

新年应该带来新的希望。但是,现实主义比浪漫主义更有力,从生活到文学都如此。

祝全家好!

契白

1981,1,8。

16. 1981 年 3 月 29 日

易兄:

---

① 王夫之:《读通鉴论》,《船山全书》第 10 册,第 653 页。

　　春节前接到你的信后，一直没有回信，实在太不应该了。这个寒假以及开学初期特别忙碌，时间全给瓜分掉了。而有的稿债又逼上来了。这个月总算能安下心来写点东西，写了篇论孔子的文章，居然灵机一动，把"在上申韩，在下佛老"的思想也写上去了，最后以文天祥"正气歌"作结束。不管人家是不是欣赏，自己却确实赢得了一点写作的乐趣。

　　昨天收到重庆中美合作所集中营展览馆寄来的"刘国鋕烈士传"，粗粗翻了一下，还没看完。作为传记，有些事实还需核实，而且把我们这些有关的朋友都写得太好了点。但因此使我联想起许多往事，像老熊这个人物，多可爱啊！只需朴朴实实地把他描绘下来，就是个典型形象。那一代青年尽管有许多缺点，但是爱国、要求民主、有理想、有热情、有真实的性格。现在回头看看，觉得未免太单纯了，容易上当受骗，甚至受了骗还不相信是受骗。但历史的真实就是如此，优点往往和缺点相联系。然而，历史是傻子们创造的，傻子们都未免单纯。所以，还是要歌颂傻子，歌颂单纯性。当然，也要有靡非斯特、瓦普儿司之夜，不然，就等于用"单纯"来骗人了。我想，现在似乎已经可以站在这样一个高度来回顾过去了。因此，我以为你应该能把《流星群》写出来，用不着担忧思想性方面问题。

　　诚如你所说，实用主义并未能得到彻底的清算，恐怕是"策略"上考虑太多之故。但总的趋势是好的，摇摇摆摆，还是前进了。从中国的国情出发，也只能如此。我一直在考虑这样一个问题：什么样的时代、环境、条件最有利于培养真实的性格？好像是康德曾经说过，战争环境比承平之世更能培养人的德性。但是，难道单有战争环境就行吗？我以为，从大范围说，要有斗争(同敌人斗争、同自然斗争)，从小范围说，要有一种互相信任和充满爱心的生动活泼的集体(家庭、友谊、学校等都包括在内)。没有这样一种生动活泼的、同鱼在水里一样感到自由自在的人和人的关系，个人的积极性、创造性不可能发挥出来。现在离开世界大同还远得很，整个国家要形成生动活泼的政治局面也还远；但是，要创造条件，让人们在恋爱中、友谊中、师生关系中、同志交往中感到自由，感到在斗争(工作)中是有人支持的。这样，就有利于培养真实的性格。

你有机会到南方来玩玩么？到富春江去看看郁达夫的老家，这也是个借口。

士修同志、大雷均此问好。

契白

1981,3,29。

17. 1981 年 6 月 18 日

易兄：

接到 4 月 9 日信之后，一直未回信，歉甚！日子过得很快，又快到学期结束了。

已经通知我，要我参加教育部和国务院学位委员会先后召开的学科评议组会议。估计 7 月初我将到北京，到时再跟你联系。

茅盾、宋庆龄先后去世，确实使人感到，一个时代已结束了。看到了你弟弟写的小品文，谈茅盾临死前要求恢复党籍问题。这老的一代，对党的感情是深厚的。宋庆龄被加上 4 个头衔，从爱国

主义、民主主义到共产主义、国际主义,确实代表了这老一代人的
发展过程。我们这些人也是这样走过来的。然而现在的年轻一
代,却没有那种对党的纯朴的感情了。在老一代看来是很自然的
生活的逻辑——从爱国主义到共产主义,年轻一代是怀疑的。应
该容许怀疑。但爱国主义仍然是根深柢固的,有着根柢,以后总
会长成大树的。

对《苦恋》的围攻,说明"左"的思想影响仍然是严重的。但是
不得人心,现在再要搞这一套,行不通了。这也说明有了进步。
是群众有了进步,而某些领导却仍然对群众的进步视而不见,听
而不闻,一有机会还想括风,搞围攻之类,实在太脱离群众了。

只写这一点,见面再谈吧。

士修同志、大雷均此问好!

契白

1981,6,18。

18. 1981 年 12 月 6 日

易兄:

许久没有通信了,我和老邓在 10 月至 11 月间到杭州、桂林开
了两个会,又到南昌住了几天。本想上庐山去访问白鹿洞书院,
因天气不好,未能上山,这一切,想来老邓回北京,已告诉你了。

我回沪后一直忙忙碌碌,上星期才能坐定下来,关门整理了
一篇文章,题为"论真善美的理想"。暑假中给在上海举办的美学
教师进修班讲了这个题目,后来到杭州、南昌又给两地的哲学学
会讲了一下。讲理想,可能使人感到不合时宜。十年浩劫把许多

人的理想毁灭了。"左"的空想给民族造成大灾难,于是许多人产生怀疑情绪,许多人只讲"实惠"了。这是不可避免的现象,不能怪青年一代。但是,经过怀疑、批判而又能坚持理想,而更增强了信念,这才是真正的强者。所以,还是要讲真善美的理想,不过我现在也只能抽象地讲点理论,"文化大革命"中把我的所有手稿、讲义、写作准备资料都抄去了,我感到要重新写我的"真善美"已不可能了。所以这几年,我简直死心了。但这次还是作了报告,整理出了文章,也给了我新的希望。也许,天假以年,在我把《逻辑》、《哲学史》整理成书之后,还有精力让我可以从事《真善美》的旧业,让我再去会见藐姑射山之仙子。但是,也许只是空想。自然规律是不随人们意志而转移的。

冯象有可能被正式录取,如果他下学期能到北京,请你多给他指导。

士修、大雷均此问好。

契白
1981,12,6。

19. 1982 年 6 月 12 日

易兄:

大概是在 2 月间接到你的信之后,一直没有给你回信,实在太不应该了!

上月底到南京去参加中国哲学史学会华东分会的年会,前两天刚回来。在会议期间,我发了个言,题为"中国传统哲学的特点"。有一个记录稿,等以后打印出来,将寄给你一份,请你指正。

我提出了一点看法：希腊人比较早地发展了形式逻辑和原子论，而中国人则注意发展辩证逻辑和气一元论的自然观；在伦理学上，西方人注重道德的自愿原则，易于导致唯意志论，而中国人注意道德的自觉原则，易于陷入宿命论；在美学上，希腊亚里士多德已提出摹仿说和描写典型性格的理论，而中国人则比较早地发展了"言志"说和艺术意境理论。

不知你开始写《流星群》了没有？念念。最近我又买了一部《红楼梦》（以脂评庚辰本为底本的），睡觉前翻翻，那么熟悉的文字，还是感到那么新鲜，那么吸引人！而且，随便翻到那一页，都可以读下去，都能给你引人入胜的意境，栩栩如生的性格。中国人善于通过意境来展开性格，使人感到艺术作品的每一片段都有其完整性，而总体上就显得非常丰富多样；并且还善于把艺术的各种因素、各种形式（抒情的和造型的、诗和画等等）结合在一起，给你以多方面的美的享受。从《红楼梦》可以看到我们的优秀的艺术传统。相比之下，现代人的作品是太贫乏了。

在南京去游了栖霞山，看了几处园林，逛了莫愁湖，这个城市绿化很有成绩，不像上海那么拥挤，而且古迹也多。

祝全家好！

契白

1982,6,12。

20. 1982 年 8 月 20 日

易兄：

我昨天已由昆明回上海。在昆明只住了一个星期，不过老黄、盛年、老袁①、小熊②、老方③等老友都见到了,聚会了好几次。我虽说是去参加"辩证逻辑讨论会",实际上只做了个报告,大部分时间都用于访友了。此外,还到西南联大旧址去看了看,还到石林去了一天。

虽然来去匆匆,昆明的风物也与前颇有不同,但这一星期使我重温了许多旧事,仿佛又回到了青年时代。老黄说昆北我住过的宿舍还在,汽车经文林街时他告诉我。我没有进去,但是却想到了当时楼梯口柱子上写了"脚步轻些"四字,那是被你称为类似"招魂"的诗句的。翠湖变了样,而且那么多人,真是"如鲫"!有点杀风景。但是老黄、老陈、老卢等人下磨黑前,都曾约我在翠湖谈话,当时情景还历历在目。

我的《中国古代哲学的逻辑发展》第一篇将在10月完稿,全书争取在明年夏天完成。

　　即颂

暑安!

契白
1982,8,20。

21. 1982 年 11 月 29 日

易兄:

---

① 老袁,即袁用之,西南联大同学,当时任云南林学院党委副书记。
② 小熊即熊翔,当时任云南林学院院长办公室主任。
③ 老方,即方仲伯,抗战时期在云南建水创办建民中学。已离休。在昆明办"刊授大学",任负责人。

接到你9月间来信后,一直未曾作复,实在太不应该了。我因为整理哲学史的稿子,再加上一些别的工作,搞得太紧张了。心情急迫,其实妨碍思想的自由展开。但是明知故犯,总不能让心情多一些轻松活泼的时间,正说明自己的思想水平还很低。如果真正达到"自得之,则居之安,居之安,则资之深,资之深,则取之左右逢其原"(《孟子·离娄下》),那就不应该有这种急迫心情。

为了放松一下,我到衡阳去参加了"王船山学术讨论会",又到湘潭、长沙,来回半个多月。其实还是紧张,因为要我作报告。不过换了一种工作方式,换了环境,也确实是一种休息。长沙是旧游之地,但有了很大改变。在岳麓山住了一晚,到爱晚亭看了枫叶。后来又到一个叫"蓉园"的招待所住了两晚,参观了马王堆出土的文物。在衡阳,到王船山的故居"湘西草堂"(离衡阳市有两小时汽车)去参观了一天。遥想这位17世纪的哲人,在这么偏僻的山区,过着教书匠的生活,竟能完成那么巨大的理论创造,真是令人惊叹不止!他大概是连一张可供休息的椅子也没有的,门前有一棵大枫树,根部蜷曲呈马鞍状,因此命名为"枫马",这就是他坐着沉思哲理或吟哦诗词之处。

我这次在衡阳讲了一个问题:王船山用"成性"说反对理学唯心主义的"复性"说。以为人天生来一切具备,只要去人欲、存天理,达到"复性",就可以天人合一,在"天地境界"中受用不尽,这就是理学唯心主义的谬说。"复性"说实际上是披着画皮的宿命论。(因为"天命之谓性",而天命是不可受的,所以"复性"就是叫人顺从命运安排。)王船山提出"成性"说,主张人性是"日生而日成",是一个发展过程。这是了不起的见解。马克思主义把人性了解为社会实践的产物,是随着社会历史的发展而发展的。因此,所谓"异化"与克服"异化"的辩证运动,不是回到那"不变的人性"去,而是一个不断地由"自在"而"自为"的曲折发展过程。

熊翔寄了一篇写他祖父的"回忆录"来给我看。是从孙子的角度写的,应该还可以写得更具体,更恳切些。我给他提了点意见。我常想,应该写点东西来纪念老熊遇难40周年(1986年)。他的墓地现在不知怎么样了?我曾问老黄,他说他也不清楚。但他说陆良的人民,至今还是有口皆碑,知道有过一个"熊青天",为人民做过许多好事。

士修、大雷均此问好。

契白

1982,11,29。

22. 1985 年 1 月 1 日

易兄:

今天是1985年元旦。小孙子一早起来就唱:"过了新年长一岁!"多欢乐啊!但老年人在感染这种欢乐的同时,总难免有点淡淡的哀愁:"恐年岁之不吾与。"我还有3本书要整理(《中国近代哲学的革命进程》、《逻辑思维的辩证法》、《论人的自由和真善美》),约100万字左右,大概要化5年时间。要的是健康而富有活力的5年时间,这能争取到吗?我还有信心。不过"吾令羲和弭节兮,望崦嵫而勿迫",太阳毕竟已迫近崦嵫了。

最近作协开会,看了报纸上报道,令人振奋。文艺的春天可能真的要降临了。社会科学还比较沉闷,但情况也会改变的。

"松绑",便能使生产力解放,物质生产和精神生产都如此。我刚为《中国古代哲学的逻辑发展》写了一篇简短的"后记",说明它虽已"缺乏青春的色泽",但比之 60 年代初的草稿来,我已尽可能使它克服了"左"的思想影响,这是我感到最满意的一点。就是说,我使它松了绑,我感到现在确实可以比较放开手脚来写作了。

祝全家好!

契白

1985,1,1。

23. 1985 年 5 月 12 日

易兄:

3 月 27 日信早收到了。你们磨黑之行,大曾回来已跟我详细谈了。又得到你的充满激情的信,使我想起许多往事。我记得有一个磨黑来的小商人,随马帮到昆明为磨中购买文具、图书等等,我介绍他到"新华日报营业处",请他们代办(这样可以给"新华日报"一笔佣金)。后来被特务发觉了,这个小商人被抓到警备司令部,受了非常残酷的刑罚。但他没有招供什么。后来由同行的商人用金条把他赎出来,他还特别叫人来通知我,叫我放心。我已忘了这个小商人的姓名,但这种"义气"是永远不会忘记的。如果我去磨黑,一定要打听一下这个人是否还健在。

这期间,萧荻①给我来过两封信,约我为西南联大党史、校史写稿。他信中谈到吴显钺②的事,说吴受右派牵累,曾被打成叛

---

① 萧荻,原名施载宣,西南联大同学。为编写《西南联大校史》的主要负责人之一。
② 吴显钺,西南联大同学,地下党员。皖南事变后,离校去磨黑创办磨黑中学,任校长。

徒、假党员,被开除党籍,受尽折磨而病故,到去年 12 月末才得到平反。人间的不平事实在太多了。老吴尽管有种种缺点,但他为党做了不少工作。全国解放后,他曾给我写过几封信。反右之后,就没有消息了。受折磨 20 多年,直至在"文革"中含冤去世。虽说最后得到平反,谁也没能力把他从黄泉叫回来了。

最近读到龚自珍诗:"陶潜诗喜说荆轲,想见'停云'发浩歌。吟到恩仇心事涌,江湖侠骨恐无多。""停云",思友也。想起许多老友,还是颇有"侠骨"的。社会要靠有脊梁骨的人支持,文艺应该歌颂义侠之士。如果一个时代弄到"江湖侠骨无多",那就太可悲了。而多少年来的"左"的做法,以及因此养成的随风倒的积习,却正是摧残"侠骨"的。

此颂

著祺。

契白

1985,5,12。

24. 1986 年 3 月 23 日

易兄:

北京握别后,一直没有和你通信,近况如何? 时在念中。

最近重读了梁启超的许多著作。过去我老觉得此人"流质易变",像泥鳅一样难以把捉。现在我比较了解他了。在戊戌变法至 20 世纪初,他确实是"新思想界之陈涉"。他那时要求个性解放,鼓吹精神自由,对中国人的奴性进行无情的鞭挞,文章写得痛快淋漓。后来他退缩了,又老想在政治上实行改良主义,不甘寂窦,不能专心在学术上深入下去,因此作不出什么可观的成绩,给人以浅薄、芜杂的印象。但他在戊戌变法至 20 世纪初的功绩是不可磨灭的,他那时还不到 30 岁,真是个天才!"道德革命"、"史学革命"、"诗界革命"、"小说界革命"等等口号,都是那时提出来的。

中国传统文化中确有许多宝贵的蕴藏,以后会起持久的影响的。但是,也不必那么气呼呼地批评人搞"全盘西化"。至于对所谓"国民性"进行剖析、鞭挞,那正是从"新思想界之陈涉"梁启超开始的。

拉杂写这些,上海已春光明媚,春色满园,但是还比较冷。此颂
春安。

士修、大雷均此问好。

契白

1986,93,23。

25. 1986 年 8 月 17 日

易兄:

有几个月没有给你写信了,很抱歉。

这半年来,主要是忙于《中国近代哲学史》的统稿工作。外地几位同志集中到上海来,从 2 月下旬开始,工作到 6 月上旬。最后还要在上海的同志核对资料,我再看一遍,交出版社。

老是钻在理论、概念之中,有时也忽然想搞形象思维的东西,写点随笔之类,那多么轻松愉快!但是毕竟精力不够了。我总

得先把几部哲学著作整理出来,而现在每天工作时间只能有 5 小时左右,脑子也没有年轻时那么灵敏了。过去 1 天能完成的工作,现在需要 3 天了。所以老有种急迫心情,又怎么能轻松愉快地写随笔呢? 天假以年,过了 80 岁,也许可以写"世说新语"和游仙诗了。

　　即颂

暑祺!

　　士修、大雷均此问好!

契白

1986,8,17。

26. 1986 年 10 月 31 日

易兄:

　　你的《走彝方》修改完成了么? 我衷心希望你能把《流星群》3 部曲完成,但也不必太急忙,先搞出初稿来,细细琢磨吧。一个人一生能完成一种经得起时间考验的著作,那就不虚此生了。是否符合当年史实问题,我以为你不必求"形似",而应力求从更深层次上把握时代精神。写小说有点像九方皋相马,是可以不辨雌雄,而要求真正看到马的精神。

　　老友告诫我不要脱离时代的气氛,我将铭记在心,力求做到这一点。现在我在整理的《近代哲学》,也不容许我脱离时代。有时,我也感到有点脱离实际,这是因为我在作"阵地战"(夸口点说,想打个"歼灭战"),我需要长时间地关起房门来沉思。虽然基本观点是早就有了的,至今我仍感到它是新鲜的、有活力的;但在展开的过程中,常遇到一些意外的困难。在这一领域中,前人所做的研究工作太少了,而许多问题是被歪曲了的,简直是荆棘丛生,难以涉足。不过,我大体已把我的基本观点展开并且贯串下来了。我已经在作"总结",给研究生讲了两次,还准备再讲两次。预计到明年春天,完成全书。

即颂

近祺!

士修、大雷均此问好。

冯契

1986,10,31。

27. 1986 年 12 月 24 日

易兄:

11 月 18 日信早收到了。

我还在继续整理我的书,已写到"三十年代"。鲁迅、瞿秋白,都化了些工夫。瞿秋白说"僵尸统治",鲁迅说"做戏的虚无党",都是击中了要害的。对鲁迅分析"国民性",我好好钻研了一下,有一些新的体会。鲁迅确是个深刻的头脑。可惜你不在上海,我无法拿手稿跟你讨论。这书已经化了我两年时间,进度比"古代"部分要慢得多。流行的见解和自己头脑里原来有的观念都须作重新审查、批判,这是阻碍前进的主要障碍。当然,资料的掌握和分析,表达为文字如何注意分寸(和当前现实的联系太密切了),也都有困难,但这是次要的。最近我就几个问题作了系统的考察,给研究生和青年教师讲了 3 次。大体可以说,主要困难我已解决了。预计明年春天,可以把全书整理出来。

　　要我挂名的事还是太多,要费一些精力。我很赞成鲁迅的意见:要注意培养队伍。这些年来带了一些研究生、青年教师,有的已经露头角了。

　　即颂

冬安。

　　士修、大雷均此问好。

契白

1986,12,24。

28. 1987 年 6 月 27 日

易兄:

　　5 月 11 日信早收到了。知你的《走彝方》已完稿,可喜可贺!我很希望能做第一个读者。

　　刚才来了一个冯象在云南插队时的朋友,已经是一个企业家了,听他讲了许多有趣的事。这是个现代化的青年,我感到已经很难体会他的感情。反过来说,现在的青年人也已很难体会我们当时在云南的种种感受了。但正因为如此便尤其需要有人把当时的生活感受写下来,使之成为艺术品,让后人可以观赏。《红楼梦》、《儒林外史》的时代早已过去;其中有许多感受、情节,我们也难以亲切体会了,不过因为是艺术品,大家都还是很欣赏。我写《近代哲学》,还常为李大钊、鲁迅等人的思想所感动。但我同时也感到,现在的青年人已难以有这种感情。但正因为如此,我便应该把《中国近代哲学的革命进程》写出来,让后人知道有这段历史——在那时候,许多思想家曾为寻求救国救民的真理而前仆后继。尽管后一辈人已不会有这种热情,但若我能从理论的高度来进行总结,对后人还是有帮助的。而且,我想,我也有这种历史的责任。我对民主革命的思想家有同情的了解,而在经过"十年动乱"之后,看问题也比较客观了些。所以,我有条件来作历史的总结,也应该有这种历史的责任感。

拉杂写这一些。即颂

近祺。

士修、大雷均此问好。

契白

1987,6,27。

29. 1987 年 10 月 26 日

易兄:

8 月 24 日信早收到了。

《走彝方》有个初稿,便可以慢慢地琢磨、推敲,也不必急。曹雪芹在悼红轩中披阅十载,最后也只留下未完成的手稿。重要的是要有自信,要能自开生面。

我的"近代哲学"已交上海人民出版社,编辑说最近即可发稿。但明年上半年能印出来,就算最快速度了。中国哲学史的研究,算是告一段落了。"古代"和"近代"加起来,约 100 万字。下一阶段,我还有 3 种著作要整理:一是《逻辑思维的辩证法》,1980 年已写成一本讲义,尚须加工;二是《论人的自由和真善美》,我这一年打算结合研究生教学写成一本讲义;三是把《怎样认识世界》的小册子扩充为一本专著。要把这 3 种著作完全整理成书出版,大概还得七八年时间。不过我也不急,像莱布尼兹,生前发表的只是一部《单子论》,听说他的手稿至今还没全部整理出来。

　　即颂

近祺

　　士修、大雷均此问好!

契白
1987,10,26。

30. 1988 年 1 月 24 日

易兄:

　　11 月间收到你的信后,一直未回信。这期间,冯棉曾到北京开会。我嘱他有空去看望你们,但他来去匆匆,抽不出时间。我这个冬天还不错,决心不去外地开会,孵在家里过冬,所以老毛病(肺气肿)没有发。

　　写作如何"自开生面",确是个问题。为要提炼素材,把握现实生活的本质,艺术需要有适当的形式,包括形象思维的逻辑和各种艺术的特定的形式。这是个复杂的问题。正是在这里,需要智慧、天才。曹雪芹从中国传统文化吸取了丰富的营养,他有一套用来把握现实生活本质的"逻辑":构造了太虚幻境,处处贯穿了儒道(名教与自然)两个原则的对立,处处体现了人物性格的多层次以及性格与环境的有机联系,并且处处表现了意境与性格(抒情与叙事)的统一,等等,这些,就是来自生活而又转过来用来概括生活的"逻辑"。古典作家常常把神话、历史故事、哲人的智慧和现实生活联系起来，于是达到现实和理想的统一。现代作家往往缺乏这种"逻辑"，因此难以深入生活。当然，不能对古典作品依样画葫芦，模仿决不是创作。但是，要"自开生面"，在我看来，就是要找到一种足以概括现实生活的形象思维逻辑，同时也要能够以适当的语言形式表达出来。

我这些话，当然都只是隔靴抓痒，不见得能解决你的问题。不过我以为，成功的作品，总是由于作家找到了独特的路子，于是能成功地概括现实生活的本质。不要以为自己过去只是"浪迹江湖"，生活不深入；而是要化工夫如何从这些"浪迹"中概括出东西来。

即颂

冬安。

士修、大雷均此问好！

契白
1988.1.24。

31. 1989 年 5 月 2 日

易兄：

3 月 1 日信早收到了。迟复，甚歉！原来有个考虑，5 月初也许到北京一趟，参加"五四"讨论会，看看老朋友。因此想等决定了，再给你写信。但终于未能成行，甚为遗憾！

我在 4 月初到浙江去了一趟，参加重修王阳明墓的揭碑仪式和阳明学的学术讨论会。日本人热心，募集了一笔钱来修阳明墓,派了两个代表团来参加会议,因此成了一个国际性会议了。浙江的同志一定要我去一趟。我趁此机会催华东师大出版社把老邓的书印出来,送到会议上去。我以左启华的名义送了120本给会议。到会的日本、美国学者已经把它带出国去了。

今日由邮局把老邓的书寄一本给你,同时还寄了一本《时代与思潮(1)》。上海成立了一个"中西哲学与文化交流研究中心",这个丛刊就是由"中心"编辑的。青年人要我挂个名,我不好推辞。这将是个学术性的丛刊,是民办的,但愿它能长寿! 这一辑中有我的一篇《五四精神与哲学革命》,与在《书林》上发表的有重复之处,不过较长一些。不知你读后有什么意见?

我是个比较乐观的人,对我们伟大的民族,对青年一代,我还是有信心的。应该为民族、为青年人而写作,"述往事,思来者",留一点什么东西给下一代。我近年来很少读新作家的作品,对超现实主义之类,颇为隔膜。不过我始终认为,大作家都是朴实的、自然的,不玩弄花巧,不故作姿态,而是出于真挚的爱心从事写作的。

即颂

近祺。

契白
1989,5,2。

32. 1989 年 8 月 6 日

易兄:

7月21日信收到了,得知你家平安,士修每日挥毫作画,大雷在攻读英文,甚慰。

上海还是比较安定,我们都好,可请放心,我原来打算 7 月下旬赴夏威夷开两个会,办了护照、签证,也发给了出境证,飞机票也寄来了,但最后还是决定不去了。

今年暑期上海很凉快,在家过日子也还舒服。近日校园内荷塘里荷花盛开,我每天去观赏,在池边散步。可惜我没有像士修那样学习绘画,不然能画下那"清水出芙蓉"的风姿该多好!

我常想起皖南事变后在昆明郊区的日子,非常寂寞,便发愤忘食地读书,常读到晚上两点钟。现在没有那份精力了。但忽然记起,我那时写过一篇小诗,其中有几行是:"Lyceum 的老头子/在暗淡的灯光下/粘贴着植物的标本;/手表一般有规则的哲人/撑着破旧的阳伞/过去了。"——前后文都忘记了,只记起了这几句。可见我是一个甘于寂寞的人,我将继续保持心灵自由思考,写我的尚未完成的著作。

冯象夫妇都在准备博士论文,冯伟暑假中在打工,下学期将去 Florida 攻读学位。本来冯象准备到夏威夷来跟我会面,失去这机会了。等以后再说吧。

10 月间北京要开纪念孔子的学术讨论会。我尚未决定是否参加,但很想来看望老友。

即颂

夏安。

向士修、大雷问好。赵嘱代为致意。

契白

1989,8,6。

33. 1990 年 1 月 23 日

易兄:

12 月底来信收到了。

我很希望你能重新握笔写作。赵建议你先写点随笔之类,精神上轻松一些,这可能是个办法。这是个令人惶惑、彷徨的时代,和我们年轻时不同。唤回逝去的激情,能为人所接受、受感动吗?作品,是赠给"来者"的。司马迁对他的时代和人类的历史打了许多问号,然而他"述往事,思来者",还是一个充满信心的人,所以能把心中的"郁结"写下来,并深信他的作品可以"藏之名山,传之后世"。"西伯拘而演周易,仲尼厄而作春秋"。不为忧患、惶惑所压倒,深信自己是属于"来者"的,这是思想家、作家的乐观精神。

祝全家

春节欢乐!

契白

1990,1,23。

34. 1990 年 5 月 11 日

易兄:

接到你 2 月间来信后,一直没有回信,歉甚! 大雷的出国留学手续已办妥否? 念念,你信上说他将于 4 月完婚。我们全家祝贺他俩新婚幸福! 冯象来信也说要我们代为祝贺。不过在赵阿姨的记忆里,大雷还是在地震时期到上海的那个孩子,她希望大雷能寄张结婚照片给她。

我们这一辈人的青年时代,也有它的特点。最近南京金逊①来信（我寄了本书给他，他已正式离休），说昆明时的老友相处不过两年，但感情和留下的印象远比现在的同志们深厚，永远难忘。肥古②来信（他患结肠癌，动了手术，结果良好，大概已出院了），也讲了类似的话。青春的色泽令人难忘，这是共同的。但我以为，在中国近代，真正能培养成真实的独立人格的时期和地点却也不多。戊戌时期的湖南时务学堂、同盟会办《民报》时期、"五四"新文化运动、30年代上海、40年代昆明，这些大概是比较利于性格形成的环境。所以，在我看来，西南联大时期的昆明青年，是很值得一写的。那是一个青年人敢于藐视权威，虽经历苦难、彷徨而满怀信心、激情的时代。

我们一切如常，可请释念。我在给研究生讲另一本书：《认识世界·认识自己》，每两周讲一次，可能要一年多才讲完，整理出记录稿。由我挂名主编的《哲学大辞典》今年要合编（6个分卷合为一本），得化一些时间。这本辞典是个比较大的工程，计一万数千条，500多万字。

飞马③健康状况最近尚平稳。每次电话中都嘱代为致意。向你全家问好！

并颂

著祺。

契白
1990，5，11。

---

① 金逊，西南联大同学。解放后任江苏省省委副书记。"文革"后任江苏省副省长。

② 肥古，即古念良，西南联大同学。因体胖，朋友们叫他"肥古"。解放后任广州市财政局局长。"文革"后任港澳经济研究中心主任。

③ 飞马即马瑞祺，因曾在飞机场工作，因而朋友们称他为"飞马"。

35. 1990 年 8 月 8 日

易兄：

5 月间来信(附大雷新婚照片)收到后；未曾及时作复，甚歉！大雷、晓钰来上海，太匆忙了，没有能招待他们一下，也觉很抱歉！大雷出国手续办好了没有？你们最近可能正为此全家忙着。

这个月上海持续高温达 10 多天，为百年来所未有。老年人当然感到难以适应，但也熬过来了。我近来杂事较多，假期中也并无休息。但自己的著作进度却被拖下来了。

最近读了几种关于宗教与神话的书，既是消遣，也是学习。这方面，我过去没有化工夫研究。自己是无神论者，对宗教徒的信念、情绪也难以体会。鲁迅说"中国根柢全在道教"。他对中国人的宗教观念是研究了一番的，所以能写出《无常》、《女吊》以及祥林嫂捐门槛给神庙供万人踏之类。中国的老百姓相信命运而又认为命运是可由人想办法(如请道士施法术)来改变的；因此鲁迅说"值得乐观"。但请道士施法术，终究是迷信。迷信法术、巫术，达到狂热的地步，便完全失去了理性。在中国的传统中，儒家是崇尚理性的，但"存天理、去人欲"却可引导到理性专制主义和虚伪的道学。道教对意欲有所肯定，有点"造反"精神，但引导人迷信巫术，便成了愚民的工具。名教成了虚伪的，宗教变成愚民的工具，这种情况被拆穿，社会便失去凝聚力，成为一盘散沙了。

来信谈到托翁在揭露旧俄官场、上流社会的种种虚伪方面的深刻。我最近没有读《复活》，但也留有一点印象。托翁那种揭穿虚伪的魄力，确是令人震惊的。《安娜》、《战争与和平》中都有一些这样的篇章。但中国人的虚伪，如果你能把它揭出来，那将会更令人震惊。除了虚伪,还有愚昧,也要深入地加以揭露。现在有一种倾向,把一切说的那么美好、那么合乎理性,这是违背历史事实的。在一个阿Q、祥林嫂的国家里,愚昧、迷信是难免的,只要通过种种愚蠢的活动,历史有所前进,就可以了。

当然,也要写真实的性格。我曾说起,像"五四"新文化运动,30年代上海,抗日救国民主运动中是能产生真实的性格的。在这样的时期,人们自动地参加革命斗争,不是出于外在权威的命令,不是为名为利,也不是按照一定公式办事。虽然像林冲,也是逼上梁山,但他终究是自己选择的道路,所以他是个可爱的真实的性格。要有这样的性格,虚伪才能真正被揭穿;也只有这样的性格,才能从愚昧造成的错误中吸取教训。也正因为有这样的性格,在虚伪与愚昧被拆穿后,社会不致成为一盘散沙。

拉杂写这一点,祝你们全家安好!

契白

1990,8,8。

36. 1991 年 1 月 30 日

易兄:

12月25日信早收到。令弟想已回家安居。你们有春季南游计划,甚盼能够实现。望早点通知我,当贮好酒以待。绍兴花雕、加饭,现在还是容易买到的。

最近忽然得到陆良县委史志办公室来信,邀请参加《星火社》及《青光》、《凤凰》读书会的纪念活动。这些团体,当年大概都是你和老黄拉起来的。我只记得曾作过一次报告,别的毫无印象了。但我在昆华农校也曾组织读书会(小熊、金马等参加)、在天祥中学也组织了(后来都参加了民青)。当时搞这些活动,都是怀着非常天真的热情的。

现在有人喜欢用"怪圈"一词。在中国近代,每当一代人的天真的热情、青春的活力激发出来了,接着却总是受到扭曲、摧残。虽然"野火烧不尽,春风吹又生",但老是重复这样的怪圈,是很可悲的。思想家、作家要引导人走出这种怪圈。

你说你在写作上缺乏组织能力。我以为你不必为此顾虑太多。中国古典小说中,只有《红楼梦》是有严密的结构的,《西游记》、《水浒传》、《儒林外史》等都只是有个大的框架,把许多可以独立成篇的故事、人物塞进去,并给人以各色各样的意境。茅盾曾说中国小说有点像中国的园林,每一处都让人可以留恋,而总体上显得比较松散。这正是中国小说的民族特点。

我从北京回来后,整理了几篇稿子,开了几个会,现在已进入寒假了。最近把今后的工作计划了一下,大约还需要5年时间,才能把手头在整理的几部著作完成。我打算把这几种著作统称为《智慧书》,计"内篇"3种,"外篇"(文集)1种,共约百余万字。

祝你和士修春节欢乐!

赵嘱附笔问候。

契白

1991,1,30。

37. 1991 年 8 月 19 日

易兄:

6 月 25 日信早收到。迟复为歉！

我还是按计划写我的《智慧说·之一》,不过进度较慢。下学年打算讲一遍,形成一份讲稿。"之二"和"之三"两篇是早已有讲稿的,不过要统一整理。我的学生说我始终是个理想主义者。这话大概不错。我确是想用我的著作来培养人的理想、信念、德性。现实走着自己的路,是个必然王国。人的理想面对着现实,往往被碰得粉碎,变成像流星那样,一闪即逝;或者算是实现了,却变了形,完全不是原来所想象的那样。原封不动地实现的理想是很难找到的。即使如此,人还是需要理想。这是人的尊严所在。人能按照自己的理想来改变世界和塑造自己,把自己同现实的必然性对立起来,因而难免陷入悲剧。但历史正是通过一幕幕悲剧前进的。马克思跟着黑格尔说:历史事变往往出现两次,第一次以悲剧出现,第二次以笑剧出现。现在是笑剧太多了,所以尤其需要悲剧作品。你的《流星群》真正能把那一段历史的悲剧写出来,一定是有价值的。

即颂

暑祺。

赵向你和士修问好。

契白

1991,8,19。

38. 1991 年 10 月 12 日

易兄:

9 月 20 日信收到了。

　　苏联发生的悲剧,确令人怵目惊心。70年的社会主义大国竟如此迅速地瓦解,是谁也没有预料到的。历史经历了大波折,给人以非常深刻的教训。老兄鸿论,我基本上是同意的。

　　最近在上海《报刊文摘》中读到法捷耶夫自杀前的一封信,说:"列宁在世时,我们这一代人曾经怀着人世间何等自由和坦诚之感步入文学的殿堂",而在列宁死后,"我们被贬低到顽童的地步,被毁灭了。"他回顾一生,一想起自己遭受的"那么多的呵叱,训斥,教训及简单化的思想攻击",实在感到无法忍受,所以他决定含笑告别"这个充满污秽、谎言、诽谤的龌龊世界"。法捷耶夫是个有良心的作家,他的这封遗书反映了时代的悲剧。

　　法捷耶夫是绝望了,而我们并没有。正如你所说,"虽一生坎坷,但对共产主义的信念始终没有动摇过"。现实充满了污秽,并不是原先想象的那样。知识分子何止是"被贬低到顽童的地步",而是成了"全面专政"的对象。这样的日子也终于熬过来了。在"牛棚"里,我曾经达到濒于绝望的地步。特别是因为手稿全部被查抄,数十年心血毁于一旦,文字狱竟达到旷古未有的程度,怎能不使人心灰意冷呢?但我扪心自问,共产主义信念并没有丧失。我还得出了一个结论:不论处境如何,始终保持心灵自由思考,是"爱智"者的本色;而根据我的良知思考,我还是肯定《共产党宣言》所说的"每个人的自由发展是一切人的自由发展的条件"①的社会是人类的理想。

　　心灵自由是一切创作的源泉。没有心灵自由便没有艺术、没有哲学、没有真正的德性。因此,要反对暴君,反对权力迷信和拜

---

① 马克思、恩格斯:《共产党宣言》,《马克思恩格斯选集》第1卷,第294页。

金主义，反对一切强加于心灵的外来力量。但暴君可能很强大，还有其社会基础。而且情况是复杂的，善与恶、是与非往往交织在一起，因此使得追求自由的活动成为悲剧。

但历史曲折地前进，我始终相信人类在进步，在奔向人道主义与社会主义统一、个性解放与大同团结统一的境界。应该为此而奋斗，从这样的高度来回顾历史，总结经验教训，这也就是司马迁说的"述往事，思来者"。

我也始终相信马克思主义基本原理的正确性，不过认为应该创造性地对待它。对一种有价值的学说，后继者只有通过它才能超过它，而也只有像小鸡一样破壳而出，才真正是吸取了鸡蛋的营养。禅宗和尚说："见与师齐，减师半德，见过于师，方堪传授。"①所以禅宗大师喜欢那有"超师之见"的弟子，鼓励学生超过老师。正因如此，使得这个学派盛极一时，大师辈出，至今读他们的语录，也还令人感到其中富于创造性的智慧。我这种态度，当然要被某些人视为离经叛道；但我既然保持心灵自由思考，当然就不赞成以马克思主义为教条。

时代充满悲剧、笑剧、喜剧，其进程非作家、思想家个人力量所能左右。既投身其中，自然有这样那样的感受，有种种悲欢离合的遭遇。但不论处境如何，始终保持心灵自由，思考，摆脱一切外加于精神的束缚，是创作的基本前提。

就写这些。

即颂

---

① 普济：《五灯会元》，中华书局 1984 年版，第 132 页。

安好。

　　士修均此问好。

契白

1991,10,12.

39. 1992 年 2 月 27 日

易兄：

　　2 月 15 日信收到。

　　你信上提到两个问题：一是黑格尔老人的一句话，其出处在《法哲学原理》。英译作"All that is real is rational; and all that is rational is real."关于这一名言的解释，可以看恩格斯的《费尔巴哈论》第一节（见《马恩选集》第 4 卷，P. 211—213）。

　　二是关于必然与自由问题。在一大堆疑惑面前，首先要冷静地理解它，这是不错的。但理解了不等于从必然王国跃入自由王国。自由是对必然性的认识并根据这种认识改造世界，这是一般教科书中所阐明的见解。其实，马克思讲自由（作为哲学范畴的自由），还有更深一层的意义，见《资本论》第 3 卷，第 48 章（中译本《全集》第 46 卷，P. 928—929）。在那里，马克思在讲了物质生产领域中的"自由"之后，又说："这个领域始终是一个必然领域。超越这个必然领域，作为目的本身的人类能力的发展，真正的自由领域，就开始了。但是，这个自由领域只有建立在必然领域的基础上，才能繁荣起来了。"①（我据英文重译了一下，用"领域"来译

---

① 马克思：《资本论（第三卷）·三位一体的公式》，《马克思恩格斯全集》第 46 卷，人民出版社 2003 年版，第 929 页。

realm，以代替"王国"。《反杜林论》中讲"必然王国"和"自由王国"，英文是 Kingdom，和《资本论》的用语有所不同。）可见，马克思讲"自由"有两层涵义：一是在物质生产等自然必然性领域，自由在于对必然性的认识和对客观世界的改造；二是在这个必然领域的基础上，以人本身的才能、个性的发展为目的的活动是真正自由的领域。所以，不仅单讲"理解"是不够的，而且只讲第一层涵义也不够。现在许多人对"自由"的看法是片面的。我在《人的自由和真善美》一书中将阐明这一点。

　　耑此即颂

近祺。

　　士修均此问好。

契白

1992，2，27。

40. 1992 年 4 月 23 日

易兄：

　　四月七日信收到了。我最近到香港去了一趟：由冯棉陪同，到香港中文大学作学术访问，自 7 日至 17 日，共 10 天。我作了关于"中国传统哲学的特点"的报告，冯棉也作了"现代哲学逻辑的意义"的报告，并都进行了讨论。但他们主要是要我去看看，让我了解香港哲学界的情况。百闻不如一见，那由钱穆等人创办的新亚书院，经过艰难曲折的历程，已发展为颇有声誉的香港中文大学，并且已形成了一种学术自由的传统，这给我以深刻的印象。

　　香港这个城市交通便利,秩序井然,不像上海。当然,我不可能深入到香港人的生活中去,而只是道听途说,看到一些表面现象而已。但给我的总的印象是好的,我感到她是一个生气勃勃的城市。香港中大倚山面海,风景优美,远离闹市,是个旅游、休养的好地方。每天早晨,我在山上散步,坐在石凳上远眺,心中感触颇多:香港现在变成了腾飞的小龙;而原来的革命堡垒,却失去了吸引人的圣洁的光辉。这是什么缘故? 我们这代人是历史的见证人,应该回答这个问题。著作,是为"述往事,思来者"以"通其道",所以必须对民族的过去、现在和未来有一系统的看法。1949年以来,我们经历了一个以阶级斗争为纲的变相的经学时代,然后大概可说是一个实用主义盛行的时期。到世纪之交,时代意识的特点将是什么呢? 大概还不能期望很高,能够像王充那样"疾虚妄",从多方面来作深入的自我批判,那就很好了,那就说明我们的民族是很有希望的。然后,再进一步,那便可能真正达到"会通以求超胜"的时代(徐光启对中西文化交流有个很好的提法:"欲求超胜,必先会通")。

　　回沪后读到你的信,知你写作渐入佳境,很高兴。我把上面这点感想告诉你。我以为,我们要为下一代的人写作,而下一代人将是富于批判精神的。不知你以为如何?

　　士修均此问好。

契白
1992,4,23。

41. 1992 年 8 月 4 日

易兄：

许久不得来信，我正十分惦念，怀疑你也许进医院了，正想给你写信，收到 7 月 23 日信，得悉近况佳胜，非常高兴。

冯象昨日到了上海，他 8 年未回国，此次回来探亲，时间还是比较局促。他打算本月 10 日赴北京，在北京可以逗留三四天。如抽得出时间，会来看望董叔叔和陈阿姨的。

你们即将添小孙子，可喜可贺！人生如旅途，不断出现新境界。家中添了小孙子的哭声、笑声，是会有一种新的诗情画意的。

《中国近代社会思潮丛书》是由我的几个学生发起组织的，要我挂个主编的名义，计划出 10 种。去年已出版 3 种，我倒是把清样都看了的。这些问题都比较敏感，现在恐怕也只能说到这个程度。

匆匆草此，士修均此问好！

契白

1992，8，4。

42. 1992 年 10 月 9 日

易兄：

9 月 22 日信收到。得悉老钱已与世长辞，又少了一个昆明老友，甚感悲痛！

前不久寄给你一册《近代中国社会的新陈代谢》，谅已收到。作者陈旭麓（他和老钱也相识，和孙思白也很熟），可算是我在此地能推心置腹交谈的好友，对他的思想我也比较了解。他过早地离去了,赖有几位学生整理他的遗稿,此书得以正式出版。我以为这是部可以传世的作品。

知你写作进展顺利,甚慰。创作一定要全身心投入,这我是有体会的。因此,精力的耗费是很大的,所以要有张有弛,量力而行。

冯象此次回国,我们感到最安慰的是:虽8年未见,他还是老样子,没有那种"洋鬼子"派头。他还是关心祖国的命运,记着那些在云南插队时的老友。冯欣来信说他们到休斯敦,赖有大雷晓钰的帮助,一切顺利,十分感激。

即颂

近祺。

士修均此问好。

契白

1992,10,9。

43. 1992 年 11 月 28 日

易兄:

11月7日信早收到,晓珏生了个男孩,冯欣早已写信来报喜,我们都很高兴。赵说,地震那年大雷来上海,还是个胖娃娃,一霎眼,他自己也做爸爸了。

我入秋以来也患感冒,并发现血压忽然升高了(我原是低血压),老觉头晕。吃了药,有所恢复,但又因赶写了一篇文章,血压又升高了。医生嘱必须彻底休息,最近才觉比较稳定了。

知你病后即将执笔继续写作,甚慰。一张一弛,文武之道。

年岁大了，精力不济，还是不要赶进度，太紧张。我因杂事多，整理《智慧说》的工作老是被打断。但我也不急，因为觉得当前全民经商热，文化学术大滑坡，也不是发表的时候，前天有个关于"20世纪现代化思潮"的讨论会，一定要我去发个言。我讲了一点猜想，在世纪之交，中国可能进入"自我批判的时代"。那时，可能从各方面来对 20 世纪进行反思，作批判的总结。我以为，现在应该为迎接这个批判的时代的到来作准备。真正有生命力的著作，将是对 20 世纪作批判的总结的著作。

匆此，即颂

近祺。

士修均此问好。

契白

1992，11，28。

44. 1994 年 6 月 7 日

易兄：

3 月底接到来信后，一直未作复，歉甚！

老秦寄来了一本他的新著《唐代三大诗人》。我和赵都浏览了一下，觉得颇能引人入胜。老秦跑了好多地方作调查，是化了工夫的。特别是李白的诗，他居然也有条不紊地把它们连贯起来了。但读他这本书，毕竟是轻松愉快的事。等我把哲学著作整理好，若尚有余力，也想写点轻松愉快的东西。秦泥的青光眼最近如何了？见面时请代致意，为我谢谢他的赠书！

当年的同龄人都已垂垂老矣，且有的已仙逝。我想，健在的总还希望能为那个逝去的时代中的"思想、山水、人物"留下一点踪迹,可以给后世人怀念、凭吊。鲁迅曾尖锐批评中国人的"健忘症"。确实,有许多人太容易忘记过去了。今天看到《文汇报》上刊载有关"华人与狗不得入内"的牌子问题的文章。居然有人作了考证,说上海外滩公园曾竖这种牌子是出于政治宣传的捏造,正好说明"中国人的劣根性"云云。似乎,帝国主义从来没有侵略过中国,千百万烈士的血都是白流的!这样"健忘",真是太可悲、也太可怕了。所以,从革命年代过来的人,应该留一点东西(真诚的、而不是虚伪的东西)给后人,这对于医治健忘症是有好处的。

今天早晨在校园里散步,见荷花池边一树马缨花(合欢)正盛开。这种花在北京景山一带街头很多(上海并不多)。忽然想起我住在华北饭店时,常在星期日到南河沿和你饮酒畅谈,历历犹在目前,而屈指一算,已近30年了。人生如白驹过隙,信然!然而我还是在祈求:

吾令羲和弭节兮,

望崦嵫而弗迫。

拉杂写这些,即顿

近祺

并向士修问好!

契白

1994,6,7。

45. 1994 年 12 月 9 日

易兄:

　　10 月 8 日信早收到了,迟复为歉!

　　前天从邮局寄了一册《智慧的探索》给你(另一册给秦泥)。同学们好意,要为我祝寿,所以帮助我编了个文集,篇目最后还是由我自己决定的。我趁此机会对 10 多年来的工作系统地回顾了一下,把《〈智慧说三篇〉导论》放在此书的最后(而在"分类目录"中则置于最前),也是希望鞭策自己能早一点把《智慧说》全部整理出来。

　　除了这本书之外,几个单位还为我开了会祝寿,并举行了学术讨论,许多人还送了礼。如此隆重,确实使我感到内心惭愧!但是也不好临阵逃避。总之,是很忙了一阵,现在算是已经清静了。

　　匆此,望多多保重,健康第一!

　　士修均此问好。

契白

1994,12,9。

46. 1995 年 1 月 2 日

易兄:

　　12 月 12 日、14 日信早收到。谢谢你的祝愿! 知你头晕毛病已有好转,甚慰! 甚慰!

　　《文汇读书周报》所载《沉默的背后⋯⋯》一文,未经我审阅便发表了,有些不确实之处。和我合作写剧本不是于伶,而是佐临。佐临是丹尼的丈夫,他去年已逝世。我虽然写过几篇短篇小说,并未成书。抗战初到北方,主要是写诗。由艾思奇介绍给读书生活出版社的一本诗集《北征》,稿子寄到上海,也给了我稿费,但因爆发太平洋战争而没有印刷。

在文学创作方面,我本来是想有所作为的。但写杂文碰了钉子,经过"文革",我才决心洗手不干了。在哲学方面,我在"文革"后也缩短了战线。但如《智慧的探索·前言》中所说的"两项"研究工作,我大体上能完成。生在这样一个时代,个人能作的贡献,实在很有限。

年岁大了,记忆力在衰退,这是难免的。我近来也常常忘记熟人的姓名。近年来,我每天工作时间越来越减少,已不可能像青年人那样吸取养料,所以读书越来越少。我只希望能尽快把《智慧说三篇》整理出来,然后再把以前发表过的东西系统地清理一下,看是不是还有点值得保留的东西。

我几次讲到世纪之交,中国可能进入自我批判与"反思"阶段(王元化大概也是这个用法),这是期望。系统地从各方面来进行"反思",是下一代人的事。我们若能开个头,那就是尽了历史的责任了。

拉杂写这些。祝

你和士修新春欢乐,万事如意!

契白

1995,1,20。

冯契年表

1915 年　1 岁

11 月 4 日(阴历九月廿七日)生于浙江省诸暨县金王乡施高坞村一个农民家庭,取名宝麟。

父冯春德,清末因参加打地主家的礼拜堂被通缉,逃到杭州。辛亥革命爆发,成为新军,参加了杭州的光复,这才又能回家种田。母吴桂媛,操持家务。弟宝城,1921 年生,读过小学,在家务农。

1922 年　8 岁

去浬浦外婆家附近的翊忠初级小学读书,考试成绩一直居全班第一,受教师夸奖,认为有培养前途,父亲因此决心借债让儿子读书成才。

1926 年　12 岁

初小毕业(旧制初小 4 年),转入镇上读高小(旧制高小 2 年)。这期间,父亲曾带儿子去杭州,住小客栈。一日出游,父亲为了考验儿子的胆量,故意躲起来,看他能否自行返回。儿子居然成功返抵客栈,父亲大为满意。

1928 年　14 岁

高小毕业,考进浙江省立杭州初级中学,成绩优异,得到杭初校长唐世芳①先生赏识,长期给以关怀与帮助,唐先生同时担任国文教员,特别赞赏他的作文,屡屡给以好评。

1931 年 17 岁

初中毕业,考进浙江省立杭州高级中学。数学成绩特别突出。自学能力强,课外难题能顺利解答,并有创见。教师认为他数学可以免修。

1932 年 18 岁

父病逝,休学半年。唐世芳先生让他在杭初担任文书工作,以补贴家用。半年后,继续进杭高春季班学习。

1935 年 21 岁

1月,杭高春季班毕业。

夏天,先是报考南开大学数学系(有奖学金名额),被录取。后又报考清华大学哲学系(清寒公费生②),也被录取。最后决定进清华哲学系。"当时的考虑是:要救国,就要有理论,最根本的理论是哲学,我对数学、科学、文学、哲学都爱好,学哲学大概是最能满足我广泛的兴趣。"③

去北平前,唐世芳夫妇帮助置备行装。入学后,学校发给生活费每月 20 元,足够开销。

到校不久,就去拜望冯友兰先生。冯先生向他介绍哲学系情

---

① 唐世芳(1899—1993),四川重庆人,1918 年入北京高师,次年爆发"五四"运动,他积极参加,毕业后长期从事教育工作。抗战后期回四川,在重庆西南政法学院任教授。退休后于 1979 年迁入北京与子女一起生活。冯契与唐先生师生情谊深厚,长期保持通讯联系,直至唐先生逝世。
② 清华大学清寒公费生的录取标准高于一般学生,如达不到标准,不能退作自费生,就不予录取。
③ 见《冯契文集》第一卷,华东师范大学出版社 1996 年版,第 7 页。

况,说清华哲学系有个特点,特别重视逻辑学和逻辑分析方法,建议他一年级就选金岳霖先生的逻辑课,他照办了。

6月,国民政府代表何应钦与日本代表梅津签订《何梅协定》,日本势力大举入侵华北。11月国民政府在北平设立"冀察政务委员会",使华北特殊化。

12月9日北平学生为反对《何梅协定》,反对华北特殊化举行抗日救国示威游行,即"一二·九"运动。他积极参加"一二·九"、"一二·一六"两次大游行。

1936 年　22 岁

1月,参加"平津学生南下扩大宣传团",沿平汉铁路线南下,向民众宣传抗日救国道理。他与于光远编在同一队,因而相识(于光远在校时,名郁钟正,当时是物理系四年级学生)。宣传队下乡 10 多天,到高碑店,被国民党武装强迫解散,遣送返校。

3月间,成立"中华民族解放先锋队"(简称"民先"),参加南下扩大宣传团的成员都转为民先队的基本队员。

接着中国左翼作家联盟北方部(简称"左联"),在"民先"中发展组织,5月,参加了"左联"。当时参加"左联"的清华学生有王瑶、魏蓁一(韦君宜)、赵牲(赵俪生)等。主要工作有:成立清华文学会,这是个群众性组织;办了个文艺刊物《新地》,他参加了编辑工作,自己校对,送去书店出售,但出了两期,就被禁止了。

在这期间,写了几篇小说,其中有《拖油瓶》、《哥哥》等,是故乡的题材,有乡土气。还写了些诗和散文,发表在《清华周刊》和《清华副刊》上,笔名艾提。

9月,升入大二,选了冯友兰先生的"中国哲学史"课,与冯先生接触更多了些。

1937 年　23 岁

6 月中,学校开始放暑假,留校攻读。7 月 5 日离校返乡。

7 月 7 日,卢沟桥事变,全民抗战开始。29 日北平沦陷。

10 月间,接到学校通知,迁校到长沙,与北大、南开合并成立长沙临时大学,文学院设在南岳衡山。

11 月,到南岳报到入学。开学不久,有些进步同学在地下党领导下组织战地服务团,决定到北方去参加抗战工作,他也报名参加。临行前去向金岳霖先生告别。金先生非常赞赏他的行动,说"好、好!我要是年轻 20 岁,也要到前线去扛枪。"

12 月,由"民先"介绍先后到山西省临汾、赵城、汾西等地的"牺牲救国同盟会"(简称"牺盟会")工作。

1938 年　24 岁

春,从汾西过封锁线奔赴延安,与山东大学学生丛一平、刘晓沛①一路同行,当时化名陆旦。

7 月,进延安鲁迅艺术学院文学系学习,学名艾提。当时文学系主任是周扬,教员有何其芳、沙汀等。

11 月,在鲁艺加入中国共产党。

12 月,随八路军 120 师到晋西北,后到晋察冀、冀中等地实习。同去有沙汀、何其芳、浪涛及鲁艺文学系同学。按照学校计划,实习期为 3 个月。

---

① 丛一平解放后任西安市市委书记。刘晓沛解放后在北京工作,任中国人民解放军总政治部联络部副部长。"文革"后,3 人恢复联系。丛一平曾几度邀约 3 人旧地重游,终因工作忙或健康原因未能实现。

1939 年 25 岁

3 月,在冀中 120 师实习的鲁艺同学 10 多人联名打报告要求按原计划回延安学习,师部不同意。因他在师部宣传科工作,报告由他提交,并据理力争,被批评为"对抗组织",受到"停止组织生活"的处分。

6 月,与鲁艺同学回延安。向学校党组织提出申诉,要求恢复组织生活,又受到严厉批评。便决定离延安回昆明复学。

9 月初,离延安,11 月到达昆明,回西南联大复学,为哲学系 3 年级学生。

在前方及延安近两年,主要从事文艺宣传工作,写了一本诗集《北征》。后由艾思奇介绍给上海读书生活出版社,因太平洋战争爆发,上海租界沦陷,未能出版。抗战胜利后,读书生活出版社与生活书店、新知书店合并成立三联书店,迁往北京,诗稿交还作者,"文革"中被抄走。

复学后开始选读汤用彤先生开的课。汤先生原是北大教授,因三校合并成西南联大,才有机会受教于汤先生。他先后选读的课程有"印度哲学史"、"魏晋玄学"、"欧洲大陆理性主义"等。对汤先生一个人能开设世界三大哲学传统(中、印和西方)的课程,而且都是高质量的,学识如此渊博,很是敬佩。

12 月,参加西南联大地下党领导的进步学生组织"群社"。

1940 年 26 岁

是年,"民先"解散,由民先队员转为"社会科学研究会"成员,在地下党领导下做宣传和联络工作。曾去昆华农校组织读书会,建立"社会科学研究小组",参加者有农校学生熊复来(后改名熊翔)与马贵潜(后改名马凌云)①等。

这期间常写杂文登在"群社"办的墙报"腊月"、"热风"、和"群声"上。

1941 年   27 岁

1月,发生皖南事变,大后方白色恐怖严重,"群社"的公开活动被迫停止,许多骨干分子疏散到乡下去暂避。他就到昆明郊区龙头村北大文科研究所暂住。王明(当时他是北大研究生)为他在数百函《道藏》的包围中安了个书桌,搭了个帆布床。

是年夏,大学毕业,进清华大学研究院哲学部学习。搬到司家营清华文科研究所去住。下决心埋头读书,为自己开了两个书单子:西方从古希腊到维也纳学派,中国从先秦到"五四",按历史顺序选读各家主要著作。

这期间为了躲避敌机的轰炸,许多教授到郊区安家,汤用彤先生家离司家营较近,读书有问题常去向汤先生请教,汤先生总是有问必答,耐心地跟他讨论,对他提出的不同见解,总是鼓励他循着自己的思路去探索。

1942 年   28 岁

金岳霖先生为他一个学生开课,每星期六到金先生那儿去读书,先是 Hume,后是 Bradley,边读边讨论,还把金先生正在写的《知识论》手稿一章一章带回去读,送回时提出问题进行讨论。

1943 年   29 岁

敌机对昆明的轰炸减少了些,教授们陆续搬回城里。他也回

---

① 熊翔,云南玉溪人,解放后在炮兵部队服役,"文革"后任云南林学院院长办公室主任。马凌云广东人,解放后在广州市财政局工作。

到西南联大研究生宿舍。

开始写毕业论文,同时协助冯友兰先生处理"中国哲学会"的具体事务,主要是《哲学评论》杂志和《中国哲学丛书·甲集》的编辑工作。

先前疏散出去的联大同学吴显越、董易等在磨黑县创办磨黑中学,需要教员,先后介绍黄平、陈盛年、秦泥、于产、曾庆铨等去磨黑教书。这些同学大多是地下党员。磨黑中学在1941年后已成为党的工作据点。

1944 年　30 岁

完成研究生毕业论文《智慧》,后发表于1947年出版的《哲学评论》10卷5期,具名冯宝麐。

9月起(至1946年6月)受云南大学聘,任云大文史系讲师,讲授哲学、逻辑学。

同时在天祥中学(系西南联大江西籍同学创办)兼任国文教员,在同学中组织读书会,读革命书刊。这些学生后来都参加了地下党的外围组织"民主青年联盟"(简称"民青"),有的去了延安。

是年熊翔受他祖父陆良县县长熊从周委托,要求介绍进步同学去陆良中学任教。先后介绍去的有邓艾民、董易、马凌云、黄平、刘国铥等,他自己也几次去陆良与老县长商谈办学事宜。

民主人士方仲伯、刘宝煊在建水创办建水中学,又在昆明办分校,他代为介绍进步同学去教书。

1943—1945年间,通过《新华日报》①昆明分销处负责人地下

---

① 《新华日报》是中共中央南方局机关报,在重庆出版。

党员彭少彭,经常为乡下几所学校购买进步书籍。

1945 年 31 岁

8月,日本宣布无条件投降,抗日战争胜利结束。

1946 年 32 岁

7月,在昆明与清华同学赵芳瑛结婚。

8月,离昆明复员到上海。

9月起(至1949年6月),受上海同济大学聘,任文法学院哲学系讲师,讲授哲学、逻辑学及中国哲学史。

从这一年起至上海解放,常为《时与文》、《展望》等杂志撰文,具名冯契(契与锲通,取"锲而不舍,金石可镂"意),从此就以之作为正式名字。

12月,参加中共外围组织"上海大学教师联谊会"(简称"大教联"),因而与刘佛年、陈旭麓相识。

1948 年 34 岁

12月,长子冯棉生。

1949 年 35 岁

7月起(至1951年6月),任上海纺织工学院教授,讲授"辩证唯物主义与历史唯物主义"等课程。

这期间又在复旦大学兼课。

是年"上海大学教师联谊会"改组为"高教联",后又筹组上海市教育工会,任"高教联"及"上海市教育工会"宣传部长。

1950 年 36 岁

年初参加土改工作队去浙江绍兴。工作队员中有文艺界人士话剧演员丹尼。回沪后,经丹尼介绍与黄佐临相识。黄受苏联电影"乡村女教师"的启发,约他写一部有关中国模范女教师的剧本。

夏天,安排弟弟宝城进苏州"革大"学习,希望他学习革命理论,从此参加革命工作。但宝城结业分配工作不久,因牵挂家中妻儿老母,又不习惯城市生活,仍然返乡务农,侍奉老母。

是年,受陈旭麓邀约在大夏大学兼课。

1951 年 37 岁

下乡作调查,去杭县参加"浙江省首届冬模会",收集素材,着手写剧本,取名"荷花塘的女教师",冬天写成交黄佐临。

1952 年 38 岁

全国高校进行院系调整,在大夏大学原址组建华东师范大学。继续在师大兼课,后正式受聘任华东师大教授。

1953 年 39 岁

3 月,次子冯象生。

学校成立马列主义教研室,任副主任。

1954 年 40 岁

9 月,政治教育专修科改为政治教育系,任副系主任。

1955 年 41 岁

7 月,女儿冯欣生。

小册子《谈谈革命的乐观主义精神》由上海人民出版社出版。

1956 年 42 岁

3 月,在华东师大重新加入中国共产党。

为华东师大马列主义业余大学讲授"辩证唯物主义",每讲完一章,根据学员提出的问题,归纳后作"问题解答"。讲课记录稿由业余大学办公室铅印成册。

10 月 16 日,在《文汇报》上发表《匹夫不可夺志也》一文,受到批判。为此,党内给以延长预备期一年的处分。1981 年 1 月师大党委发文宣布撤消该处分。

是年,在全国第二次高师会议上提出"理论不仅要化为方法,还要化为内在的德性"的主张。

1957 年　43 岁

年初,把通俗小册子《怎样认识世界》清样寄给金岳霖先生过目。

3 月,《怎样认识世界》由中国青年出版社出版。

5 月,去北京参加在北大召开的"中国哲学史讨论会",在会上提出用逻辑与历史相一致的原则研究中国哲学史的主张与构思,并提出"哲学是哲学史的总结,哲学史是哲学的展开"的观点。

又趁此机会去看望金岳霖先生,征求对《怎样认识世界》这本小册子的意见,金先生鼓励他顺着辩证唯物主义的路子前进。

1958 年　44 岁

2 月 9 日,与政教系师生一起,出发去余姚大岚乡(四明山老解放区)劳动锻炼,为期 1 年,于 1959 年 1 月 5 日返校。

5 月,《学而思小札》由上海人民出版社出版。

6 月,幼子冯伟生。

1959 年　45 岁

12 月 11 日,上海自然辩证法研究会与上海市科学技术协会联合举办学术报告会,出席作报告,题为"自然辩证法和科学技术的关系"。

是年起兼任上海社会科学院哲学研究所副所长,至1966年。

1960年　46岁

母吴桂媛去世。

1961年　47岁

9月,担任主编之一的《辩证唯物主义和历史唯物主义》(试用本)由上海人民出版社出版。(另两位主编为孙叔平、郑奇芳)

1963年　49岁

下半年由中央有关部门借调往北京参加撰写"反修"文章,至1964年上半年。

1964年　50岁

10月10日,出发去安徽全椒县参加"农村社会主义教育运动",65年6月1日返校。

1966年　52岁

6月,"文化大革命"开始,由于是"反动学术权威",在上海社会科学院被"揪"出来了。

不久,移到华东师大进行审查批斗。

社科院及师大红卫兵多次来抄家,数百万字的手稿,更多的写作准备资料,连同青年时期的习作、亲友来往信件、日记等等都被抄去,从此下落不明。

1967年　53岁

年底的一个晚上,被几个戴大口罩的人绑架到师大第五宿舍3楼的一个"牛棚"隔离审查,接着上海市委教卫部部长、原师大党委书记常溪萍也被押送到这里。两人成了"牛棚战友",在一起生活达4个月之久。常溪萍于1968年被迫害致死,为了悼念他,"文革"后写《在"牛棚"共处的日子里》一文,载山东莱西县党史办公室编的《常溪萍》纪念册。该书于1991年9月出版。

1968年　54岁

4月下旬,被从第五宿舍3楼那个"牛棚"转移到楼下。虽然仍是隔离审查,但可以和政教系的几位教师一起到室外劳动,星期天可以请假回家。

1969年　55岁

11月,与政教系师生同去嘉定县马陆公社"战备劳动",至1970年6月返校。

1970年　56岁

12月,参加全校"野营拉练"去安徽广德。12月25日出发,1971年1月5日抵广德,1月23日返校。途经苏、浙、皖3省,行程1 100余华里。

1972年　58岁

12月,去苏北大丰"五七"干校。

1973年　59岁

"五七"干校迁至上海市奉贤县,又去奉贤"五七"干校。在写给老友的信中说,"现在我们的干校是半年轮换一批,又读书又劳动,生活很愉快。"

1974年　60岁

10月,调到市里参加《法家著作选》注释定稿工作。每天早出晚归,去市总工会。被警告说"是去接受工人阶级再教育,不许乱说乱动"。被调去的还有复旦大学教授胡曲园,那时两人身体都不好,爬上总工会楼梯时,中途都要停下休息几分钟。有时正好碰见，便互相问个好，说声"多保重"。审稿工作持续到 1975 年年底。

12 月，师大党委就"文革"中对他 1939 年自动离开延安，1956 年《文汇报》上一文以及曾议论"海瑞罢官"等问题进行审查的结果，给予他党内严重警告处分。

1975 年　61 岁

春天，经医院检查，发现患有肺气肿并有肺原性心脏病迹象，便戒了烟。

1976 年　62 岁

9 月 9 日，毛泽东逝世。

10 月 1 日，在致老友信中说："今天是国庆节，27 年来第一次过国庆节没了我们国家的缔造者、伟大领袖毛主席，虽然吊唁活动过去了，想到主席，总抑制不住感到心中悲痛。"

10 月 6 日"四人帮"被粉碎。

11 月 3 日，在致友人信中说："这些日子，心情真是激动呀！多少年没有像现在这样欢乐过了，这是又一次真正的解放。'四人帮'被粉碎，再次证明我们这个党是有希望的。"

1977 年　63 岁

9 月 18 日，致老友信中说："我手头的工作还是在审阅哲学史的稿子，准备国庆节交给出版社。下月起打算给这里的哲学教师讲点课，着手我的'逻辑问题'的准备工作。"

1978 年　64 岁

2 月，上海市哲学学会恢复活动，出席会议并讲话，题为"斗争中发挥学会作用"。

开始给哲学系教师讲列宁《哲学笔记》中的辩证逻辑问题,每两周一次。

7月,应于光远邀约去北京为"自然辩证法讲习会"讲《哲学笔记》。

是年,招收了中国哲学史硕士研究生,开始给研究生讲《中国古代哲学的逻辑发展》,每两周一次。

这一年起(至1984年)兼任上海社会科学院副院长。

1979年　65岁

4月,去济南出席"全国哲学规划会议",在此次会上及随后举行的上海市哲学学会年会上的发言,经人整理后发表在《上海师范大学学报》(哲学社会科学版)1979年第4期,题为《冯契教授谈我国哲学研究的任务和发展趋势》。

6月,去青岛参加由教育部组织编写的《普通逻辑》第一次审稿会议。

10月,出席在太原举行的"中国哲学史讨论会与中国哲学史学会成立大会"。在会上发言,题为《对历史上的哲学思想要具体分析》,发表于《哲学研究》1979年第11期。

11月,上海市逻辑学会成立,任名誉会长。

1980年　66岁

6月,与孙叔平、郑奇芳共同主编的《辩证唯物主义与历史唯物主义》修订本由上海人民出版社再版发行。

9月,去厦门出席"全国辩证逻辑讨论会",在会上发言,题为《研究辩证逻辑的途径与方法》,载《辩证逻辑研究》1981年版。

发表《对庄子的相对主义作一点分析》,载《学术月刊》1980年

9 月号。

11 月，去杭州参加"第一次全国宋明理学讨论会"。会上，孙叔平同志作了关于在中国哲学史研究中要拨乱反正，不要简单化地给哲学家扣帽子的发言，引起一些人的反感。个别人无限上纲，要整理材料上告。他不赞成这种做法，去找会议负责人。商谈结果，同意不发简报，不在会上点名批判。

12 月，国务院设立学位委员会，被聘为哲学评议组成员。

是年，在上海社科院和华东师大招收了第一届辩证逻辑专业的硕士研究生。从 9 月起至 1981 年 6 月给研究生讲授"逻辑思维的辩证法"。讲课记录稿于 1981 年打印装订成上、下两册，注明"内部资料，不得外传"。但实际上还是流传了出去。

1981 年　67 岁

1 月 20 日，上海市美学学会成立，任顾问，会长为蒋孔阳。

暑假中在上海"美学教师进修班"讲《论真善美的理想》载《学术月刊》1982 年第 2 期。又在"全国高校第二期美学进修班"上讲《论真善美》，载 1983 年出版的《美学与艺术讲演录》。

7 月，去北京参加国务院学位委员会召开的"学科评议会议"。

8 月，去苏州"辩证逻辑进修班"讲课。

10 月，去杭州参加"宋明理学讨论会"，在会上发言，题为《论王夫之的辩证逻辑思想》，载《中国社会科学》1982 年第 4 期。

接着又去桂林参加"中外哲学史比较学讨论会"。

发表《中国古代辩证逻辑的诞生》，载《中国哲学史研究》1981 年第 3 期。

12 月，经国务院批准为首批有权授予博士学位的中国哲学史指导教师。

1982 年　68 岁

5 月,去南京参加"中国哲学史学会华东分会年会"和孙叔平《中国哲学史稿》审稿会议。在年会上发言,题为《中国传统哲学的特点》。

8 月,去昆明参加"辩证逻辑讨论会"。作了一个报告,大部分时间用于访友,还去西南联大旧址看了看。在致友人信中说:"这一星期使我重温了许多旧事,仿佛又回到了青年时代。"

11 月,去衡阳参加"王船山学术讨论会",作题为《船山哲学的历史地位》的发言。又去湘潭大学及长沙市社联作报告,讲题是《关于中国近代哲学的问题》。

11 月 25 日,师大党委发文撤消 1974 年 12 月 4 日给予他党内严重警告处分的决定。指出:他的政治历史是清楚的,1956 年 10 月 16 日发表在《文汇报》上的文章基本观点是正确的,"文化大革命"中对他的审查和处分是错误的。

11 月底,《中国古代哲学的逻辑发展》第一篇完稿。

12 月,去北京参加哲学学科规划会议。

1983 年　69 岁

5 月,在上海市逻辑学会年会上作《发展逻辑学和研究科学方法论》的发言,载 1983 年 5 月 23 日《文汇报》。

7 月,去长春出席"中国近代哲学史编写会议",作了长篇发言。

夏天,在上海美学研究会与复旦大学联合举办的"美学讲习班"上作讲演,题为《先秦儒家和道家关于人的自由和美的理想》,

载 1984 年 11 月复旦大学出版社出版的《美学与艺术评论》第一集。

10 月,《中国古代哲学的逻辑发展》上册由上海人民出版社出版。

11 月,先后出席在上海举行的"中国逻辑史讨论会"与在西安举行的"中国哲学范畴讨论会",根据两次发言整理成《论中国古代的科学方法和逻辑范畴》一文,载人民出版社 1985 年出版的《中国哲学范畴集》。

12 月,在上海社联举行的"毛泽东同志诞生九十周年纪念会"上发言,题为《必须坚持能动的革命的反映论》。

1984 年　70 岁

6 月 16 日,在上海社联第三届委员会上,被选为副主席(共 8 人)。

8 月 6 日,挚友邓艾民因患癌症在北京去世。邓在病危之际,写信嘱代整理遗稿。22 日收到邓艾民夫人左启华寄来遗稿及信,见物思友,心情沉重。复信说"见到艾民最后笔迹,心如刀割",表示:整理编辑遗著,义不容辞。

8 月 21 日,去北京出席教育部及中国科学院召开的学科评议组会议,会议期间抽空去北大探望左启华。

为刘叔成、夏之放、楼昔勇等著《美学基本原理》作序,书于 1984 年 8 月由上海人民出版社出版。

10 月,《中国古代哲学的逻辑发展》中册由上海人民出版社出版。

11 月,参加在宁波召开的"国际黄宗羲学术讨论会"并发言,题为《黄宗羲与近代历史主义方法》,载《浙江学刊》1987年第1期。

发表《批判继承中国古代哲学遗产与建设社会主义精神文明》一文,载1984年《中国哲学年鉴》。

1985年　71岁

3月,华东师大哲学研究所成立,下设中国哲学史、认识论与辩证逻辑、伦理学、社会学等研究室。任名誉所长。

发表《金岳霖先生在认识论上的贡献》,载《哲学研究》1985年第2期。

3月起,在政教系博士生和青年教师讨论班上讲金岳霖先生的《知识论》,至1986年3月,共7讲。

4月,编好邓艾民遗著《朱熹·王守仁哲学研究》,并作序。

同月,《中国古代哲学的逻辑发展》下册由上海人民出版社出版。

5月,去广州参加"中国近代哲学史讨论会"。

8月,出席在庐山召开的《中国近代哲学史》审稿会议,作了5次讲话。会议统一了指导思想,制订了修订稿提纲。接着出席由华东师大和九江市社联联合发起在庐山召开的"中国哲学史讨论会",会议的主题之一是审定《中国古代哲学的逻辑发展》(上、中、下册),应邀参加的10多位专家学者,认为这部著作具有较高的马克思主义理论水平,建议国家教委列入高等学校文科教材。

12月,去北京参加"金岳霖学术讨论会",在会上发言,题为《论以得自现实之道还治现实》,载《学术月刊》1986年第3期。

1986 年 72 岁

年初,收到中国社科院周礼全转来金岳霖先生遗著《罗素哲学》打印稿。4 月起在华东师大青年教师与博士生讨论班上讨论学习,后稍加整理,交上海人民出版社出版。

2 月至 6 月,参加集体编写的《中国近代哲学史》统稿工作。

8 月 27 日,参加在金山县召开的"中国文化史讨论会",在会上发言,题为《中国近代哲学关于社会理想与自由人格的学说》。

10 月 17 日,参加在上海举行的"于光远学术活动五十周年庆贺会"。在会上发言说:"参加这会很高兴,我们两人相识成为好朋友,也正好五十周年了。"认为于光远有几个特点:一是思想解放,二是视野开阔,三是作风民主,平等待人。

10 月 19—24 日,参加在宁波举行的"国际黄宗羲学术讨论会"。会议期间去余姚谒黄宗羲墓。

10 月 27 日,出席在松江县举行的"社会科学方法论讨论会",在会上发言,题为《中国近代方法论的探索》,载《当代社会科学研究新工具》,华夏出版社 1989 年 3 月出版。

10 月底,主持《哲学大辞典·中国哲学史卷》评审会。

11 月,政教系哲学专业扩建成立哲学系,任名誉系主任。

1987 年 73 岁

1 月,为金岳霖先生遗著《罗素哲学》作跋。书于 1988 年 8 月由上海人民出版社出版,跋先发表在《哲学研究》1988 年第 7 期。

发表《中国近代美学关于意境理论的探讨》一文,载《文艺理论研究》,1987 年第 1 期。

发表《青年梁启超的自由学说》,载《学术月刊》1987 年 1

月号。

2月13日下午,老友徐孝通陪同王浩来访,共进晚餐叙旧。谈抗战时期在西南联大那些物质匮乏而精神食粮丰盛的日子,以及当前各人从事哲学研究的情况。王浩当天上午在上海社科院讲学,下一日即返美。

5月,去苏州参加"时代精神与哲学"研讨会。

6月8日,参加在华东师大召开的"国际王国维学术研讨会",在会上发言,题为《王国维的哲学思想与治学方法》,载《河北学刊》1987年第6期。

6月10—20日,华东师大哲学系主办"中西哲学讲习会",在会上讲《中国近代哲学发展的三大规律和二大成果》,载《社会科学报》1987年第57期。美国夏威夷大学哲学教授、国际中国哲学会荣誉会长成中英先生也到会作了演讲。

6月20日,在家接待成中英教授,共进晚餐。

7月,在无锡"辩证逻辑宣讲大会"上讲话,题为《辩证思维由自发到自觉的过程》。

10月,出席在华东师大召开的首届"中国科学思想史研讨会",在会上发言,论述《中国古代哲学与科学的交接点》,载《社会科学报》1987年12月17日第81期。

同月,参加筹建"上海中西哲学与文化交流研究中心"。

12月,在上海市哲学学会等单位发起的"哲学与社会主义再认识学术讨论会"上发言,认为"我们正面临一个世界性的百家争鸣,哲学的若干问题也要从改革的眼光来看"(见《社会科学报》第82期)。

是年,开始为博士生讨论班开设《人的自由与真善美》讲座,讲课记录稿分别于1988年、1989年打印装订成上、下两册。

1988年 74岁

发表《哲学要回答时代的问题》,载《毛泽东哲学思想研究》1988年第1期。

5月,因从教近50年来在教学和科研上的突出贡献,被授予1987年上海市劳动模范称号。

发表《从书中汲取智慧》一文,载6月21日上海《新民晚报》"读书乐"版,后收入曹正文编《一百名人谈读书》。

为徐怀启遗著《古代基督教史》作序,书于1988年7月由华东师大出版社出版。

7月,担任主编的《马克思主义原理教程》由上海人民出版社出版。

8月,去宁波为"中国现代哲学与文化思想讲习班"讲课。

为李志林、盛宗范译[捷克]弗·布罗日克著《价值与评价》作序,书于1988年12月出版。

10月,在南京举行"孙叔平同志逝世五周年纪念会",因故未能参加,撰文请人代读。文中说:60年代初就和孙老共同编写哲学教科书,他谦虚、耿直、善于团结人,合作很愉快。孙老是个真正的马克思主义理论战士,他看不惯风派人物,他是个有骨气的人。

11月15日,出席在华东师大召开的"功利主义反思学术讨论会",在会上发言,发言摘要载《华东师大学报》(哲学社会科学版)1989年第2期,题为《功利与精神价值》。

12月1日夜,从电话里得知老友陈旭麓猝然去世的噩耗,大为震惊,深感悲痛。下一日清晨即去陈先生家中了解情况,慰问家属。对老友未能最后完成《新陈代谢》一书,尤感痛惜。后写《怀旭麓》一文,载1989年出版的《陈旭麓先生哀思录》。

12月26日,"上海中西哲学与文化交流研究中心"举行成立大会,被推举为主席,王元化为名誉主席。

是年起任上海市哲学学会会长。

1989年　75岁

3月,邓艾民遗著《朱熹王守仁哲学研究》由华东师大出版社出版。

4月,出席在绍兴举行的王阳明墓碑揭幕仪式及在余姚举行的"国际阳明学研讨会"。在会上发言,题为《王阳明在中国哲学史上的地位》,载《浙江学刊》1989年第4期。会议期间把邓艾民遗著以夫人左启华教授的名义代为分赠出席人员(包括日本及美国友人)。

发表《五四精神与哲学革命》一文,载《时代与思潮》第2辑《五四反思》。

为朱贻庭主编的《中国传统伦理思想史》作序,书于1989年6月出版,序先发表于《哲学研究》1989年第2期。

担任主编的《中国近代哲学史》上、下册分别于5月及7月由上海人民出版社出版。

8月,《中国近代哲学的革命进程》由上海人民出版社出版,这本书把中国哲学史研究延伸到了1949年。

发表《关于中国近代伦理思想研究的几个问题》一文,载《学术月刊》1989 年第 9 期。

9 月 19 日,参加上海市哲学学会等单位发起召开的"马克思主义哲学在中国四十年理论研讨会",在会上发言,认为 40 年中马克思主义哲学进一步中国化了,已经成为中华民族文化的有机组成部分,有着广阔的发展前景。发言见《社联通讯》。

10 月,"全国第一次庄子学术讨论会"在蒙城举行,因故未能参加。发去贺信:"庄子被称为天下第一才子。在他那里,哲学就是诗,自然界就是'大块噫气'的交响乐,他把哲学思辨和艺术想象水乳交融地统一起来了,这在中国和世界哲学史上都可说是个奇迹。《庄子》一书是无与伦比的,它使后人感到永远新鲜,可以各因性情之所近从中吸取营养。……相信此次会议将有力地推动对庄子的研究。"

同月,哲学系举行校庆报告会。在会上作关于"理论转化为方法,理论转化为德性"的报告。

11 月初,邮寄《中国近代哲学的革命进程》一书给唐世芳先生,以此祝贺老师九十寿诞。唐老先生来信说:"接到近著,很高兴看到你学识日益精进,为中国哲学史研究作出了贡献。"

11 月 9 日,出席由上海科学思想研究会主办的"道家、道教与科学技术研讨会"。在会上发言,论述"道法自然"思想对中国科学技术的影响。见《社会科学报》1989 年第 184 期。

12 月 12 日,哲学系举行"学哲学与做人"座谈会,出席与学生座谈,回答学生提出的"在现时代如何发展马克思主义哲学"与"如何培养理想人格"等问题。

12 月 16 日,去龙华殡仪馆参加清华老同学北大中文系教授王瑶遗体告别仪式。王瑶来沪参加"巴金学术讨论会",不幸染疾,于 12 月 13 日病故。

12 月 18 日,出席在复旦大学举行的"儒家思想与未来社会国际学术讨论会"。在会上发言,题为《儒家思想与近代中国的自由学说》,载《时代与思潮》第 3 辑《中西文化交汇》及复旦大学编《儒家思想与未来社会》一书。

1990 年　76 岁

发表《智慧的民族特性——从中国传统哲学的特点看中国传统文化》一文,载《同济大学学报》(人文·社会科学版)1990 年第 1 期。

4 月 23 日,出席在华东师大举行的"传统思想与科学技术研讨会"。在会上发言,题为《"究天人之际"与"通古今之变"》,载《华东师大学报》(哲学·社会科学版)1990 年第 5 期。

4 月 25—28 日,台湾达摩禅苑创办人张尚德教授应上海市哲学学会和上海中西哲学与文化交流研究中心的邀请来上海访问讲学。参加接待,28 日在欢送会上代表"学会"及"中心"致辞并赠送礼品。

10 月,参加在华东师大举行的"中国逻辑史研究会第六次会议暨《易经》逻辑方法研讨会"并作专题报告,题为《〈易传〉的辩证逻辑思想》,载《周易研究》1991 年第 4 期。

为楼昔勇著《普列汉诺夫美学思想研究》作序。书于 1990 年 12 月出版,序先发表于《文艺理论研究》1990 年第 6 期。

为杨国荣著《王学通论——从王阳明到熊十力》作序。书于 1990 年 12 月出版。

12 月,去北京参加"冯友兰哲学思想国际研讨会"。此次会议原为庆祝冯先生 95 周岁华诞而开。冯先生于 11 月 26 日去世。12

月3日,去北京医院向遗体告别。会议于12月4日开幕,在会上发言,题为《"新理学"的理性精神》、载《学术月刊》1991年2月号。

12月8日,出席在华东师大召开的"弘扬中华优秀科学文化暨庆祝李约瑟博士九十寿辰学术讨论会"。

是年,开始在青年教师与博士生讨论班上开设《认识世界与认识自己》讲座,讲课记录稿分别于1992年和1994年打印装订成上、下两册。

1991年　77岁

2月,挪威卑尔根大学哲学教授希尔贝克(Gunnar Skirbekk)来师大访问。16日(农历年初二),在家接待希氏夫妇,共进晚餐。

2月底至3月初,美国比较哲学协会主席、夏威夷大学教授艾姆斯(Roger T. Ames)来沪访问讲学。3月2日(农历元宵节),在家接待艾姆斯教授。

5月10日,出席华东师大哲学系助教进修班学员座谈会并讲话。指出:要研究哲学、做好学问,首先要有理想、要有社会历史责任感;其次要进行独立思考和自由讨论,不唯书不唯人;再次要掌握基本理论,尤其是马克思主义哲学理论;最后必须化理论为方法、化理论为德性,理论只有化为方法,才能发挥作用,理论只有化为德性,才能实现它的价值。(见华东师大校报,1991年6月8日出版)

5月,担任主编的《中国历代哲学文选》上、下册由上海古籍出版社出版。其台湾版于1993年4月由洪叶文化事业有限公司作为《哲学丛书》在台北出版、全一册。

为彭漪涟著《中国近代逻辑思想史论》作序。书于1991年5

月出版。

6月2日,出席在华东师大举行的"改革开放与社会道德价值导向问题学术研讨会"。在会上发言,题为《价值观的大众方向》。

6月,《中国哲学通史简编》由上海三联书店出版。本书系《中国古代哲学的逻辑发展》及《中国近代哲学的革命进程》两部专著的缩编本,缩编者为陈卫平。

7月,出席上海社科院"周易研究中心成立大会"并讲话。

9月3日,"中国左翼作家联盟"会址纪念馆姚辛同志等来录音录像。纪念馆于1990年3月2日成立。为了做好史料征集工作,约谈个人生平、加入左联经过及文学创作情况。为此,撰写谈话稿《回忆在清华大学参加左联》。

10月23日,出席在上海举行的"秦汉思想文化和华夏民族传统国际学术讨论会"并发言,题为《秦汉哲学的特点与民族传统》,载《哲学研究》1992年第9期。

12月16日,为华东师大学报出版百期题辞:华东师大学报出版百期,在积累学术成果、培养青年作者等方面作出了显著成绩。希望能进一步贯彻党的双百方针,形成自己的独特风格,在学术界产生更大影响。

12月24日,在上海市逻辑学会年会上发言,题为《关于逻辑与逻辑研究》。

为朱义禄著《儒家理想人格与中国文化》作序,题为《儒家与教育》,书于1991年9月出版。

1992年　78岁

4月,应香港中文大学新亚书院邀请,作为"龚雪因先生访问学人"去讲学,讲题为《中国传统哲学的特点》。

为陈卫平著《第一页与胚胎——明清之际的中西文化比较》作序,题为《对数百年中西文化比较的思考》,书于 1992 年 4 月出版,序发表于《哲学研究》1992 年第 4 期。

为翟廷缙著《孟子思想评析与探源》作序,题为《性善说与理想主义》。书于 1992 年 5 月出版。

为陈旭麓遗著《近代中国社会的新陈代谢》作序。书于 1992 年 7 月出版。

9 月,为季甄馥、高振农编著的《中国近代史史料学简编》作序。书于 1992 年 12 月由华东师大出版社出版。

10 月,担任主编的《哲学大辞典》由上海辞书出版社出版。

为高振农著《佛教文化与近代中国》作序。书于 1992 年 11 月出版。

11 月 1 日,致函"纪念王船山逝世 300 周年国际学术讨论会",对受邀请而未能出席表示歉意,并说:"王船山是中国古代伟大思想家之一,他博大精深,在学术的许多领域作出杰出贡献,对宋明以来的理论演变作出了批判的总结,成为中国古代哲学发展的高峰,在中国近代思想史上产生了持久而深刻的积极影响。他的著作是无尽的宝藏,我们今天建设社会主义新文化,必须批判地继承传统,所以也需要不断地从他那里吸取营养。"

11 月,出席在华东化工学院召开的"20 世纪中国现代化思想学术研讨会",并发言。认为在世纪之交,中国可能开始进入自我批判的时代,现在就应该为迎接这个时代的到来作准备,真正有生命力的著作将是对 20 世纪作批判总结的著作。

是月,为《老庄文化》创刊题辞:中国古代思想以儒道为大宗,两家相互作用,影响深远。但多年来研究儒家者多,研究道家者少,《老庄文化》的创办,将有力地推动我们去深入探索道家思想的宝藏,有助于全面地批判继承民族遗产,促进社会文化的发展。

1993 年 79 岁

3 月 31 日,参加华东师大举办的"刘佛年教授 80 华诞庆祝会"。在会上发言说:我们两人在解放前就相识了,筹备高教联、教育工会都在一起。教育工会在北京成立,也是同去同归。佛年原是搞哲学的,上海解放后,又一起参加筹备新哲学研究会。新哲学会成立,冯定任主席,他任副主席。后来成立华东师大,我们经常在一起谈学术方面的问题。搞学问,有几个友人可以交换意见是很重要的。在教育哲学方面,他思考过许多问题,希望能把它写下来,留给后人。

8 月,出席在北京举行的"国际中国哲学会第 8 届年会"。在会上发言,题为《"通古今之变"与回顾二十世纪中国哲学》,载《中国哲学史季刊》1993 年第 4 期。

8 月 20 日,为《羑里易学》题辞:羑里乃易学发源之地,文王在此蒙难而演"易",为周之兴盛作了理论准备。安阳易学院创办《羑里易学》,将推进易学研究,弘扬民族传统,为建设社会主义文化发挥重大作用。

为汤用彤先生诞辰百周年写《忆在昆明从汤用彤先生受教的日子》一文,载《学术月刊》1993 年第 8 期。

10 月 22 日,出席华东师大哲学系博士生硕士生讨论会,议题为"走向 21 世纪的中国哲学"。在会上发言,指出:人文科学的哲学要走向世界,固然要向其他民族学习,但决不能否定民族特色,越具有民族性的东西才越具有世界性。(见 1993 年 11 月 10 日华东师大校报)

11 月 26 日,与哲学系同学谈治学经验说:哲学要面对现实,干预人生。

12 月 20 日,参加"上海学术界纪念毛泽东诞辰 100 周年座谈会"。在会上发言,题为《毛泽东与中国哲学》。

为张节末著《嵇康美学》作序。书于 1994 年 12 月出版。

12 月,写成《智慧的探索——〈智慧说三篇〉导论》一文。17 日及 31 日给博士生上课,讲《导论》,并进行讨论。

1994 年 80 岁

3 月,编完论文集《智慧的探索》,书于 1994 年 10 月由华东师大出版社出版。

为纪念金岳霖先生诞辰百周年,写《忆金岳霖先生以及他对超名言之域问题的探讨》一文,发表于《学术月刊》1994 年第 2 期。

为赵修义、童世骏著《马克思恩格斯同时代的西方哲学——以问题为中心的断代哲学史》作序。书于 1994 年 5 月出版。

5 月起,在哲学系青年教师与博士生讨论班上讲金岳霖先生的《论道》,至 12 月共讲 8 次,讲了 5 章。

8 月 10 日、11 日,以张尚德为团长的台湾达摩禅苑访问团来沪访问。参加接待。张教授赠达摩禅苑南怀瑾先生著作一批,由师大哲学系资料室收藏。回赠《哲学大辞典》一部。

11 月 18 日,上海社联、华东师大及上海社科院共同召开"庆贺冯契教授八十华诞暨世纪之交中国哲学学术研讨会"。在祝寿会上致答词,称:多年来,我一直是个教师和哲学理论工作者。做一个教师,就要"传道、授业、解惑",要以身作则。我自觉离这样的标准还很有差距。在研究领域,发表了两种哲学史著作,《智慧说三篇》还没有整理出来,这都留待后人评说。我是相信进化论的,尽管发展有曲折,但总是一代比一代强,青年超过老年,学生超过教师。一个人能做后人的垫脚石,让后人通过他来超过他,这就对历史作了贡献。我只希望自己的著作能作为垫脚石被人超过。

关于世纪之交的中国哲学也发表了自己的观点,载《社联通讯》1995 年第 2 期。

12 月 23 日,接到北京中国社科院汪子嵩同志来信。云:与王浩通电话时,谈到《智慧的探索》一书中有怀念金岳霖、汤用彤、冯友兰 3 位先生的文章,他很感兴趣,索要一本。

1995 年　81 岁

1 月 2 日,致老友董易信:近年来每天工作时间越来越短,读书也越来越少,已不可能像青年人那样吸取养料,只希望能尽快把《智慧说三篇》整理出来,然后再把以前发表过的东西系统地清理一下,看是不是还有些值得保留的东西。

1 月 5 日,给王浩寄去《智慧的探索》。①

2 月 2 日,致老友秦泥信:老友都已到了暮年,这是自然规律。我们还可以,生活有规律,每天早晚到校园散步。这几天过节,应

---

① 1995 年 4 月 5 日收到王浩 3 月 10 日来信,说书已收到,同时寄来文稿一份及 2 月间在波士顿学术会议上的发言提要。此前还寄来他的著作: Beyond Analytic Philosophy, Doing Justice to What We Know. 信及书和文稿冯契都不及亲见。5 月 22 日由冯象去信告知父亲去世消息。后来才知道王浩因患淋巴癌已于 5 月 13 日在纽约逝世。他也未能看到这封信。

酬较多。

2 月 24 日,感冒咳嗽,卧床休息。

2 月 25 日,泻肚,服止泻药后又连续多日便秘。

2 月 28 日,晨起感到气急,起床后腿软无法站立,急送华东医院。中午进食时,食物吸入气管,窒息导致休克,经全力抢救,没有能救回来。

3 月 1 日,零时去世。

3 月 5 日,《文汇报》发表冯契逝世消息。

3 月 9 日,在龙华殡仪馆隆重举行追悼会。

是月,华东师大哲学系、哲学研究所成立由丁祯彦、陈卫平、童世骏与冯棉等组成的"冯契先生遗著编辑整理工作小组",着手遗稿整理工作。

1996 年

3 月 23 日,骨灰由华东师大校、系代表及家属护送,撒入长江入海口横沙岛附近水域。

6 月,《智慧说三篇》即《认识世界和认识自己》、《逻辑思维的辩证法》和《人的自由和真善美》作为《冯契文集》头 3 卷由华东师大出版社出版。

11 月,华东师大哲学系编《理论·方法·德性——纪念冯契》一书,由学林出版社出版。该书收入一年多来各地报刊发表的纪念文章及座谈记录等 30 余篇。

11 月 9 日,华东师大举行哲学系建系 10 周年庆典暨《冯契文集》第一、二、三卷(即《智慧说三篇》)首发式及冯契铜像揭幕仪式。铜像安放在华东师大哲学系。

本卷征引文献要目

（先秦诸子典籍的点校通行本较为普及，这里不再列出）

《马克思恩格斯选集》，北京：人民出版社，1995 年。

《马克思恩格斯全集》第 46 卷，北京：人民出版社，2003 年。

恩格斯著，于光远译：《自然辩证法》，北京：人民出版社，1984 年。

《列宁全集》第 38 卷，北京：人民出版社，1963 年。

《毛泽东选集》，北京：人民出版社，1991 年。

毛泽东著：《建国以来毛泽东文稿》，北京：中央文献出版社，1987 年。

普济著，苏渊雷点校：《五灯会元》，北京：中华书局，1984 年。

张载著，章锡琛点校：《张载集》，北京：中华书局，1978 年。

顾炎武著，黄珅等主编：《顾炎武全集》，上海：上海古籍出版社，2011 年。

王夫之著，《船山全书》编辑委员会编：《船山全书》，长沙：岳麓书社，2011 年。

龚自珍著，王佩诤校：《龚自珍全集》，上海：上海古籍出版社，1999 年。

魏源著，《魏源全集》编辑委员会编校：《魏源全集》，长沙：岳麓书社，2011 年。

严复著,王栻主编:《严复集》,北京:中华书局,1986 年。

金岳霖著,金岳霖学术基金会编:《金岳霖全集》,北京:人民出版社,2013 年。

艾思奇主编:《辩证唯物主义历史唯物主义》,北京:人民出版社,1961 年。

索　引

（按汉语拼音顺序排列，外国人名按中译名）

初版整理后记

 本卷收入的是冯契生前没有公开发表的一些哲学讲演和哲学书信。冯契生前出版的绝大部分著作是"文革"以后撰写的。在"文革"期间，他的所有书信和文稿、笔记都在红卫兵抄家行动中被抄走，至今下落不明。本卷收入的《辩证唯物主义问答录》是1956 年"华东师大马列主义业余大学"作为参考资料内部印刷的冯契讲课记录的一部分。"文革"结束以后，冯契的一位学生很偶然地在废纸堆里找到这份讲稿，使我们总算有了这么一份写于"文革"以前的冯契未刊稿。除了这篇文字（以及一篇专题演讲），本卷收入的讲演和书信都是"文革"以后的作品。其中，《金岳霖〈知识论〉讲课提纲》是作者自己撰写的，我们只为提纲的每一讲加了一个标题，并以注解形式补充了一些当时听课笔记中的有关内容。《金岳霖〈论道〉讲演录》是作者的学生根据当时的录音记录整理而成的。《专题讲演》中汇集了作者生前一些讲课和谈话的记录。《哲学通信》由冯契夫人赵芳瑛先生编选。本卷最后所附的"冯契年表"也由赵先生提供。

 本卷整理工作由童世骏、郁振华负责。

冯契先生遗著编辑整理工作小组

1997 年 5 月

增订版整理后记

《冯契文集》(10 卷)出版于 1996—1998 年。近 20 年来，冯契的哲学思想越来越受到国内外学术界的关注。为了给学术界研究冯契哲学思想提供更好、更完备的文本，华东师范大学哲学系发起并承担了《冯契文集》增订版的编辑整理工作。这项工作得到了华东师范大学出版社的大力支持。

此次增订工作主要有以下几项：1. 搜集、整理了原先没有编入文集的有关作品，编为《冯契文集》第十一卷；2. 订正了原书字句上的一些错漏；3. 对于先秦以后的典籍引文，尽可能参照近些年出版的整理点校本，加注了页码、出版社、出版年份（详见"本卷征引文献要目"）；4. 重新编制了人名、名词索引。

负责、参与各卷增订的教师，分别是：第一卷，郁振华；第二卷，晋荣东；第三卷，杨国荣；第四、五、六、七卷，陈卫平；第八卷，刘梁剑；第九卷，贡华南；第十卷，方旭东；第十一卷，刘晓虹。协助上列教师的研究生有：安谧、韩菲、胡建萍、胡若飞、黄家光、黄兆慧、蒋军志、刘翔、王海、王泽春、张靖杰、张瑞元、张腾宇、张盈盈、周量航。

刘晓虹负责第十一卷的文献搜集以及整理，相对其他各卷，工作更为繁重。这卷同时是他承担的上海市哲社项目"冯契文献整理"的部分成果。同时,本增订版是国家社科基金重大项目"冯契哲学文献整理及思想研究"的阶段性成果。本文集的项目编辑朱华华尽心尽责,对于确保增订版的质量起到了重要作用。

出版《冯契文集》增订版,是纪念冯契百年诞辰系列学术活动的重要内容。整个纪念冯契百年诞辰的学术活动,得到上海社会科学界联合会和上海社会科学院的资助,我们在此致以衷心的感谢!

冯契先生遗著编辑整理工作小组

2015 年 12 月

图书在版编目(CIP)数据

哲学讲演录·哲学通信/冯契著.—增订本.—上海:华东师范大学出版社,2015.4
(冯契文集;10)
ISBN 978 - 7 - 5675 - 3497 - 1

Ⅰ.①哲… Ⅱ.①冯… Ⅲ.①哲学一文集 Ⅳ.①B - 53

中国版本图书馆 CIP 数据核字(2015)第 094564 号

本书由上海文化发展基金会图书出版专项基金资助出版

冯契文集(增订版)·第十卷
哲学讲演录·哲学通信

著　　者　冯　契
策划编辑　王　焰
项目编辑　朱华华
特约审读　李　梅
责任校对　胡　静
装帧设计　卢晓红　高　山

出版发行　华东师范大学出版社
社　　址　上海市中山北路 3663 号　邮编 200062
网　　址　www.ecnupress.com.cn
电　　话　021 - 60821666　行政传真 021 - 62572105
客服电话　021 - 62865537　门市(邮购)电话 021 - 62869887
地　　址　上海市中山北路 3663 号华东师范大学校内先锋路口
网　　店　http://hdsdcbs.tmall.com

印 刷 者　上海中华商务联合印刷有限公司
开　　本　890毫米 × 1240毫米　1/32 开
印　　张　12.25
插　　页　4
字　　数　245 千字
版　　次　2016 年 1 月第 1 版
印　　次　2024 年 3 月第 3 次
书　　号　ISBN 978 - 7 - 5675 - 3497 - 1
定　　价　58.00 元

出 版 人　王　焰